BLV Bestimmungsbuch

Dr. Andreas Vilcinskas

FISCHE

Mitteleuropäische
Süßwasserarten und
Meeresfische der
Nord- und Ostsee

blv

Inhalt

Bestimmungsteil   42

Einführung

Dieser Naturführer über die Fischfauna Europas ist als informatives Nachschlagewerk für jene gedacht, die sich beruflich oder privat für Fische interessieren. Dabei werden sowohl Süßwasser- als auch Meeresfische beschrieben. Diese ökologische Abgrenzung wird oft aus pragmatischen Gründen vollzogen, entspricht aber nicht den verwandtschaftlichen Verhältnissen, d. h., die Süßwasser- oder Meeresfische bilden in der zoologischen Systematik keine Einheit. So gibt es z. B. innerhalb der Barsche Arten, die nur in Binnengewässern vorkommen, und solche, die ausschließlich im Meer leben. Genau genommen lassen sich viele Fischarten weder den Meeres- noch den Süßwasserfischen eindeutig zuordnen, da sie im Brackwasser von Flussmündungen vorkommen oder als Wanderfische bestimmte Phasen ihres Lebens sowohl in Binnengewässern als auch im Meer verbringen. Ein bekanntes Beispiel hierfür ist der Aal, der im Meer laicht und dessen Jugendformen mit der Strömung über den Atlantik bis an die europäischen Küsten treiben und in die Flüsse aufsteigen. In den Binnengewässern wächst der Aal heran, bis er seinem Wandertrieb folgend wieder ins Meer zieht, um sich fortzupflanzen. Weiterhin gibt es mehrere Fischarten, die im Meer heranwachsen und zum Laichen die Flüsse aufsteigen, wie z. B. der Lachs.

Das vorliegende Buch stellt über 200 Fischarten mit über 250 Farbaufnahmen vor. Es vermittelt einen repräsentativen Überblick über die Fische der europäischen Binnengewässer sowie der Nord- und Ostsee. Dabei werden auch solche Fischarten beschrieben, die für Angler oder die Fischereiwirtschaft bedeutend sind. Viele Fische sind nur namentlich bekannt, weil sie auf Fischmärkten oder im Handel angeboten werden. Daher ist es auch ein Anliegen dieses Buches, umfassend über die wichtigsten Angel- und Speisefische zu informieren. Aufgrund der hohen Artenvielfalt ist es nicht möglich, alle Fischarten Europas in diesem Buch

vorzustellen. Bei den Meeresfischen wurden die Bewohner des Nordostatlantiks einschließlich der Nord- und Ostsee aufgenommen. Fischarten, die ausschließlich südlich der Bretagne bzw. im Mittelmeer vorkommen, werden nicht berücksichtigt. Während die meisten unmittelbar an der Küste lebenden Fischarten in diesem Buch beschrieben werden, sind ausgesprochene Hochseebewohner unterrepräsentiert. Fischarten, die ausschließlich die Tiefsee besiedeln, fehlen, da sie sich nicht in ihrem Lebensraum beobachten oder kaum in Aquarien halten lassen und daher nicht lebend fotografiert werden können. Auf die Abbildung von konservierten Fischen wurde bewusst verzichtet.

Ein weiteres Kriterium bei der Auswahl der berücksichtigten Fischarten war, dass wenigstens ein Repräsentant bestimmter systematischer Gruppen (**Taxon**), z. B. einer Gattung oder Familie, vorgestellt wird. Dies galt insbesondere für solche Familien oder Gattungen, bei denen sich die zugehörigen Fischarten sehr ähneln und nicht sicher ohne größeren Aufwand (z. B. Auszählen der Flossenstrahlen oder Schuppen entlang der Seitenlinie) unterscheiden lassen. In solchen Fällen können die für die Bestimmung relevanten Merkmale an lebenden Fischen kaum fotografisch dargestellt werden.

Ein Problem bei der Bestimmung von Fischen ist die Variabilität vieler Arten, d. h., die Fische einer Art können je nach Alter, Geschlecht, Stimmung und Vorkommen sehr unterschiedlich aussehen. Innerhalb des Verbreitungsgebietes kann die Färbung der Individuen stark variieren. Bei einigen Fischarten sind die geschlechtsreifen Männchen und Weibchen extrem unterschiedlich gefärbt (Sexualdimorphismus). Weiterhin tragen einige Fischarten eine besondere Balztracht, sodass sie in der Laichzeit anders gefärbt sind als außerhalb (Saisondimorphismus). In diesem Bestimmungsbuch wurden solche Varianten weitgehend berücksichtigt. Die jeweiligen Erscheinungsformen werden im speziellen Teil in mehreren Fotos abgebildet und beschrieben. Bei den Artentexten bedeutet

$\varnothing$ = Durchmesser (z. B. von Eiern).

Orientierungshilfe für die Bestimmung

Um das Bestimmen von Fischen zu erleichtern und dem Leser eine praktische Orientierungshilfe für das Auffinden der in diesem Bestimmungsbuch beschriebenen Fischarten und -familien zu geben, sind diese anhand eines Leitsystems gruppiert worden, welches mit Symbolen auf einfache, auch für den Laien nachvollziehbare Merkmale Bezug nimmt. Die Fischarten wurden anhand eines 3 Merkmalskombinationen umfassenden Rasters gruppiert (vgl. Tabelle S. 8). Im Unterschied zu den üblicherweise in Fischbestimmungsbüchern verwendeten Familienschlüsseln wurde auf diese Weise die Anzahl der Symbole auf 21 reduziert, was eine schnellere Orientierung ermöglicht.

Ursprüngliche Fischgruppierungen wie die Neunaugen (mit 7 paarigen Kiemenöffnungen) und die Knorpelfische (mit 5 paarigen Kiemenspalten) werden zuerst vorgestellt (Symbol 1–3). Ist bei einer zu bestimmenden Fischart nur 1 Kiemenöffnung auf jeder Seite erkennbar, die meist durch einen Kiemendeckel geschützt wird, handelt es sich um einen Knochenfisch (Osteichthyes).

Bei der Anwendung des Leitsystems zur Bestimmung von Knochenfischen muss zunächst auf das Vorhandensein von Bauchflossen und deren relative Stellung zu den auf den Körperseiten sitzenden Brustflossen geachtet werden. Folgt man dem Leitsystem, so können die zu bestimmenden Fischarten 4 Gruppierungen zugeordnet werden.

Fische, bei denen die Bauchflossen hinter den Brustflossen ansetzen (Symbol 4–10).
Fische, bei denen die Bauchflossen unterhalb der Brustflossen ansetzen (Symbol 11–15).
Fische, bei denen die Bauchflossen vor den Brustflossen ansetzen (Symbol 16–17).
Fische, bei denen die Bauchflossen fehlen oder reduziert sind (Symbol 18–21).
Auch die im 3. Schritt des Leitsystems berücksichtigten Merkmale sind einfach und ohne Hilfsmittel an lebenden oder toten Fischen erkennbar: Länge und Anzahl der Rückenflossen, Anzahl von fadenförmigen Barteln am Maul, Bauchflossen verwachsen, Röhrenmaul oder abnorme Körpergestalt. Diese besonderen Merkmale sind in den Symbolen teilweise mit Pfeil gekennzeichnet.

Bevor man einen unbekannten Knochenfisch einer dieser dritten Merkmalsgruppen zuteilt, muss unbedingt die richtige Zuordnung bezüglich der Stellung der Bauchflossen erfolgen. Manche Merkmale der dritten Gruppe (z. B. 1 lange Rückenflosse) kommen nämlich mehrfach vor.

Auch sollte beachtet werden, dass die Merkmale der dritten Gruppe nicht in jedem Fall ausschließlich sind. So liegt es auf der Hand, dass es Fische ohne Barteln in vielen Gruppen gibt, obwohl Gruppe 7 mit »ohne bzw. mit 2 oder 4 Barteln« charakterisiert wurde. Die folgenden Erläuterungen geben genauere Hinweise zu den jeweils in einer Gruppe zusammengefassten Arten.

Die Reduktion der für die Bestimmung relevanten Merkmale auf ein Leitsystem mit 21 Symbolen bedingt, dass mehrere Fischfamilien unter einem Symbol vereint beschrieben werden. Um bei der Reihenfolge der beschriebenen Fischarten dennoch die Systematik weitgehend zu berücksichtigen, werden die Mitglieder einer Fischfamilie jeweils aufeinander folgend beschrieben.

Da dieses Bestimmungsbuch sowohl mitteleuropäische Süßwasserarten als auch Meeresfische der Nord- und Ostsee berücksichtigt, aber nicht alle Fischarten ausschließlich im Meer oder in Binnengewässern vorkommen, gibt ein Farbsymbol rechts oben auf jeder Seite beim Durchblättern schnell darüber Auskunft, welchen Lebensraum die auf der Seite beschriebenen Fischarten besiedeln.

Es bedeutet:

 Meeresfische

 Süßwasserfische

 Wanderfische (oder Arten aus verschiedenen Gruppen werden auf dieser Seite beschrieben)

Erläuterungen zu den Leitsymbolen

1 Neunaugen: ohne paarige Flossen, mit 7 Kiemenöffnungen auf jeder Körperseite und einem Saugmaul. Neunaugen haben keine Kiefer und sind mit den kiefertragenden Fischen eng verwandt.

2 Haie: mit Bauchflossen hinter den Brustflossen, asymmetrischer Schwanzflosse und 5 Kiemenspalten auf jeder Körperseite. Haie gehören zu den Knorpelfischen.

3 Rochen: mit abgeflachtem Körper und großen Brustflossen, die mit dem Kopf verwachsen sind, und 5 Paaren Kiemenspalten. Letztere und das Maul befinden sich auf der abgeflachten Unterseite. Der Schwanz ist meist peitschenartig ausgezogen. Rochen gehören zu den Knorpelfischen.

4 Störe: mit haiähnlicher Gestalt, asymmetrischer Schwanzflosse und einem Kiemendeckel. Störe repräsentieren innerhalb der Knochenfische eine urtümliche Gruppe, die einige Merkmale mit den Knorpelfischen teilt. Zu diesen gehören neben der Körperform auch die Ausbildung eines Rostrums und das unterständige Maul.

Alle folgenden Fischarten haben Kiemendeckel und können so leicht von den zuvor beschriebenen unterschieden werden.

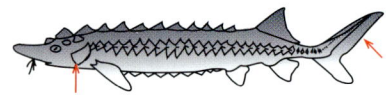

5 Fische mit Bauchflossen hinter den Brustflossen, einer kurzen Rückenflosse und einem Fettlid. Diese Merkmalskombination ist typisch für die in diesem Buch beschriebenen Fischarten aus der Familie der Heringe.

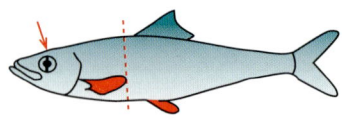

6 Fische mit Bauchflossen hinter den Brustflossen und einer Fettflosse. In diese Gruppierung wurden Fischarten aufgenommen, die einen langgestreckten Körper ohne Barteln haben. Familien Salmonidae, Thymallidae und Osmeridae.

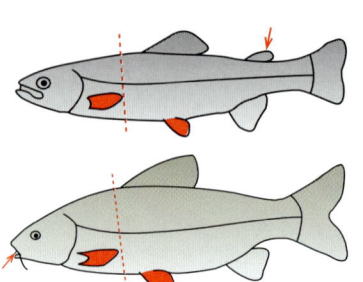

7 Fische mit Bauchflossen hinter den Brustflossen ohne bzw. mit 2 oder 4 Barteln am Maul. Süßwasserfische, die zur Familie der Karpfenfische (Cyprinidae) gehören.

8 Fische mit Bauchflossen hinter den Brustflossen und mehr als 4 Barteln am Maul. Neben den Schmerlen ohne Fettflosse werden hier auch die Katzenwelse beschrieben, die eine Fettflosse haben.

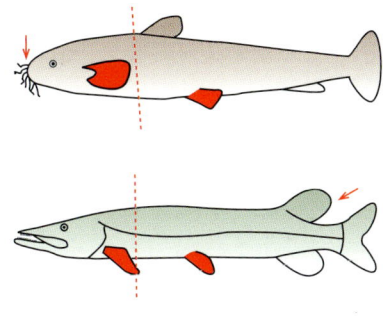

9 Fische mit Bauchflossen hinter den Brustflossen und einer weit hinten ansetzenden Rückenflosse, die gegenüber der Afterflosse sitzt. Dieses Symbol vereint Fische mit hechtähnlicher Gestalt. Zu dieser Gruppe gehören die Familien der Hechte (Esocidae), der Hornhechte (Belonidae) und der Hundsfische (Umbridae).

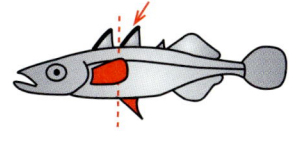

10 Fische mit Bauchflossen hinter den Brustflossen und einzeln stehenden Stachelstrahlen auf dem Rücken. Diese Merkmalskombination ist für Stichlinge (Gasterosteidae) typisch.

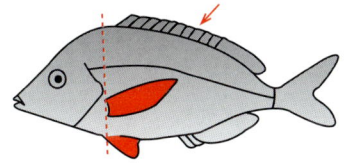

11 Fische mit Bauchflossen unter den Brustflossen und 1 langen Rückenflosse. Hier wurden verschiedene Familien der Barschartigen gruppiert, etwa die Lippfische (Labridae) und die Meerbrassen (Sparidae).

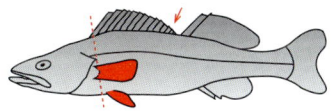

12 Fische mit Bauchflossen unter den Brustflossen und 2 Rückenflossen oder einer in der Mitte deutlich eingekerbten Rückenflosse. Dieses Symbol vereint verschiedene im Meer oder in Binnengewässern vorkommende Familien der Barschartigen, z. B. die Barsche (Percidae),

13 Fische mit Bauchflossen unter den Brustflossen, 2 Rückenflossen und einzeln stehenden Brustflossenstrahlen. Hierunter fallen die Knurrhähne und die Flughähne.

14 Fische mit verwachsenen Bauchflossen unter den Brustflossen und 2 Rückenflossen. Diese Merkmalskombination ist für die Familie der Grundeln (Gobiidae) typisch.

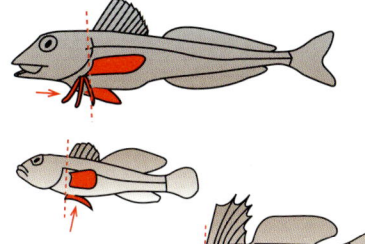

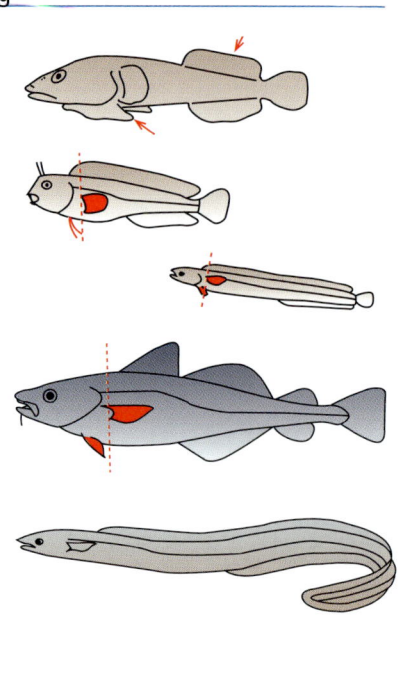

15 Fische mit verwachsenen Bauchflossen unter den Brustflossen und 1 Rückenflosse. Ansauger.

16 Fische mit Bauchflossen vor den Brustflossen und 1 langen Rückenflosse.

17 Fische mit Bauchflossen vor den Brustflossen und 2 oder 3 Rückenflossen. Dorsche. Neben den genannten Merkmalen haben viele Dorscharten auch eine Bartel am Unterkiefer.

18 Aalähnliche Fische ohne Bauchflossen mit langer Rücken- und Afterflosse. Neben den Aalen, Meeraalen und Muränen werden in dieser Gruppierung auch Sandaale und Seewölfe geführt.

19 Ohne Bauchflossen, langgestreckt mit Röhrenschnauze. Das pipettenartig ausgezogene Maul ist für die Familie Syngnathidae, zu denen die Seenadeln und Seepferdchen gehören, und für die Schnepfenfische typisch.

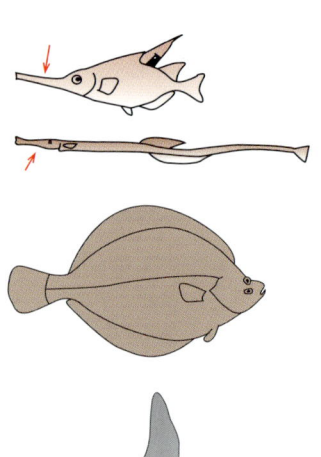

20 Fische mit asymmetrisch abgeflachtem Körper und Augen auf jeweils einer Körperseite. Unter dieser Rubrik werden die Plattfische beschrieben, zu denen die Butte, die Schollen und die Seezungen gehören.

21 Fische mit außergewöhnlicher Körperform: Seehase, Seeteufel, Drückerfisch und Mondfisch.

Symbol (Gruppe)	1. Merkmal: Kiemen-öffnungen	2. Merkmal: Bauchflossen	Weitere Merkmale	Lebensraum
1	7 Paare	fehlen	Saugmaul	Meer und Binnengewässer
2	5 Paare	bauchständig	asymmetrische Schwanzflosse, Rostrum	Meer
3	5 Paare	bauchständig	breite, mit Kopf verwachsene Brustflossen	Meer
4	1 Paar	bauchständig	asymmetrische Schwanzflosse, Rostrum	Meer und Binnengewässer
5	1 Paar	bauchständig	Augen mit Fettlid, schmale Rückenflosse	Meer und Binnengewässer
6	1 Paar	bauchständig	Fettflosse	Meer und Binnengewässer
7	1 Paar	bauchständig	ohne bzw. mit 2 oder 4 Barteln	Binnengewässer
8	1 Paar	bauchständig	mehr als 4 Barteln am Maul	Binnengewässer
9	1 Paar	bauchständig	Rückenflosse weit hinten, gegenüber der Afterflosse	Meer und Binnengewässer
10	1 Paar	bauchständig	einzeln stehende Rückenflossenstrahlen	Meer und Binnengewässer
11	1 Paar	brustständig	1 lange Rückenflosse	Meer
12	1 Paar	brustständig	2 oder 1 deutlich gekerbte Rückenflosse	Meer und Binnengewässer
13	1 Paar	brustständig	einzeln stehende Brustflossenstrahlen	Meer
14	1 Paar	brustständig	2 Rückenflossen, Bauchflossen verwachsen	Meer und Binnengewässer
15	1 Paar	brustständig	1 Rückenflosse, Bauchflossen verwachsen	Meer
16	1 Paar	kehlständig	1 lange Rückenflosse	Meer
17	1 Paar	kehlständig	2 oder 3 Rückenflossen	Meer und Binnengewässer
18	1 Paar	fehlen	lange Rücken- und Afterflosse	Meer und Binnengewässer
19	1 Paar	fehlen	Röhrenschnauze	Meer
20	1 Paar	fehlen	asymmetrisch abgeflachter Körper	Meer
21	1 Paar	fehlen	außergewöhnliche Körpergestalt	Meer

Bau und Funktion des Fischkörpers

Körperbau und -form

Während die Jugendstadien vieler Fische planktisch leben und nur in geringem Umfang aktive Ortsveränderungen durchführen, werden die erwachsenen Fische dem **Nekton** zugeordnet. Unter diesem Begriff fasst man alle Tiere zusammen, die aktiv schwimmen und sich weitgehend unabhängig von der Strömung bewegen können. Die schwimmende Fortbewegungsweise der Fische ist sehr energieaufwändig, da Wasser ca. 800-mal dichter ist als Luft. Diesem Umstand entsprechend wurden im Verlauf der Evolution besonders bei den im freien Wasser lebenden Fischarten Körperformen ausgebildet, die einen geringen Strömungswiderstand erzeugen.

Neben dem Zwang zum Energie sparenden Schwimmen beeinflusst auch die Lebensweise einer Fischart ihre Körperform. Während ausdauernde und schnelle Schwimmer der Freiwasserregion meist spindel- oder torpedoförmig gebaut sind (z. B. Lachse und Makrelen), begünstigt eine seitlich abgeflachte, hochrückige Form das präzise Manövrieren in strukturierten Lebensräumen und die Anpassung an Ernährungsweisen, bei der die Beute vom Substrat aufgenommen wird. Deshalb sind die meisten Fische, die am Grund oder an Felsen weiden, mehr oder weniger stark seitlich abgeflacht, wie z. B. Blei, Güster, Meerbrassen und Lippfische.

Einige Fischarten jagen ihre Beute nicht im freien Wasser, sondern lauern ihnen in Verstecken auf. Lauerjäger schwimmen keine ausgedehnten Strecken. Der Selektionsdruck auf den stromlinienförmigen Körper ist daher weniger stark ausgeprägt. Für sie ist es vorteilhafter, wenn sie nicht auffallen. Viele Lauerjäger haben deshalb eine Körperform oder Färbung, mit der sie sich kaum vom Untergrund abheben (z. B. die Drachenköpfe). Andere sind an die Besiedlung von Felsspalten und Nischen angepasst. So lauern Meeraale und Muränen ihrer Beute nicht nur in Höhlen auf. Aufgrund ihrer schlangenförmigen Form können sie ihr auch in ein Versteck folgen oder dort nach ihr suchen.

Vertreter verschiedener Fischfamilien haben als Lauerjäger den sandigen oder schlammigen Meeresgrund als Jagdrevier erschlossen. Während z. B. die Rochen und der Seeteufel horizontal abgeflacht sind und mit dem Bauch auf dem Grund liegen, ruhen die Plattfische auf der linken oder rechten Körperseite. Bei ihnen führte die Anpassung an die bodenorientierte Lebensweise zur Ausbildung einer asymmetrischen Körperform. Im Verlauf ihrer ontogenetischen Entwicklung wandert ein Auge innerhalb einer Metamorphose auf die Körperseite des anderen Auges, sodass die Fische auf der Seite liegend mit beiden Augen die Umgebung beobachten können. Man kann deshalb bei ihnen eine Augen- und eine Blindseite unterscheiden. Die Brustflosse auf der Blindseite wird bei vielen Arten verkleinert. Bei den Butten liegen die Augen auf der linken, bei den Seezungen auf der rechten Körperseite. Die Augenseite ist meist farblich an den besiedelten Untergrund angepasst. Einige Plattfischarten können ihre Färbung auf der Augenseite sogar verändern. Viele Fischarten, die weiche Sedimente besiedeln, graben sich zur Tarnung ganz oder teilweise in den Sand ein.

Um auf dem Grund liegend atmen zu können, sitzt auf der Oberseite, meist dicht bei den Augen, ein Spritzloch, über das Atemwasser ausgetauscht werden kann. Häufig haben Fische mit grabender Lebensweise hoch am Kopf liegende Augen und Nasenlöcher, die aus dem Sediment herausragen, wie z. B. das Petermännchen.

Da die Lauerjäger unter den Fischen aufgrund ihrer Körperform oft schlechte Schwimmer sind, können sie nur begrenzt vor größeren Fressfeinden fliehen. Deshalb entwickelten sie Mechanismen, die sie vor Angreifern schützen. So tragen einige Arten mit Giftdrüsen versehene stachelige Flossenstrahlen (z. B. die Dra-

endständig   unterständig   oberständig

Verschiedene Maulstellungen: beide Kiefer gleich lang (endständig), Oberkiefer überragt Unterkiefer (unterständig) und Unterkiefer überragt Oberkiefer (oberständig).

chenköpfe) oder Dornen am Körper (z. B. das Petermännchen).

Eine besonders stark abgewandelte Körperform haben die mit den Seenadeln verwandten Seepferdchen. Ihr Schwanz trägt keine Flosse und ist zu einem beweglichen Greiforgan umgewandelt. Sie schwimmen aufrecht und haben einen winkelig abgeknickten Kopf. Diese Körperform wird als Anpassung an die Besiedlung von Algen- oder Seegraswiesen gedeutet. Aufgrund ihrer Färbung und ihrer langsamen Fortbewegung sind sie zwischen den Pflanzen gut getarnt. Mit dem Wickelschwanz halten sie sich am Substrat fest und lauern so auf wirbellose Kleintiere, die sie mit ihrem pipettenartigen Maul einsaugen.

Bei Fischen lässt sich der Körper in drei Bereiche unterteilen, die fließend ineinander übergehen. Der vorn liegende Kopf reicht bei den Knorpelfischen bis zu den Kiemenspalten und bei den Knochenfischen bis zum freien Rand des Kiemendeckels.

Kopf

Der Kopf erfüllt bei Fischen viele Funktionen. Er trägt die Sinnesorgane, die dem Schmecken, Riechen, Hören, Sehen und der Orientierung im dreidimensionalen Raum dienen. Mit seinen beweglichen Kiefern dient er auch der Nahrungsaufnahme. Bewegungen des Kieferapparates, des Mundbodens und der Kiemendeckel spielen außerdem eine wichtige Rolle bei der

Atmung. Sie erzeugen einen Wasserstrom, der die Kiemen umspült. Bei einigen Fischen fungiert der Kopf auch als Werkzeug beim Bau des Nestes oder einer Laichgrube.

Der Kieferapparat setzt sich aus einer Vielzahl von Knochen zusammen. Dass jeder einzelne Knochen im Laufe der Evolution umgestaltet werden konnte, begünstigte die Anpassung an verschiedene Ernährungsweisen und damit auch das Entstehen der heutigen Artenvielfalt. Fische können sich sowohl von kleinsten Planktonorganismen als auch von großen Beutetieren wie Fischen, Vögeln und Säugern ernähren. Die Nahrung wird aufgeschnappt, aufgesogen, aus dem Boden gewühlt, abgeweidet oder abgeraspelt. Die Maulweite begrenzt dabei die Größe der aufgenommenen Nahrungsbrocken. Räuberische Arten wie der Hecht, der Zander und der Rapfen haben ein tief gespaltenes Maul, Planktonfresser dagegen in der Regel nur eine kleine Mundöffnung. Beim Blei und bei der Güstern ist das Maul ausstülpbar. So können sie Insektenlarven, Würmer und Mollusken aus dem Gewässergrund saugen. Bei Fischen, die Aufwuchs vom Substrat abraspeln, finden wir verhornte, scharfe Lippen (z. B. bei der Nase) oder kleine Zähnchen.

Auch die Lage des Mauls ist an unterschiedliche Ernährungsweisen angepasst und wird als Merkmal bei der Bestimmung von Fischen herangezogen. Wenn beide Kiefer gleich lang sind, steht das Maul **endständig**, z. B. Döbel, Plötze, Forelle. Ist der Oberkiefer länger als der

Im weit aufgerissenen Maul des Hechtes erkennt man die für die Knochenfische charakteristischen 4 Paare Kiemenbögen, die sich in einer Kiemenhöhle befinden, welche durch einen knöchernen Kiemendeckel geschützt wird.

Unterkiefer, liegt das Maul **unterständig**. Diese Lage der Mundöffnung ist häufig bei Fischen mit bodenorientierter Lebensweise anzutreffen, z. B. Barbe, Gründling und Zährte. Fische, die bevorzugt an der Wasseroberfläche nach Nahrung suchen, haben oft ein **oberständiges** Maul, bei dem der Unterkiefer länger ist als der Oberkiefer, z. B. Moderlieschen, Ukelei und Ziege.

Rumpf

Der Rumpf beginnt äußerlich sichtbar am Hinterrand der Kiemendeckel und reicht bis zur After- bzw. Geschlechtsöffnung. Der Rumpfquerschnitt kann je nach Lebensweise der betreffenden Fischart rund, oval oder abgeflacht sein. Er schließt in seinem Innern die Fortpflanzungs-, Verdauungs- und Exkretionsorgane sowie das Herz ein. Unter der Haut liegt die der Fortbewegung dienende Seitenrumpfmuskulatur, die sich vom Schädel bis zur Schwanzwur-

zel zieht. Diese Rumpfmuskulatur ist segmental angeordnet. Die einzelnen Segmente sind w-förmig ineinander gefügt. Um die für den Vortrieb notwendige Kraft aufbringen zu können, besteht ein Großteil des Fischkörpers aus Muskelfleisch. Aus diesem Grund gelten Fische als wertvolles Nahrungsmittel. Beim Hecht entfallen z. B. zwei Drittel des Körpergewichtes auf die Muskeln.

Schwanz

Über den Schwanzstiel werden die Körperbewegungen auf die Schwanzflosse übertragen. Die seitlich ausgerichteten Bewegungen des Körpers und der Schwanzflosse erzeugen bei den meisten Fischen den Antrieb. Die Wirbelsäule zieht sich stützend bis in die Schwanzflosse. Anhand ihres Verlaufs werden 3 Grundtypen unterschieden. Die Mehrheit der Fischarten hat eine äußerlich symmetrische Schwanzflosse. Diesen Typ bezeichnet man als **homocerk**. Bei Haien und Stören zieht sich die Wirbelsäule bis in den oberen Flossenlappen; so entsteht eine asymmetrische Form: Hier spricht man vom **heterocerken** Typ. Eine weitere symmetrische Flossenform findet man bei den nicht in Europa vorkommenden Flösselhechten und Lungenfischen. Bei diesen reicht die Wirbelsäule bis zum Körperende und wird von gleich langen Flossenstrahlen umstanden. Dieser Typ wird als diphycerk bezeichnet.

Zähne

Auch die Zähne von Fischen weisen unterschiedliche Merkmale auf. Lange, spitze Zähne werden als Fangzähne bezeichnet (z. B. Zander), eng stehende als Bürsten- oder Hechelzähne (z. B. Wels). Sie können sowohl auf dem Ober-, Zwischen- und Unterkiefer als auch am Munddach, am Gaumenknochen oder auf dem Zungenbein sitzen.
Bei Karpfenfischen (Cypriniden) befinden sich außerdem auf der Innenseite des 5. Kiemenbo-

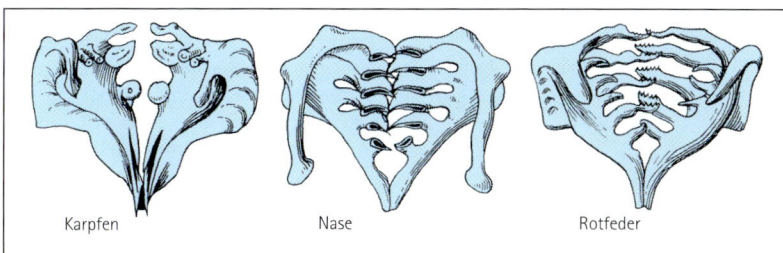

In Anpassung an unterschiedliche Ernährungsweisen abgewandelte Schlundzähne bei drei heimischen Vertretern aus der Familie der Karpfenfische.

| Karpfen | Nase | Rotfeder |

gens Zähne. Diese können ein-, zwei- oder dreireihig angeordnet und unterschiedlich geformt sein. Bei Artbeschreibungen gibt man ihre Anzahl in Form einer **Schlundzahnformel** wieder. Zum Beispiel sind die Schlundzähne der Barbe dreireihig: 2.3.5.–5.3.2. (d. h., die erste Reihe besteht aus 2, die zweite aus 3 und die dritte Reihe aus 5 Zähnen, jeweils links und rechts), beim Aland zweireihig, 3.5.–5.3., und bei der Karausche einreihig, 4.–4. Mit den Schlundzähnen wird die Nahrung zerkleinert und trockengepresst, wobei diese gegen eine Platte am Munddach arbeiten (Karpfenstein). Die Form der Schlundzähne ist bei den einzelnen Arten an die jeweils bevorzugte Nahrung angepasst. So haben Karpfen breitflächige Mahlzähne zum Zermalmen von Schnecken- und Muschelschalen, die bei Abnutzung erneuert werden. Der Rapfen besitzt spitze, zum Zerschneiden von Beute geeignete Schlundzähne. Bei der Rotfeder, die sich von pflanzlicher Kost ernährt, sind sie gesägt. Die Nase hat messerförmige Schlundzähne, mit denen sie abgeweidete Algen zerkleinert.

Bei den Forellen ist auch das aus Stiel und Platte bestehende **Pflugscharbein** oder Vomer in jeweils unterschiedlicher Weise bezahnt. Deshalb wird die Art der Bezahnung als Merkmal bei der Bestimmung von Lachsfischen herangezogen. So ist z. B. beim Lachs nur der Stiel bezahnt und beim Huchen nur die Platte. Bei den Forellen tragen beide Teile Zähne; die Bachforelle hat z. B. 1 Querreihe auf der Platte und 2 Längsreihen auf dem Stiel.

Haie und Rochen haben in mehreren Reihen angeordnete Zähne. Die inneren Zahnreihen können nach vorn wachsen und so abgebrochene oder abgenutzte Zähne der vorderen Reihe ersetzen. Man spricht deshalb bei ihnen von einem **Revolvergebiss**. Die Lage des Mauls ist bei Fischen ebenfalls von der Ernährungsweise abhängig. Während die Knorpelfische eine verlängerte Schnauze (Rostrum) und ein auf der Unterseite liegendes Maul besitzen, liegt es bei den Knochenfischen an der Spitze des Kopfes. Die Kiefer hängen bei den Haien beweglich an der Schädelkapsel, sodass sie das Maul nach vorn schieben und Stücke aus größeren Beutetieren herausbeißen können.

Die fadenförmigen Anhänge am Ober- und Unterkiefer des Schlammpeitzgers sind Barteln, die als Tast- und Geschmackssinnesorgane dienen.

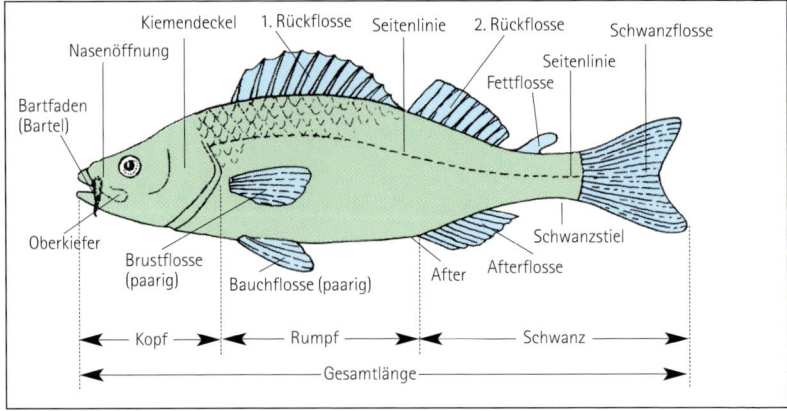

Gliederung eines Fischkörpers.

Bei verschiedenen Fischarten befinden sich am Maul eine oder mehrere fadenartige Verlängerungen, die als Tast- und Geschmacksorgane dienen. Die Anzahl und die Lage dieser **Barteln** sind diagnostische Merkmale, die für bestimmte Fischgruppen charakteristisch sind. So haben Dorsche meist 1 Bartel am Unterkiefer, Meerbarben dagegen 2.

Flossen

Die Flossen sind die Antriebs- und Steuerorgane der Fische. Sie bestehen aus strahlenförmigen Skelettelementen, die über eine Flossenhaut miteinander verbunden sind. Bei Haien und Rochen bestehen die **Strahlen** aus Knorpel. Die Flossen der Knochenfische unterscheiden sich wesentlich von denen der Knorpelfische. Die Strahlen bestehen bei ihnen aus knöchernen Strukturen, die mit bestimmten Muskeln aufgerichtet und angelegt werden können. Knorpelfische haben dagegen Flossen, die zwar nicht unbeweglich sind, deren Bewegungsmöglichkeiten jedoch eingeschränkt sind. Ihr Steuer- bzw. Manövriervermögen ist deshalb begrenzt. Die Anzahl und die Stellung der Flossen sind wichtige Merkmale für die Bestimmung von Fischen. Zunächst unterscheidet man zwischen

paarigen und unpaarigen Flossen. Zu den paarigen Flossen gehören die **Brust-** und **Bauchflossen**. Die knochengestützten paarigen Flossen waren die Anlagen, aus denen sich die Beine der landlebenden Wirbeltiere entwickelten. Ob-

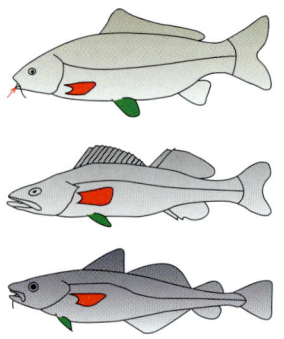

Relative Lage der paarigen Bauchflossen (unterhalb des Kiemendeckels) zu den paarigen Brustflossen (hinter dem Kiemendeckel). Liegen die Bauchflossen mit deutlichem Abstand hinter den Brustflossen (oben) sitzen sie bauchständig, liegen sie unterhalb der Brustflossen, spricht man von brustständigen Bauchflossen (Mitte), liegt ihr Ansatz sogar vor dem der Brustflossen, wird dies als kehlständig bezeichnet.

wohl der Name es andeutet, setzen die Bauchflossen bei einigen Fischarten nicht am Bauch an. In Anpassung an bestimmte Lebensweisen sind sie nach vorne gewandert. Liegen sie unterhalb der Brust spricht man von brustständigen Bauchflossen, z. B. bei vielen Grundeln. Die Bauchflossen können sogar so weit vorne am Körper ansetzen, daß sie vor den Brustflossen liegen. In diesem Fall bezeichnet man sie als kehlständig, z. B. bei den Schleimfischen. Die **Rücken-,** die **Schwanz-** und die **Afterflosse** sind unpaare Flossen. Einige Fischarten haben nicht nur 1, sondern mehrere Rücken- oder Afterflossen. Viele Vertreter aus der Familie der Dorsche haben 3 Rücken- und 2 Afterflossen, z. B. der Dorsch oder der Schellfisch. Auch bei den Knorpelfischen gibt es Arten mit 2 Rückenflossen, z. B. den Sandhai. Die Schwanzflosse überträgt den von der Rumpfmuskulatur erzeugten Vortrieb und ist damit bei den meisten Fischen das stärkste Antriebsorgan. Bei schnellen und ausdauernden Schwimmern ist sie meist tief gegabelt, z. B. bei den Stachelmakrelen. Daneben gibt es bei einigen Fischfamilien, z. B. bei den Lachsfischen, eine weitere Flosse, die so genannte **Fettflosse.** Diese sitzt zwischen der Rücken- und der Schwanzflosse, wird jedoch nicht durch Flossenstrahlen gestützt. Ihre Funktion ist nicht genau bekannt. Man vermutet, dass sie beim Schwimmen die Wirbelbildung reduziert und damit den Strömungswiderstand herabsetzt.
Bei den Flossenstrahlen der Knochenfische gibt es unterschiedliche Typen. Man unterscheidet zunächst zwischen **Hart-** und **Weichstrahlen.** Die Hartstrahlen bestehen jeweils aus einem Stück. Sie sind starr und richten die jeweilige Flosse auf. Sie liegen deshalb im vorderen Bereich der Flossen. Die Weichstrahlen bestehen aus Gliedern, die wie Münzen in einer Geldrolle übereinander liegen und deshalb nicht so starr sind. Die Hartstrahlen spannen die Flossen wie ein Segel auf, die Weichstrahlen verhindern das Einfalten der Flossenhaut. Damit die Weichstrahlen eine möglichst große Fläche in den Flossen stützen können, sind sie im hinteren Bereich meist verzweigt bzw. gefiedert. Die

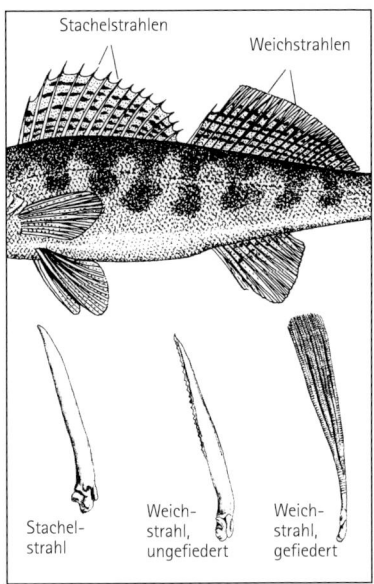

Flossenstrahlen der Rückenflosse eines Zanders.

Hart- und Weichstrahlen gewährleisten die hohe Beweglichkeit der Flossen. Die Flossenstrahlen können durch Muskelfasern nicht nur aufgerichtet und angelegt, sondern auch seitwärts ausgelenkt und ermöglichen so wellenförmige Bewegungen der Flosse. Mit wellenartigen Bewegungen der Rücken- und Afterflosse schwimmt z. B. der Drückerfisch. Hartstrahlen, die über die Flossenhaut hinausragen, werden als Stachelstrahlen bezeichnet. Die Anzahl der Hart- und Weichstrahlen in den Flossen variiert innerhalb artspezifischer Grenzen. Aus diesem Grund ist die Anzahl der Flossenstrahlen ein wichtiges Merkmal für die Bestimmung von Fischen. Um im speziellen Teil bei der Beschreibung der Merkmale die formelartigen Angaben zu den Flossen verstehen zu können, werden diese hier kurz erläutert. Die **Flossenformel** besteht aus Buchstaben, welche als Kürzel für die jeweilige Flosse dienen. Die Buchstaben leiten sich von der wissenschaftlichen Bezeichnung der Flossen ab. Die

Rücken- oder Dorsalflosse wird mit D abgekürzt, die After- oder Analflosse mit A, die Brust- oder Pectoralflosse mit P, die Bauch- oder Ventralflosse mit V und die Schwanz- oder Caudalflosse mit C. Bei Fischen mit mehreren Rücken- oder Afterflossen gibt die Zahl hinter dem Buchstaben an, auf welche Flosse sich die Angaben beziehen. D2 bedeutet z. B. die 2. Rückenflosse. Die Anzahl der Hartstrahlen in der jeweiligen Flosse wird mit römischen, die Anzahl der Weichstrahlen mit arabischen Ziffern angegeben. Die Flossenformel des Zanders lautet beispielsweise:

D1 XIV/0, D2 I/19–23, A II/11–13, P 15–16, V I/5

Bei ihm besteht die 1. Rückenflosse aus 14 Hartstrahlen, die 2. Rückenflosse aus 1 Hartstrahl und 19–23 Weichstrahlen, die Afterflosse aus 2 Hart- und 11–13 Weichstrahlen, die Brustflosse aus 15–16 Weichstrahlen und die Bauchflosse aus 1 Hartstrahl und 5 Weichstrahlen. Als weiteres Beispiel soll der Stöcker oder die Bastardmakrele betrachtet werden:

D1 VIII, D2 I/28–34, A1 II, A2 I/23–33, P 20–21, V I/5

Die 1. Rückenflosse besteht aus 8 Hartstrahlen, die 2. aus 1 Hart- und 28–34 Weichstrahlen; die 1. Afterflosse aus 2 Hartstrahlen, die 2. aus 1 Hart- und 23–33 Weichstrahlen; die Brustflosse aus 20–21 Weichstrahlen und die Bauchflosse aus 1 Hart- und 5 Weichstrahlen.

Verschiedene Fischarten haben die Anzahl der Flossen reduziert. Beim Meeraal fehlen die Bauchflossen, bei den Muränen sogar alle paarigen Flossen. Weiterhin können die unpaaren Flossen miteinander verschmelzen und einen **Flossensaum** ausbilden. Die zuletzt genannten Fische sind auch Beispiele für diese Abwandlung der Flossen.

Die Flossen dienen verschiedenen Fischen nicht nur als Antriebs- und Steuerorgane. Mit Giftdrüsen verbundene Stachelstrahlen dienen der Verteidigung, mit auffälligen Färbungen versehene Flossen spielen innerhalb des Balz- und Territorialverhaltens eine wichtige Rolle bei der innerartlichen Kommunikation. Einige Fische

laufen sogar mit ihren Flossen über den Grund. Der Seeteufel kann mit seinen von armartigen Stummeln gestützten Brustflossen über den Boden kriechen. Bei den Knurrhähnen sind die vorderen Strahlen der Brustflosse nicht über eine Flossenhaut miteinander verbunden und somit frei beweglich. Mit diesen können sie sich in laufender Weise über den Boden bewegen.

Die Flossen wurden bei einigen Arten so abgewandelt, dass sich die Fische damit an das Substrat anheften können. Bei den Grundeln und beim Seehasen bilden die Bauchflossen ein Saugorgan, mit dem sie sich z. B. an Felsen heften können. Weiterhin gibt es Fische, bei denen die Brustflossen tragflächenartig vergrößert sind. Mit diesen können sie kurze Strecken über die Wasseroberfläche fliegen, wie z. B. die Fliegenden Fische.

Die Flossen können auch zu Begattungsorganen umgewandelt sein. So pflanzen sich Haie und Rochen über eine innere Befruchtung der Eier fort. Die Männchen paaren sich mit den Weibchen mit Begattungsorganen, die von den inneren Abschnitten der Bauchflosse gebildet werden. An diesen Klaspern (s. auch S. 15) lassen sich männliche Haie und Rochen leicht von den weiblichen unterscheiden.

Eine bemerkenswerte Abwandlung der Flossen gibt es bei dem bereits mehrfach genannten Seeteufel. Bei ihm sind die vorderen 3 Flossenstrahlen der 1. Rückenflosse vereinzelt. Der erste Flossenstrahl liegt vor den Augen und ist stark verlängert. An seiner Spitze trägt er einen fleischigen Hautlappen, der an die Tentakelkrone eines Röhrenwurms erinnert. Mit diesem Köder lockt er Beutefische in seine Nähe, die plötzlich mit dem weit aufgerissenen Maul geschnappt werden.

Schuppen und Haut

Die Schuppen der Knorpelfische unterscheiden sich von denen der Knochenfische. Haie und Rochen haben so genannte **Placoidschuppen**. Diese münden von einer rhombenförmigen Platte ausgehend in einem spitzen, nach hinten

Placoidschuppen des Hais

Schuppen von Stören

Kammschuppe des Flussbarsches   Rundschuppe des Rotauges

Verschiedene Schuppentypen.

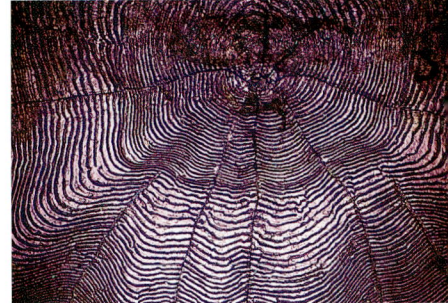

Schuppe eines Bleis unter dem Mikroskop. Man erkennt die unterschiedlichen Abstände der Ringleisten, die im Winter näher beieinander liegen.

gerichteten Dorn, der aus Zahnbein (Dentin) besteht und mit einer Schmelzschicht überzogen ist. Die kleinen spitzen Placoidschuppen verleihen den Haien und Rochen eine rauhe Oberfläche, die sich wie Sandpapier anfühlt. Man nimmt an, dass sich die Zähne auf dem Kiefer der Knorpelfische von den Placoidschuppen ableiten lassen. Während die Knochenfische den Reibungswiderstand der Haut durch eine nach außen abgegebene Schleimschicht herabsetzen, übernehmen bei den Knorpelfischen die Placoidschuppen diese Funktion. Sie sind so angeordnet, dass das Wasser beim Schwimmen in den Vertiefungen ruht und damit die reibende Fläche verringert. Weiterhin setzen die Zähnchen die Bildung von Turbulenzen bei dem unmittelbar am Körper vorbeiströmenden Wasser herab.

Die Schuppen der Knochenfische werden in Hauttaschen gebildet. In diesen befinden sich Zellen, die das organische Material abscheiden. Die Schuppen sind dachziegelartig angeordnet. Sie wachsen in übereinander liegenden Lagen, wobei die unteren, jüngeren Lagen mit dem wachsenden Fisch immer größer werden. Dadurch bilden sich auf der Schuppe von oben betrachtet ringförmige Strukturen, an denen das Alter eines Fisches bestimmt werden kann. Auf der Oberfläche der Schuppen befinden sich ringförmige Leisten (Sklerite) und Furchen (Striae). In den gemäßigten Breiten wachsen Fische im Sommer bei höheren Temperaturen und höherem Nahrungsangebot schneller als im Winter. Die Ringleisten werden bei schnellen Wachstumsphasen mit weiterem Abstand zueinander angelegt als bei langsameren. Dicht beieinander liegende Sklerite wirken dunkel, mit größerem Abstand angelegte hell. Die Ränder eines dunklen Rings werden als Jahresring oder Anulus bezeichnet. An der Anzahl der hellen und dunklen Ringe kann das Alter eines Fischs bestimmt werden. Die mit konzentrischen Wachstumsstrukturen versehenen und aus feinen, übereinander liegenden Plättchen bestehenden Schuppen der modernen Knochenfische (Teleostei) werden als Elasmoidschuppen

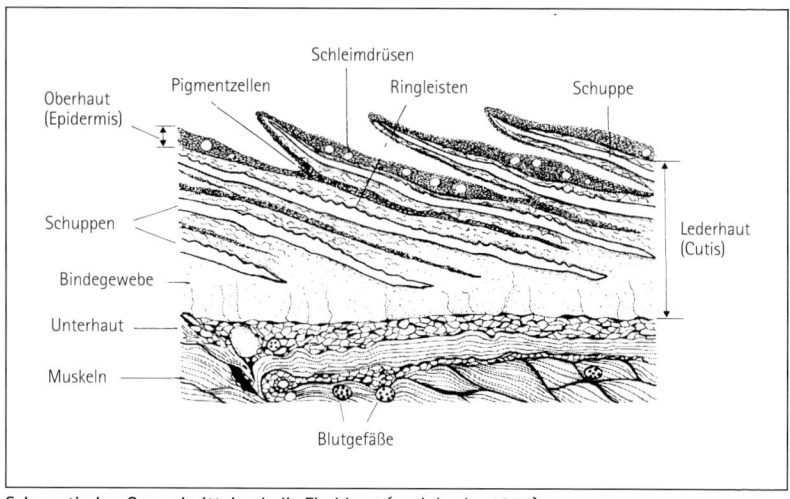

Schematischer Querschnitt durch die Fischhaut (nach Lagler 1977).

bezeichnet. Man unterscheidet bei diesen zwischen primitiveren **Rundschuppen** (Cycloidschuppen) und höher entwickelten **Kammschuppen** (Ctenoidschuppen). Letztere kommen innerhalb der Barschartigen (Perciformes) vor. Sie tragen im Gegensatz zu den Rundschuppen mehrere Reihen (kammartig angeordnet) kleiner Zähnchen, sodass sich die Haut von Fischen mit Kammschuppen rau anfühlt.

Die Anzahl der Schuppen entlang des Körpers variiert innerhalb artspezifischer Grenzen. Sie gehört deshalb zu den meristischen (alles was gezählt werden kann) Daten, die für die Beschreibung einer Fischart relevant sind. Im speziellen Teil finden sich daher Angaben über die Schuppen entlang der Seitenlinie. Diese Linie lässt sich meist in Form einer Punktreihe auf dem Körper eines Fisches erkennen. Sie kann gerade oder gebogen verlaufen.

Zu den auffälligsten Bestimmungsmerkmalen eines Fisches gehört dessen Färbung. Hierbei ist jedoch zu berücksichtigen, dass die Fische ein und derselben Art je nach Gewässer, Geschlecht, Alter oder Stimmung unterschiedlich gefärbt sein können. Die Färbung wird durch

spezielle Zellen in der Lederhaut hervorgerufen. Diese sind stern- oder rosettenartig geformt und enthalten in abgegrenzten Räumen (Vakuolen) Farbstoffe bzw. Pigmente in Form von Körnern oder Tröpfchen. Die Farbzellen (Chromatophoren) werden anhand der enthaltenen Pigmente unterschieden. Solche mit schwarzen Pigmenten bezeichnet man als Melanophoren, sie enthalten meist das dunkel gefärbte Melanin. Daneben gibt es auch Zellen mit z. B. gelben (Xanthophoren) oder roten Pigmenten (Erythrophoren). Die Anzahl der Farbzellen in der Haut verändert sich im Verlauf des Lebens eines Fisches. Darüber hinaus können viele Fische die Anordnung der Farbpigmente in den Zellen steuern und dadurch ihre Färbung verändern. Dabei werden die mit Pigmenten gefüllten Strukturen in den Zellen ausgedehnt oder zusammengezogen.

Einen besonderen Typ von Farbzellen bilden die so genannten **Glanzzellen** oder **Iridozyten**. Sie enthalten Substanzen, welche das Licht reflektieren (Guanin). Der silbrige Glanz vieler Fischarten ist auf diese Zellen zurückzuführen.

Sinnesorgane

Geruchs- und Geschmackssinn

Bei im Wasser lebenden Tieren lässt sich der Geruchs- nur schwer von dem Geschmackssinn trennen. Fische können mit speziellen Rezeptoren zwischen den Geschmacksqualitäten süß, sauer, bitter und salzig unterscheiden. Die Geschmacksrezeptoren sind im und am Maul sowie an den Lippen und Barteln besonders zahlreich, können aber auch vereinzelt auf dem Körper vorkommen. Im Maul sind sie in Form von Geschmacksbechern oder -knospen angeordnet. Sie dienen hauptsächlich dem Schmecken, d. h., die Fische überprüfen mit diesem Sinnesorgan die Genießbarkeit ihrer Nahrung. Somit ist der Geschmackssinn ein Nahsinn, während der Geruchssinn eher der Wahrnehmung von Duftstoffen aus größerer Entfernung dient.

Spezifische Duftstoffe nehmen Fische über die paarigen Nasenöffnungen wahr. In diesen befindet sich eine rosettenartig gefaltete Riechschleimhaut. Durch die Faltung wird die Oberfläche des Riechepithels und damit die Anzahl der darin befindlichen Geruchsrezeptoren vergrößert. Damit die Richtung, aus der die Geruchsstoffe, wahrgenommen werden kann, muss beim Schwimmen ein gerichteter Wasserstrom entlang des Riechepithels erzeugt werden. Dies erreichen die meisten Fische über eine Hautfalte, die wie eine Stauklappe quer über der Nasenöffnung liegt und als Velum bezeichnet wird. Sie bewirkt, dass das Wasser beim Schwimmen durch die vordere Teilöffnung ein- und durch die hintere ausströmt.

Das geruchliche Wahrnehmungsvermögen ist bei verschiedenen Fischarten besonders ausgeprägt. Beim Aal wurde z. B. nachgewiesen, dass die Sinneszellen sogar auf einzelne Moleküle bestimmter Geruchsstoffe reagieren. Lachse, die zum Laichen vom Meer in die Flüsse aufsteigen, erkennen ihr »Heimatgewässer«, in dem sie aus den Eiern schlüpften und die

Güster haben auffällig große Augen.

ersten Phasen ihres Lebens verbrachten, an seinem Geruch. Die jungen Lachse prägen sich den spezifischen Geruch ihres Laichgewässers ein, bevor sie ins Meer wandern, um dort bis zum Eintritt der Geschlechtsreife heranzuwachsen. Wenn sie laichreif geworden sind, finden sie den Mündungsbereich ihres Laichgewässers an den spezifischen Geruchsstoffen und schwimmen ihnen entgegen (positive Rheotaxis).

Optischer Sinn

Fische haben Augen, die in ihrem Aufbau denen anderer Wirbeltiere entsprechen. Man spricht bei diesen von inversen Augen, weil die lichtempfindlichen Zellen in der Netzhaut von Wirbeltieren von der Linse abgewandt sind. Im Gegensatz hierzu sind z. B. im Auge eines Kraken die Sinneszellen dem eintretenden Licht zugewandt (evers). Fische haben eine kugelförmige Linse, die das Licht entsprechend stark bricht. Im Unterschied zu den Augen von Säugetieren erfolgt bei ihnen die Scharfeinstellung von entfernten Objekten, das so genannte Akkommodieren, nicht über eine Verformung der Linse, sondern über ihre Verschiebung relativ zur Netzhaut. Die Linse wird durch die ansetzenden Muskeln nach hinten gezogen und behält dabei ihre Form bei.

Um das eintretende Licht optimal ausnutzen und die Lichtempfindlichkeit erhöhen zu können, haben die Fische in der Gefäßhaut des Auges eine lichtreflektierende Schicht entwickelt, das so genannte Tapetum lucidum. Sie entsteht durch die Einlagerung von Guaninkristallen in eine flache Zellschicht. Das durch die Linse eintretende Licht reizt die Sinneszellen in der Netzhaut zweimal; einerseits beim Eintritt in die Netzhaut und andererseits nachdem es vom Tapetum reflektiert wurde. Aus diesem Grund leuchten die Augen vieler Fische, wenn sie direkt angestrahlt werden.

Seitenlinienorgan

Das Seitenlinienorgan ist ein der Wahrnehmung von Druckwellen dienendes Sinnesorgan, das nur bei primär wasserlebenden Wirbeltieren vorkommt. Dieser »Ferntastsinn« besteht aus Rezeptoren in der Haut, die sich in Kanälen befinden. Die Kanäle stehen über reihenartig angeordneten Poren mit der Außenwelt in Verbindung. An den Flanken münden die Kanäle an durchbohrten Schuppen nach außen und sind deshalb gut zu erkennen. Die meisten Fische haben jeweils eine Porenreihe entlang der Flanken, die als **Seitenlinie** bezeichnet wird. Die Anzahl der Schuppen entlang der Seitenlinie schwankt innerhalb artspezifischer Grenzen und wird deshalb bei der meristischen Beschreibung der Fischarten angegeben. So hat z. B. die Scholle 88–115 Schuppen entlang der Seitenlinie.

Im Innern der schleimgefüllten Kanäle sitzen Sinneszellen (Neuromasten), deren haarfeine Fortsätze (Kinozilien) bündelartig zusammengefasst sind (Cupula) und in das Lumen ragen. Bewegte Objekte erzeugen im Wasser Druckwellen, die den Schleim in den Kanälchen verschieben und dabei die Haarfortsätze aus ihrer Ruhestellung bewegen. Durch die Auslenkung der Haarfortsätze werden in den Sinneszellen Reize erzeugt, mit denen der Fisch die Intensität und die Richtung von Druckwellen im Wasser wahrnehmen kann.

Mit dem Seitenlinienorgan können Fische nicht nur Strömungen wahrnehmen und sich an diesen orientieren. Die beim Schwimmen erzeugten und an den Objekten der Umgebung reflektierten Druckwellen ermöglichen auch das Erkennen von Hindernissen. Weiterhin dient das Seitenlinienorgan der Ortung von sich bewegenden Beutetieren. Mit seiner Hilfe können Fische selbst im trüben Wasser oder bei Dunkelheit jagen. Darüber hinaus dient dieser Ferntastsinn auch der Koordination der Schwimmbewegungen von Fischen innerhalb eines Schwarms.

Gehör

Obwohl Fische keine äußerlich erkennbaren Ohren haben, können sie auch hören. Schallwellen breiten sich im Wasser als Druckwellen aus. Diese können Fische je nach Frequenz mit dem Seitenlinienorgan oder dem Innenohr wahrnehmen. Tiefe Frequenzen unter 100 Hertz (1 Hertz = 1 Schwingung pro Sekunde) werden mit dem Seitenlinienorgan erkannt. So hören z. B. Haie Töne mit tiefen Frequenzen, die u. a. der Mensch beim Schwimmen erzeugt und die denen von verletzten Fischen ähnlich sind. Schallwellen mit höheren Frequenzen werden bei Fischen von zwei bläschenartigen

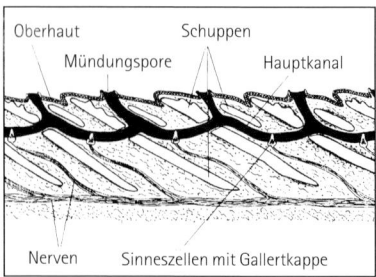

Oberhaut Schuppen
Mündungspore Hauptkanal
Nerven Sinneszellen mit Gallertkappe

Seitenlinienorgan eines Fisches im schematischen Längsschnitt.

Erweiterungen des Innenohrs (Sacculus und Lagena) wahrgenommen. In diesen befinden sich **Gehörsteinchen** (Otolithen), die jeweils auf einem Polster (Macula) aus Sinneszellen (Kinozilien) liegen. Die Schallwellen werden vom Körper aufgenommen und über die im Innenohr befindliche Lymphflüssigkeit und Gehörknöchelchen übertragen, welche ihrerseits die Haarfortsätze der Sinneszellen auslenken und so einen Reiz auslösen. Das Hörvermögen der Fische ähnelt dem des Menschen. Im Gegensatz zu landlebenden Wirbeltieren können Fische jedoch nicht die Richtung orten, aus der die Schallwellen kommen.

Ein besonders gut entwickeltes Hörvermögen haben Fische, die Schallwellen mit der Schwimmblase aufnehmen und über spezielle Knochen in das Innenohr leiten können. Die der Weiterleitung der Schallwellen dienenden Knochen stammen von Wirbelanlagen ab und wurden nach ihrem Entdecker als Webersche Knöchelchen oder **Weberscher Apparat** bezeichnet. Man fasst die Fischarten mit einem Weberschen Apparat in der Gruppe der so genannten Ostariophysen zusammen (z. B. Karpfenfische und Welse). Bei ihnen entsprechen die Funktionen der Schwimmblase und der Weberschen Knöchelchen denen des Trommelfells und der Mittelohrknochen (Hammer, Amboss und Steigbügel) beim Menschen.

Mit den Fischen wachsen auch die Gehörsteinchen und bilden dabei in ihrem Inneren konzentrische Ringe aus. Um diese sichtbar zu machen, muß man die Otolithen herauspräparieren, in ein geeignetes Material einbetten (z. B. Kunstharz) und schleifen. Wie bei den Schuppen beschrieben, lässt sich das Alter eines Fisches auch an den Zuwachsraten der Gehörsteinchen bestimmen.

Fische können Schallwellen nicht nur wahrnehmen, sondern auch welche erzeugen. Sie geben Laute von sich, in dem sie z. B. Zähne oder Flossenstrahlen aneinander reiben. Bei einigen Fischarten dient die Schwimmblase auch als Resonanzkörper der Lauterzeugung. Einige Vertreter aus der Familie der Umberfische, z. B. die Meerrabe oder der in der Nordsee vorkommende Rote Knurrhahn versetzen mit einem speziellen Muskelapparat ihre Schwimmblase in Schwingungen und erzeugen so Geräusche. Die Umberfische geben beim Fressen Trommelgeräusche von sich und locken so Artgenossen zur Futterquelle. Bei den Knurrhähnen dienen die hervorgebrachten Töne wahrscheinlich als Signale im Dienst ihres Fortpflanzungsverhaltens. Es gibt noch weitere Mechanismen, mit denen Fische Laute erzeugen. Die Erkenntnisse über die akustische Kommunikation bei Fischen nehmen stetig zu und offenbaren einen wachsenden Forschungsbedarf.

Raumorientierungssinn

Die Besiedlung des freien Wassers und die schwimmende Fortbewegungsweise machen bei den Fischen Sinnesorgane erforderlich, mit denen Bewegungen und die Lage des Körpers im dreidimensionalen Raum wahrgenommen werden können. Der Gleichgewichts- und der Beschleunigungssinn sind bei den Fischen wie das Gehör im Ohr lokalisiert. Das Innenohr setzt sich aus dem Utriculus und der Lagena sowie dem darüber liegenden **Labyrinth** zusammen. Letzteres besteht aus 3 Bögen, die im senkrechten Winkel zu den 3 Ebenen des Raumes angeordnet sind. Die Bögen sind mit einer Lymphflüssigkeit (Endolymphe) gefüllt und an ihrer Basis gewölbt. In diesen Ampullen befinden sich bündelartig zusammengefasste Sinneszellen, die in ihrem Aufbau und in ihrer Funktion denen im Seitenlinienorgan entsprechen. Ihre Haarfortsätze (Kinozilien) sind in eine Gallerthülle (Cupula) eingebettet und werden beim Beschleunigen des Körpers durch die Trägheit der Lymphflüssigkeit in den Bogengängen und den Ampullen entgegen der Bewegungsrichtung ausgelenkt. Bei Bewegungen in eine bestimmte Richtung werden die Sinneszellen in den jeweiligen Bögen unterschiedlich stark gereizt. Deshalb kann ein Fisch mit seinem Labyrinth nicht nur Beschleunigungsbewegungen, sondern auch Richtungsänderungen registrieren.

Mit einer weiteren Struktur im Innenohr nehmen Fische wahr, wo oben und unten ist. In einem verknöcherten Bläschen, dem so genannten Utriculus, befindet sich ein weiteres Gehörsteinchen, das an Bändern aufgehängt ist und auf einem aus Sinneszellen bestehenden Polster liegt. Deren Haarfortsätze werden bei Bewegungen durch das Gewicht des Gehörsteinchens bewegt. Dabei entstehen Reize, die das Zentralnervensystem über die jeweilige Lage des Fisches im Raum informieren. Die Raumorientierung erfolgt bei Fischen jedoch nicht ausschließlich über das Ohr. Der mit den Augen wahrgenommene Lichteinfall spielt bei der vertikalen Ausrichtung der Körperachse ebenfalls eine Rolle. Die meisten Fische orientieren den Rücken in Richtung des einfallenden Lichtes. Dies ist als Anpassung zum Schutz vor Fressfeinden zu verstehen, da die meisten Fische auf der Oberseite dunkler gefärbt sind, sodass sie sich von oben betrachtet kaum vom Untergrund abheben. In der Natur tritt das Licht von oben in ein Gewässer ein. Wenn man einen Fisch im Aquarium nur von der Seite bestrahlt, schwimmt er weder aufrecht noch auf der Seite liegend, sondern in einem dazwischen liegenden Winkel durchs Wasser. Diese Beobachtung lässt sich dadurch erklären, dass Sinneszellen im Ohr und in den Augen dem Gehirn unterschiedliche Informationen darüber liefern, ob der Körper nach oben oder zur Seite ausgerichtet ist.

Elektrischer Sinn

Innerhalb der Fische hat sich mehrfach unabhängig voneinander die Fähigkeit zur Wahrnehmung von elektromagnetischen Feldern entwickelt. Einige Vertreter haben so empfindliche Elektrorezeptoren, dass sie Spannungsunterschiede von einem hunderttausendstel Volt je Zentimeter registrieren können (Glattrochen). Damit verfügen sie über die sensibelsten bekannten Elektrorezeptoren im Tierreich. Bei den Knorpelfischen erfolgt die Wahrnehmung der elektromagnetischen Felder über modifizierte

Sinnesorgane des Seitenlinienorgans, die so genannten **Lorenzinischen Ampullen**. Diese Rezeptoren bestehen jeweils aus einem Kanal, der von der Hautoberfläche in eine Ampulle führt, in der sich sensorische Zellen befinden. Die nach außen mündenden Poren liegen bei Haien gut erkennbar am Kopf und bei Rochen auf der Unterseite der vergrößerten Brustflossen. Mit Hilfe der Elektrorezeptoren können sie nicht nur die schwachen Gleichspannungsfelder von lebenden, im Substrat eingegrabenen Beutetieren wahrnehmen, sondern auch das Magnetfeld der Erde. Bei Haien wurde nachgewiesen, dass sie sich an den magnetischen Feldlinien der Erde orientieren können.

Die Fähigkeit, Beutetiere über schwache elektrische Felder orten zu können, wurde von einigen Fischarten weiterentwickelt, indem sie diese elektrischen Felder selbst erzeugen. Hierfür wurden quergestreifte Muskelfasern so abgewandelt und zusammengefasst, dass sie elektrische Potenziale erzeugen können. Mit diesen Organen werden elektrische Felder aufgebaut, die in charakteristischer Weise durch die in der Umgebung befindlichen Objekte verzerrt werden. Über die wahrgenommenen Verzerrungen des erzeugten elektrischen Feldes kann der jeweilige Fisch auf die Form, Größe und Entfernung der Objekte rückschließen.

Die Leistungsfähigkeit der elektrischen Organe wurde im Verlauf der Evolution bei verschiedenen Fischarten so gesteigert, dass sie mit den erzeugten Potenzialen ihre Beute nicht nur orten, sondern auch betäuben können. Der an den europäischen Küsten lebende Marmor-Zitterrochen beispielsweise kann mehrmals hintereinander Stromstöße mit einer Spannung von bis zu 220 V abgeben. Aufgrund ihrer Stärke können die elektrischen Felder auch zur Abwehr von Fressfeinden eingesetzt werden.

Fortpflanzung und Verhalten

Die Fortpflanzung von Individuen dient nicht nur ihrer Vermehrung und dem Überleben der

Art. Durch die Verknüpfung mit sexuellen Prozessen werden die Erbanlagen neu kombiniert. Dabei entstehen Nachkommen mit veränderten Eigenschaften, die der Selektion ausgesetzt werden. Die meisten Fische pflanzen sich geschlechtlich fort, d. h., die Nachkommen stammen von Eltern mit unterschiedlichem Geschlecht ab. Die Neukombination der Erbanlagen der Eltern erfolgt nach dem Verschmelzen ihrer Geschlechtszellen, die in Keimdrüsen oder Gonaden gebildet werden. Die männlichen Tiere produzieren in ihren Hoden kleine, bewegliche Spermien, welche die erheblich größeren Eizellen aus den Eierstöcken der weiblichen Tiere befruchten. Während bei den meisten Knochenfischen die Eier außerhalb des Körpers befruchtet werden, geschieht dies bei den Knorpelfischen im Innern der Weibchen. Männliche Fische werden als **Milchner** bezeichnet, die weiblichen als **Rogener**. Die Gonaden der Fische sind paarig angelegt und liegen als sackartige Schläuche in ihrer Leibeshöhle. Man unterscheidet zwischen Eier legenden (oviparen) und lebend gebärenden (viviparen) Fischen.

Eine Variante der Viviparie ist die so genannte Ovoviviparie, bei der die Jungfische nach einer inneren Befruchtung im Eileiter der Weibchen aus den Eiern schlüpfen und als schwimmfähige Larven oder Jungfische den Körper der Mutter verlassen. Diese Form der Fortpflanzung kommt sowohl bei Knorpel- als auch bei Knochenfischen vor. Als Beispiel kann der Dornhai angeführt werden, dessen Weibchen nach einer Tragzeit von 18–22 Monaten jeweils 2–11 lebende Jungtiere gebären. Bei den Lebendgebärenden ist die innere Befruchtung der Eier obligat.

Bei den meisten Eier legenden Fischarten erfolgt die Befruchtung der Eier außerhalb des Körpers. Viele Knorpelfische legen jedoch Eier, die bereits im Weibchen befruchtet wurden. Die innere Befruchtung ist bei ihnen notwendig, weil die Eier danach mit einer hornartigen Kapsel umhüllt werden, die für Spermien unpassierbar ist. Die Eikapsel schützt den sich darin entwickelnden Embryo bis zum Schlüpfen und

Ei eines Katzenhais an einer Gorgonie. Man erkennt die fadenförmigen Anhänge an den Ecken.

dient der Anheftung an das jeweilige Substrat. So legt z. B. der Kleingefleckte Katzenhai rechteckige Eier mit langen aufwindbaren Fortsätzen an den Ecken, die sich an Hartstrukturen verfangen und das Ei dort befestigen (vgl. Foto). Die Jungfische ernähren sich von ihrem Dottervorrat und schlüpfen nach 8–10 Monaten. Bei vielen Fischarten schlüpfen die Larven mit einem Dottersack aus dem Ei, der sie bis zum Freischwimmen ernährt.

Die innere Befruchtung von Eizellen bedingte bei Fischen die Ausbildung von Organen, mit denen die Spermien der Milchner in den Körper der Rogener übertragen werden können. Dies erfolgt meist über abgewandelte Flossen. Bei den Knorpelfischen sind die inneren Bereiche der Bauchflossen zu griffelartigen Kopulationsorganen abgewandelt, die man als **Klasper** oder Pterygopodien bezeichnet. Diese können vom Körper abgewinkelt und in die Geschlechtsöffnung der Weibchen eingeführt werden. Dabei leiten sie die übertragenen Spermien in einer Rinne weiter.

Die meisten Knochenfische begünstigen die äußere Befruchtung ihrer Eier, indem sie die Geschlechtsprodukte simultan auf engem

Raum abgeben. Das so genannte **Laichen** kann paarweise oder in großen Schwärmen erfolgen. Der abgelegte Laich kann wenige oder mehrere Millionen Eier pro Rogener umfassen. Die Anzahl der abgegebenen Eier hängt einerseits von der Größe des Rogeners und andererseits von der Vermehrungsstrategie ab. Fische gehören zu den Wirbeltieren mit offenem Wachstum, d. h. sie wachsen nicht nur bis zum Eintritt der Geschlechtsreife (ab diesem Zeitpunkt werden sie als **Adulte** bezeichnet), ihre Länge und ihr Gewicht nehmen, von inneren Faktoren und Umwelteinflüssen abhängig, bis zum Tod zu. Je größer ein Weibchen ist, desto mehr Energie kann es in die Produktion von Eizellen investieren, desto größer ist die Anzahl der abgegebenen Eier. Sie ist bei solchen Fischarten hoch, bei denen die Eier oder die heranwachsenden Jungfische eine hohe Sterblichkeitsrate aufweisen, weil sie z. B. einem starken Fraßdruck ausgesetzt sind. Eine geringere Anzahl abgelegter Eier können sich dagegen Fischarten leisten, bei denen die Eltern ihren Laich an geschützten Stellen ablegen oder diesen und die

Männlicher Bitterling präpariert eine Muschel für den Laichakt, indem er sie so lange mit der Schnauze und den Flossen berührt, bis diese nicht mehr auf solche Reize mit dem Schließen der Schale reagiert.

schlüpfende Brut bewachen. Die abgelegten Eier können bei ihnen bei gleichem Energieaufwand mit einer höheren Dottermenge versehen werden und entsprechend größer sein. Die frisch geschlüpften Larven der meisten Knochenfischarten ernähren sich bis zum Freischwimmen von ihrem Dottervorrat.

Im Meer legen die meisten Fischarten (ca. 70 %) pelagische Eier (**Freiwasserlaicher**), die oft mit Hilfe eines Öltropfens im Innern im Wasser treiben. Dabei werden sie mit der Strömung verdriftet und dadurch auch verbreitet. Man bezeichnet solche Fischarten als pelagophil. In Binnengewässern ist die Ablage pelagischer Eier eher nachteilig, da sie dort leichter an die Ufer gespült werden können. Im Meer dagegen können sie länger im Wasserkörper treiben. Daneben gibt es Fischarten, die klebrige oder mit Haftstrukturen versehene Eier ablegen (**Substratlaicher**). Ein am jeweiligen Substrat haftender Laich ist von Vorteil, wenn er an geschützten Stellen abgelegt oder von den Eltern bewacht und gepflegt wird. So legen z. B. viele Schleimfische (Blenniidae) ihren Laich in Spalten oder Höhlungen der Gezeitenzone. Dieser wird vom bewachenden Männchen auch dann nicht verlassen, wenn das Nest bei Ebbe trockenfällt.

Die Brutpflege vieler Fischarten schließt nicht nur die Verteidigung des Laichs gegen Fressfeinde, sondern auch die Versorgung mit sauerstoffreichem Wasser durch fächelnde Flossenbewegungen ein. Darüber hinaus graben einige Fische Nestmulden im Sand oder bauen Nester aus pflanzlichem Material, etwa die Lippfische (Labridae).

Je nach Substrat, an dem der Laich abgelegt wird, kann man die Fische bezüglich ihres Fortpflanzungsverhaltens bestimmten Typen zuordnen. **Lithophile** Arten legen ihre Eier auf Steinen oder Felsen, **psammophile** auf Sand und **phytophile** an Pflanzen. Dabei können die Fischarten obligat oder fakultativ an ein bestimmtes Laichsubstrat gebunden sein. Zu den so genannten ariadnophilen Fischarten gehören solche, die ihren Laich in gebauten Nestern ablegen und Brutpflege betreiben.

Nicht alle Fischarten legen ihren Laich innerhalb der Laichzeit auf einmal ab. Die so genannten **Portionslaicher** laichen in mehreren Schüben, die mitunter mehrere Wochen auseinander liegen können. Einige Formen haben zwei Laichzeiten innerhalb eines Jahres, andere dagegen laichen nur einmal innerhalb ihres Lebens und sterben nach der Eiablage. Zu diesen als monozyklisch bezeichneten Fischarten gehört z. B. der Aal und der Stint.

Im Hinblick auf die Fortpflanzung von Fischen ist interessant, dass es Arten gibt, bei denen die Individuen **zwittrig** sind, d. h., sie können innerhalb ihres Lebens sowohl weibliche als auch männliche Geschlechtsprodukte produzieren. Zu den zwittrigen Fischarten gehören z. B. verschiedene Vertreter der Zackenbarsche, Brassen oder Lippfische. Werden die Eier und Spermien gleichzeitig abgegeben, spricht man von Simultanzwittern. Bei den Sukzessivzwitter dagegen reifen die Eier und Spermien nicht gleichzeitig, sondern innerhalb bestimmter Lebensphasen. Dadurch wird die Selbstbefruchtung der Eier vermieden. In Abhängigkeit davon, welche Keimzellen zuerst abgegeben werden, unterscheidet man zwischen protandrischen oder protogynen Sukzessivzwittern. Die **protandrischen Zwitter** werden erst als Männchen fortpflanzungsfähig und wandeln sich im weiteren Verlauf ihres Lebens in ein Weibchen um. Bei den **protogynen Zwittern** ist es umgekehrt. Daneben gibt es auch Fischarten, die mehrfach das Geschlecht wechseln können.

Die Fortpflanzung über zwittrige Individuen konnte sich bei verschiedenen Fischarten entwickeln, weil deren Geschlechter keine komplexen Begattungsorgane oder sekundären Geschlechtsmerkmale ausbilden, die bei der Geschlechtsumwandlung rückgebildet oder neu angelegt werden müsste. Diese Bedingung erklärt, warum es bei den Knorpelfischen, bei denen die Männchen die Weibchen mit den Klaspern begatten, keine Zwitter gibt.

Die Vermehrung über Zwitter ist wahrscheinlich nur unter bestimmten Voraussetzungen für eine Art von Vorteil, da sich die meisten Fischarten getrenntgeschlechtlich fortpflanzen. So haben z. B. protandrische Zwitter den Vorteil, dass sie bereits mit einer geringen Größe geschlechtsreif werden können, da sich Spermien energiesparender als Eizellen produzieren lassen. In die gleiche Anzahl Eizellen muss wesentlich mehr Energie bzw. Körpermasse investiert werden. Dies können die älteren und damit auch größeren Exemplare leichter.

Protogyne Zwitter kommen besonders bei solchen Fischarten vor, bei denen die Männchen revierbildend sind, um die Weibchen kämpfen oder Brutpflege betreiben. Je größer sie sind, desto höher sind ihre Chancen, bei innerartlichen Kämpfen zu siegen, und desto besser können sie Laich- oder Bruträuber vertreiben. Kämpfende, balzende oder brutpflegende Männchen werden jedoch leichter zur Beute von Fressfeinden, während die meist unscheinbareren Weibchen durch ihr weniger auffälliges Verhalten besser geschützt sind. Da der Fortpflanzungserfolg einer Art eher durch die Anzahl der Eizellen als durch die der Spermien limitiert wird, ist das Überleben von vielen kleineren Weibchen vorteilhafter. Erreichen diese ein bestimmtes Alter, wandeln sie sich in Männchen um, die aufgrund ihrer erreichten Größe besser ein Revier abgrenzen und verteidigen sowie den Laich mehrerer Weibchen befruchten können. Die verschiedenen Selektionsvorteile, die zwittrige Fischarten gegenüber getrenntgeschlechtlichen haben, führten dazu, dass sich die Fortpflanzung über Zwitter mehrfach unabhängig voneinander entwickelt hat.

Die Bestimmung verschiedener Fischarten wird dadurch erschwert, dass diese in unterschiedlichen Erscheinungsformen auftreten. Unterscheiden sich die Männchen durch ihre Form oder Färbung auffällig von den Weibchen, spricht man von einem **Sexualdimorphismus**. Dieser ist z. B. bei den Lippfischen verbreitet, bei denen die Geschlechter oft sehr unterschiedlich gefärbt sind. Die Männchen vieler Arten tragen in der Laichzeit ein farbenprächtiges Laichkleid. Dieses ist jedoch für die Träger nachteilig, da sie durch ihre auffällige Färbung leichter von Fressfeinden erkannt werden. Sie erhöhen ihre Überlebenschance, indem sie das Balzkleid nur

Dreistachlige Stichlinge bei der Balz. Männchen (links, mit blauem Rücken) und Weibchen sind unterschiedlich gezeichnet (Sexualdimorphismus).

zur Laichzeit ausbilden und die restliche Zeit unauffälliger gefärbt sind. Da sie nur saisonal anders gefärbt sind, bezeichnet man diese Erscheinung als **Saisondimorphismus**.

In den gemäßigten Breiten laichen die meisten Fischarten im Frühjahr. In dem sich zum Sommer hin erwärmenden Wasser entwickeln sich große Mengen Planktonorganismen, die den geschlüpften Jungfischen als Nahrung dienen.

Wanderungen

Wanderungen kommen bei vielen Fischarten vor. Auch die so genannten stationären (standorttreuen Arten) wandern, durch äußere Einflüsse bedingt, gelegentlich über kurze Strecken. Die Wanderungen können verschiedene Ursachen haben. Bei Nahrungsmangel suchen Fische nach neuen Weidegründen. Wenn sich die Umweltbedingungen (z. B. Veränderung der Wassertemperatur, Sauerstoffmangel, Einleitung von Schadstoffen, Hochwasser) verschlechtern oder bei lokalen, hohen Individuendichten werden Ausgleichs- bzw. Kompensationswanderungen durchgeführt. Zur Winterruhe wechseln viele Arten in tiefere oder geschützte Stellen.

Das Laichgebiet des Aals liegt wahrscheinlich im Westatlantik in der so genannten Sargassosee. Dort konnten zumindest die kleinsten Larvenformen (Leptocephalie) in einer Tiefe von 100–300 m nachgewiesen werden. Die Larven haben große Zähne, ernähren sich wahrscheinlich von Plankton und treiben in geringer Tiefe 3–4 Jahre mit dem Golfstrom bis an die europäischen und nordafrikanischen Küsten. Die zunächst seitlich abgeflachten Larven stellen kurz vor der Ankunft an der Küste die Nahrungsaufnahme ein und wandeln sich in die etwa 65 mm langen Glasaale um. Deren Körper ist schlank und im Querschnitt fast rund. Im Mündungsbereich von Flüssen passen sie sich langsam an das Süßwasser an und beginnen wieder zu fressen. In dieser Phase färben sie sich durch die Einlagerung von Pigmenten dunkel. Als so genannte Steigaale ziehen sie dann in die von ihnen besiedelten Gewässer. Während die Männchen eher im Brackwasserbereich und im Unterlauf der Flüsse bleiben, ziehen die Weibchen gelegentlich bis in die Äschenregion.

Rechts: Ökologische Zonierung eines Gewässers mit den charakteristischen Fischarten.

Die Lebensräume der Fische

Binnengewässer

Die in diesem Buch beschriebenen Fischarten leben in den Binnengewässern und an den Küsten Europas. Im Gegensatz zu den Meeren enthalten Binnengewässer überwiegend Süßwasser. Süßwasserfische besiedeln die vielfältigsten aquatischen Lebensräume. Da Fische an die spezifischen Lebensbedingungen in den einzelnen Gewässertypen mehr oder weniger angepasst sind, findet man oft je nach Gewässertyp ein charakteristisches Artenspektrum.

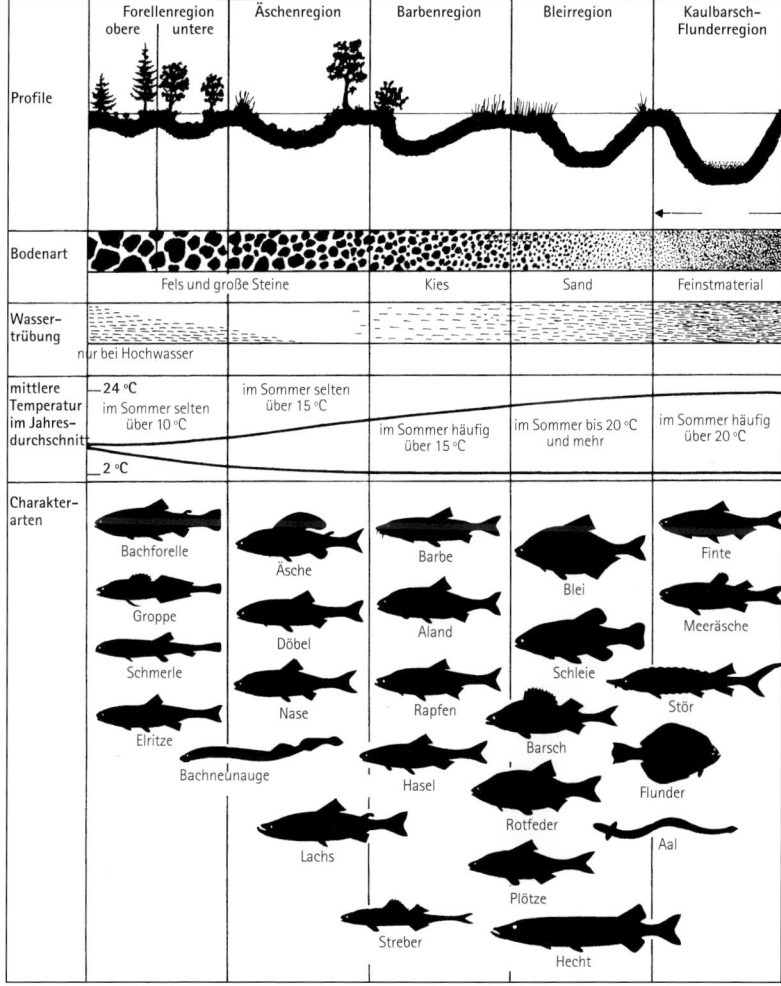

So unterscheidet sich unter natürlichen Bedingungen das Fischarteninventar in einem schnell fließenden Gebirgsbach von der eines nährstoffreichen Sees. Anhand biotischer (biologischer) und abiotischer (nicht biologischer) Kriterien werden die Binnengewässer bestimmten Typen zugeordnet bzw. in verschiedene Regionen eingeteilt. Bei Binnengewässern unterscheidet man physikalisch zunächst zwischen fließenden und stehenden Gewässern. Zwischen diesen gibt es aber im wahrsten Sinne des Wortes fließende Übergänge, etwa Flussseen (z. B. die Havelseen bei Berlin).

Die Fließgewässer

Zu den natürlichen Fließgewässern gehören nach zunehmender Größe geordnet und ineinander übergehend Quellen, Bäche, Flüsse und Ströme. In den Kulturlandschaften Mitteleuropas findet man darüber hinaus eine große Anzahl künstlicher Fließgewässer wie Entwässerungsgräben und Kanäle.

Die natürlichen Fließgewässer entwässern die Landschaft wie ein Drainagesystem. Sie entspringen als Quelle dort, wo unterirdisches Wasser an die Oberfläche gelangt, und strömen meerwärts. Die Quellregionen findet man so-

Forellenregion im Oberlauf eines Fließgewässers.

wohl im Gebirge als auch im Flachland. In den von Natur aus ungeteilten Wasserläufen verändern sich eine Reihe von abiotischen Faktoren, wie die Fließgeschwindigkeit, die Breite und Tiefe des Gewässers, die Bodenstruktur, die Wassertemperatur, der Sauerstoffgehalt und die eingeschwemmte Nährstoffmenge. Die herrschenden Umweltbedingungen beeinflussen alle Lebewesen, die einen Gewässerabschnitt als Lebensraum nutzen, weil deren Ansprüche an das jeweilige Milieu angepasst sind. Aus diesem Grund findet man in gleichartigen Lebensräumen typische Lebensgemeinschaften (Biozönosen), selbst wenn diese geographisch weit voneinander entfernt liegen. Die Zusammensetzung der Fischarten in einem Gewässer lässt Rückschlüsse auf die dortigen Lebensbedingungen zu. **Rheophile** Arten bevorzugen beispielsweise rasch fließende Gewässer. Nur **eurytope** Arten (Ubiquisten) kommen in den verschiedensten Lebensräumen vor und sind als Leitorganismen ungeeignet.

Da bestimmte Fischarten für die Lebensgemeinschaften in den einzelnen Gewässerabschnitten charakteristisch sind, werden die Fließgewässer nach den so genannten **Leitfischarten** in die Forellen-, Äschen-, Barben-, Blei- und Kaulbarsch-Flunder-Region unterteilt. Neben den Leitfischen kommen in den Abschnitten auch die oft ebenfalls typischen Begleitfische vor. Die einzelnen Regionen sind nicht scharf gegeneinander abgegrenzt und folgen unter natürlichen Bedingungen nicht immer dieser klassischen Einteilung entsprechend aufeinander. So kann die Forellenregion direkt in die Barbenregion übergehen. Von der geologischen Beschaffenheit des durchflossenen Gebietes abhängig, kann sich z. B. an eine Barbenregion ebenso eine weitere Äschenregion anschließen. Darüber hinaus fehlen in manchen Gewässern einzelne oder mehrere Regionen, z. B. bei Gebirgsbächen, die direkt ins Meer fließen. Dennoch ist die Einteilung der Fließgewässer in die einzelnen Regionen fischereibiologisch sinnvoll, da aus der Beschaffenheit eines Gewässerabschnittes (Fließgeschwindigkeit, Breite und Tiefe, Uferstruktur etc.) auf die darin zu erwartenden Fischarten geschlossen werden kann.

Die Forellenregion

Der sich unmittelbar an die Quelle anschließende und von Fischen besiedelbare Bereich ist die Forellenregion. Hier finden wir als einheimischen Leitfisch die Bachforelle. Dieser Standfisch bewohnt Gewässer bis in 2000 m Höhe. Als kräftiger Schwimmer ist die Bachforelle bestens an das stark strömende Wasser angepasst. Zur Begleitfauna gehören das Bachneunauge, die Groppe, die Schmerle und die Elritze. Weiterhin kommen in Mitteleuropa auch die ursprünglich aus Nordamerika stammenden Bachsaiblinge und Regenbogenforellen vor. Darüber hinaus wandern Fischarten wie der Lachs und der Huchen in diese Region, um hier zu laichen.

Das ganze Jahr über ist die Wassertemperatur relativ konstant und steigt selten über 10 °C. Arten, die solche Lebensräume bewohnen, werden als **kaltstenotherm** bezeichnet. Das schnell fließende Wasser ist sauerstoffreich, nährstoffarm und meistens klar. Der Wasserstand kann jahreszeitlich bedingt stark schwanken (Schneeschmelze). Der Grund und das Ufer des Quellbaches bestehen im Gebirge eher aus Felsblöcken, Steinen und Kies, im Flachland dagegen meistens aus Sand. Außer Algen, die auf Steinen oder am Grund wachsen, können sich im schnell fließenden Wasser keine Pflanzen halten. Nur in ruhigeren Bereichen kommen auch höhere Pflanzen wie das Quellmoos *(Fontinalis antipyretica)* vor. Das Nahrungsangebot für Fische ist hier relativ begrenzt und setzt sich vor allem aus Schnecken, Bachflohkrebsen, Köcher-, Stein- und Eintagsfliegenlarven sowie aus Anfluginsekten zusammen.

Die Äschenregion

In Gelände mit geringerem Gefälle lässt die Transportkraft des Wassers nach. Der Grund wird zunehmend feinkörniger und besteht aus Kies und Sand. Durch die Vereinigung mehrerer Bäche ist die Wasserführung gestiegen. Die starke Strömung unterspült die Ufer und bildet

Äschenregion im Oberlauf eines Fließgewässers.

tiefe Kolke. An ruhigeren Stellen lagert sich Schlamm ab und wachsen dichte Pflanzenbestände, die ein reiches Angebot an Fischnährtieren beherbergen. Neben den Algen wachsen hier z. B. der Flutende Hahnenfuß *(Ranunculus fluitans)*, der Gemeine Wasserstern *(Callitriche palustris)*, die Bachbunge *(Veronica beccabunga)*, die Brunnenkresse *(Nasturtium officinale)* und die Kanadische Wasserpest *(Elodea canadiensis)*. Das Wasser ist immer noch sauerstoffreich, relativ kühl (selten über 15 °C) und außerhalb der Schneeschmelze klar.

Der Charakterfisch dieser Region ist die zu den Lachsartigen gehörende Äsche, bei der die Männchen an der fahnenartig vergrößerten Rückenflosse relativ einfach zu erkennen sind. Begleitfische sind neben den Fischen der Forellenregion Döbel, Hasel, Gründling, im Flachland und im Mittelgebirge der Schneider und der Strömer sowie im Einzugsgebiet der Donau die Nase und der Huchen. An langsam fließenden Stellen kommt gelegentlich auch der Hecht vor. In der Äschenregion befinden sich auch die

Barbenregion im Mittellauf eines Fließgewässers.

Laichplätze einer Reihe von Wanderarten, z. B. der Meerforelle und der Barbe.

Die Barbenregion

Während die beiden im Oberlauf der Fließgewässer befindlichen Regionen bevorzugt von lachsartigen Fischen (Salmonoideae) besiedelt werden, überwiegen im Mittel- und Unterlauf der Flüsse die karpfenartigen Fische (Cypriniformes). Aus diesem Grund fasst man die Forellenregion und die Äschenregion unter dem Begriff Salmonidenregion zusammen und stellt diese der Cyprinidenregion gegenüber, die mit der Barbenregion beginnt.

Der Leitfisch der Barbenregion ist die Barbe. Sie ist am unterständigen Maul und den 4 an der Oberlippe befindlichen Barteln leicht zu erkennen. Die Barbe lebt in den breiter und tiefer gewordenen Abschnitten der Fließgewässer. Sie ist recht gesellig und hält sich gewöhnlich unter Überhängen, Wurzeln, Wehren und in der Nähe von großen Steinen auf.

Obwohl das Flussbett über weite Strecken weich und schlammig ist, kommen auch Kies-

und Sandbänke vor. Das Wasser ist immer noch relativ sauerstoffreich, erwärmt sich aber im Sommer häufig über 15 °C. Durch Einschwemmungen und Algenwuchs kommt es zu einer leichten Trübung. Dichte Pflanzenbestände wachsen besonders in ruhigeren Bereichen z. B. Laichkräuter *(Potamogeton natans, P. lucens* und *P. perfoliatus).*

Neben den Fischarten der benachbarten Regionen findet man hier den Aland, die Plötze, die Rotfeder, den Ukelei, die Schleie und den Flussbarsch. Auch Arten, die sich überwiegend von Fischen ernähren, wie der Rapfen, der Hecht und der Zander, sind hier häufig anzutreffen. Im Einzugsgebiet der Donau leben in dieser Region die vom Aussterben bedrohten Arten Schrätzer, Streber und Zingel.

Die Bleiregion

In den breiten Unterläufen der Flüsse fließt das Wasser nur langsam. Infolgedessen lagert sich am Grund und am Ufer Schlamm ab. Der Sauerstoffgehalt des Wassers schwankt in den einzelnen Bereichen des Flusses und im Jahresverlauf. Eingetragenes Material und Plankton verringern die Lichtdurchlässigkeit so stark, dass nur in den Uferbereichen das Wachstum Höherer Pflanzen möglich ist. Aufgrund der mitgeführten Nährstoffe und der höheren Wassertemperatur (im Sommer über 20 °C) sind die Ufer mit dichten Pflanzenbeständen gesäumt (z. B. breite Schilfgürtel). Darin entwickelt sich ein artenreiches Spektrum von Fischnährtieren (Kleinkrebse, Insektenlarven, Würmer, Schnecken und Muscheln).

Der Blei ist in diesem Abschnitt der Leitfisch. Insgesamt ist die Fischfauna dieser Region sehr artenreich. Zu den Begleitfischen gehören der Güster, die Plötze, die Rotfeder, die Schleie, der Zobel, die Zope, der Aal, der Hecht, der Wels und der Zander. Im Einzugsgebiet der Donau lebt der vom Aussterben bedrohte Frauenfisch. Daneben findet man hier Arten, die zum Laichen in den Oberlauf ziehen, und Fische, die sich als Laichgast und als Jungfisch in dieser Region aufhalten, z. B. die Zährte, verschiedene Maränenformen *(Coregonus oxyrhynchus, C.*

peled, *C. lavaretus)*, den Wanderstint sowie den Maifisch und die Finte.

Die Kaulbarsch-Flunder-Region

Im Mündungsbereich ist die Fließgeschwindigkeit des Wassers stark herabgesetzt. Die Uferbereiche der oft zu breiten Strömen angewachsenen Flüsse sind flach. Das Wasser ist durch das beim Wechsel der Gezeiten einfließende Meerwasser gelegentlich salzhaltig. Unangepasste Organismen (Süßwasserplankton) sterben ab und bilden mit den sich ablagernden Sedimenten einen nährstoffreichen Bodenschlamm. Durch das große Nahrungsangebot ist die Bestandsdichte der hier vorkommenden Fischarten oft sehr hoch.

Neben den Leitfischarten Kaulbarsch und Flunder ist auch der Dreistachlige Stichling häufig in dieser Region anzutreffen. Weitere Begleitfische sind die Zährte und der in weiten Teilen Europas bereits ausgestorbene Stör. Viele anadrome Wanderarten wie Lachs und Meerforelle sowie die Flussneunaugen und Meerneunaugen halten sich vor ihrem Laichaufstieg in diesem Bereich auf, um sich an das Süßwasser anzupassen. Auch die mit dem Golfstrom an die Küste Europas gedrifteten Jugendformen des Aals »akklimatisieren« sich als so genannte Glasaale im Mündungsbereich, bevor sie flussaufwärts ins Süßwasser wandern.

Im Mündungsbereich von Flüssen, dem Ästuar, wird dem Meer ständig salzarmes Süßwasser

Rechts: Bleiregion eines Fließgewässers mit typischer Zonierung der Ufervegetation.

zugeführt. Die meisten Meeresfische sind so stark an die Salzkonzentration des Meerwassers angepasst, dass sie empfindlich auf Schwankungen reagieren (**stenohalin**). Nur wenige Arten können vom Meer aus in das Brackwasser von Flussmündungen oder das Süßwasser der Flüsse wandern. Diese sind im Hinblick auf die Salzkonzentration anpassungsfähig (**euryhalin**). Im Brackwasser selbst vermehren sich nur wenige Fischarten.

Unten: Kaulbarsch-Flunder-Region im Unterlauf eines Fließgewässers.

Aufgrund ihres Nahrungsreichtums werden die Mündungsregionen jedoch von relativ vielen Fischarten als Weidegrund aufgesucht. Das Wasser der Flüsse transportiert nicht nur große Mengen an feinem suspendiertem Material, das dort sedimentiert und zur Bildung von ausgedehnten Flächen mit sandigem oder schlammigem Grund führt, sondern auch Plankton, das sich in den Fließgewässern entwickelt hat. Die Planktonorganismen sind an das Süßwasser angepasst und sterben, wenn die Salzkonzentration steigt. Auf diese Weise bilden sich im Mündungsbereich erhebliche Mengen an abgestorbenem organischem Material, das ausflockt und absinkt. Dieses wird von wirbellosen Bodentieren aufgenommen und über die Nahrungskette auch von Fischen als Nahrung genutzt. So ernähren sich in großen Schwärmen ziehende Jungfische von Hering und Sprotte vom Plankton des Brackwassers. Zu den Fischen, die im Ästuar besonders häufig sind, gehören z. B. die Flunder und die Strandgrundel.

Die stehenden Gewässer

Auch die stehenden Gewässer können aufgrund ihrer Struktur (Uferbeschaffenheit, Tiefe, Vegetation etc.) Typen zugeordnet werden, die Aussagen über das Vorkommen bestimmter Fischarten ermöglichen. Neben den natürlichen Seen, Weihern und periodisch austrocknenden Tümpeln gibt es in Europa viele von Menschen geschaffene stehende Gewässer wie Teiche, Rückhaltebecken und Stauseen.
Die Mehrzahl der mitteleuropäischen Seen entstand am Ende der letzten Eiszeit. Ihre morphologische Beschaffenheit (Ausdehnung, Tiefe) ist sehr variabel. Auch Seen lassen sich anhand von Leitfischen bestimmten Typen zuordnen, allerdings erfolgt die Einteilung in der Literatur nicht so einheitlich wie bei den Fließgewässerregionen.

Forellensee

Dieser meist im Gebirge gelegene Seentyp ist durch steil abfallende Ufer, fehlende oder geringe Unterwasserpflanzenbestände und nährstoff-

armes (oligotrophes) Wasser gekennnzeichnet. Er wird bevorzugt von Seeforelle, Bachforelle, Seesaibling und Bachsaibling bewohnt. Als Begleitarten kommen z. B. Elritze, Schmerle, Groppe, Mairenke und Perlfisch vor. Diese Arten beanspruchen kühles, sauerstoffreiches Wasser. Im Hochgebirge (über 2000 m Höhe) gelegene Seen werden diesem Anspruch oft nicht gerecht, da sie einen großen Teil des Jahres mit Eis bedeckt sind. Forellen, die solche Seen besiedeln, wachsen langsamer und bilden Kümmerformen (z. B. Schwarzreuterform des Seesaiblings).

Maränensee (Felchen- oder Coregonensee)

Seen dieses Typs findet man im Vorgebirge (z. B. Bodensee, Chiemsee) und im Flachland (z. B. Schaalsee). Sie können über 100 m tief sein und haben steil abfallende Ufer. Das Wasser ist nährstoffarm und zumindest an der Oberfläche relativ sauerstoffreich. In der relativ schmalen Uferregion wachsen Ufer- und Unterwasserpflanzen. Dieser Seentyp ist durch das Vorkommen von Maränenarten (auch Felchen oder Coregonen genannt) charakterisiert, die in zahlreichen Gewässern endemische Unterarten ausbilden. So heißt z. B. die im Bodensee vorkommende Form der Großen Maräne *(Coregonus lasvaretus)* Blaufelchen. In Norddeutschland findet man in diesem Seentyp (z. B. Arendsee) häufiger die Kleine Maräne *(Coregonus albula)*.

Flachlandseen

Die meisten Seen des Flachlandes sind eiszeitlichen Ursprungs. Sie haben eine mittlere Tiefe von 5–20 m und ihre Uferzone ist mit dichten Pflanzenbeständen bewachsen. Die Artenzusammensetzung der Fische ist jener der Bleiregion von Fließgewässern ähnlich. Auch hier überwiegen die Karpfenfische (Cyprinidae). Aus diesem Grund werden solche Seen gelegentlich als Blei- oder Brachsensee bezeichnet. Das Fischartenspektrum wird in diesen Seen in besonderem Maße von der Tiefe und dem Eintrag von Nährstoffen beeinflusst. Gelangen (z. B. von landwirtschaftlichen Nutzflächen eingeschwemmt) viele Nährstoffe in einen See (Eu-

Seen zeigen eine typische Zonierung, im Uferbereich gehört dazu die Schilf- und Schwimmblatt-zone.

trophierung), führt dies vor allem im Sommer zu einem starken Algenwachstum. Die Massen-vermehrung der Algen trübt das Wasser unter Umständen so stark, dass kaum noch höhere Unterwasserpflanzen wachsen können. Fische, die an solche submerse Makrophyten als Laich-substrat gebunden sind, finden kaum noch ausreichend Laichplätze. Hartsubstratlaicher wie der Zander bevorzugen derartige sommer-trüben Seen, in denen sie leichter an ihre Beu-tefische herankommen (Zandersee). Der Hecht dagegen wird durch eine üppige Unterwasser-vegetation gefördert. Er laicht in verkrauteten Uferregionen oder auf überschwemmten Wie-sen. Zwischen den Pflanzen finden die jungen Hechte Deckung, sodass sie sich gegenseitig weniger oft auffressen. Da solche Seen auch gerne von Schleien besiedelt werden, bezeich-net man sie auch als Hecht-Schleien-Seen.

Die Lebensbereiche der Seen

Stehende Gewässer sind Ökosysteme, die in unterschiedliche Lebensräume gegliedert sind.

Man unterscheidet die **Freiwasserzone (Pela-gial**; gr. »pelagos« = offene See) und die **Bo-denregion (Benthal**; gr. »benthos« = Mee-restiefe), welche sich in flachen Bereichen mit der **Uferzone (Litoral**; gr. »litus« = Ufer) über-lappt. Das Benthal führt in tiefen Seen bis zur lichtlosen und daher pflanzenfreien **Tiefenre-gion des Gewässerbodens (Profundal**; gr. »profundus« = tief).

In der Uferzone kommt so viel Licht bis zum Gewässergrund, dass dort grüne Pflanzen wachsen können. Bei norddeutschen Seen reicht das Litoral bis in eine Tiefe von 7–11 m, in Alpenseen sogar bis 30 m. An windexponierten Stellen entsteht durch den Wechsel des Was-serstandes ein sandiges oder kiesiges Brand-ungsufer. Stillwasserufer sind dagegen meist mit dichten Pflanzenbeständen bewachsen. An die jeweilige Tiefe angepasst, säumen be-stimmte Arten gürtelartig die Uferregion vom Gewässerrand bis zur Tiefenzone.

Im unmittelbaren Land-Wasser-Übergang be-findet sich der aus emers (über die Wasseroberfläche hinaus) wachsenden Pflanzen bestehende **Schilfgürtel** (Phragmiton), der auch als Röhricht oder Gelege bezeichnet wird. Am häufigsten findet man hier Schilf *(Phragmites)*, Binsen *(Schoenoplectus)*, Seggen *(Carex)* oder Rohrkolben *(Typha)*. Einige Fischarten wie die Schleie und die Rotfeder nutzen diesen Bereich als Laichplatz.

In tieferen Bereichen (mehr als 1 m) folgt die **Schwimmblattpflanzenzone** (Nymphaeion), die aus semimers wachsenden Arten wie See- und Teichrosen *(Nymphaea alba* bzw. *N. lutea)*, Schwimmendem Laichkraut *(Potamogeton natans)*, Schild-Wasserhahnenfuß *(Ranunculus pelatus)* und Wasserknöterich *(Polygonum amphibium)* zusammengesetzt ist.

Bei den Arten des sich anschließenden **Unterwasserpflanzengürtels** (Potamion) schwimmen die Blätter nicht auf der Wasseroberfläche oder wachsen über diese hinaus, sondern wachsen submers. Typische Pflanzen dieser Region sind das Tausendblatt *(Myriophyllum)*, die Wasserpest *(Elodea)*, Wasserfeder *(Hottonia)* und der Wasserstern *(Callitriche)*. Da diese Zone eine arten- und individuenreiche Fischnährtierfauna beherbergt, liegen hier die Weidegründe vieler Fischarten.

Besonders in Seen mit klarem Wasser gibt es unterhalb der Unterwasserpflanzen die Zone der **unterseeischen Wiesen**, die überwiegend aus Armleuchteralgen (z. B. *Chara fragilis)* bestehen. Fischarten, die sich oft in der dicht bewachsenen Uferregion aufhalten, sind Hecht, Schleie, Rotfeder, Karausche und Schlammpeitzger.

Der Gewässerboden ist meistens mit Schlamm bedeckt. Dieser enthält viele organische Bestandteile und beherbergt zahlreiche so genannte **Benthos-Organismen** (Insektenlarven, Muscheln, Schnecken, Rund- und Ringelwürmer), von denen sich Fische ernähren.

Seen und Weiher unterscheiden sich nicht durch die Größe (ein Weiher kann größer als ein See sein), sondern dadurch, dass bei einem See die Freiwasserzone untergliedert ist. Die Sonneneinstrahlung erwärmt im Sommer das oberflächennahe Wasser. Dieses wird dadurch leichter und bildet eine nur wenige Meter dicke

Schicht (Epilimnion; gr. »epi« = auf; »limne« = See), die über einer kälteren, meist sauerstoffarmen Tiefenschicht (Hypolimnion; gr. »hypo« = unter) liegt. Dazwischen befindet sich die durch einen sprunghaften Temperaturabfall gekennzeichnete Sprungschicht (Metalimnion; gr. »meta« = zwischen). Diese relativ stabile Schichtung verhindert, dass sich sauerstoffreiches Oberflächenwasser mit dem Tiefenwasser mischt (Sommerstagnation). In der Tiefenschicht hat das Wasser während des ganzen Jahres die relativ konstante und niedrige Temperatur von 4 °C, bei der Wasser seine größte Dichte hat. Auch im Winter, wenn die Temperatur an der Oberfläche unter 4 °C sinkt, finden deshalb keine vertikalen Umwälzungen statt (Winterstagnation). Nur im Frühjahr und im Herbst, wenn die Temperatur des ganzen Wassers bei 4 °C liegt, kommt es zur Durchmischung des gesamten Wasserkörpers (Vollzirkulation), bei welcher der Tiefenschicht die Sauerstoffreserven zugeführt werden, von denen die dort lebenden Organismen den Sommer und den Winter über zehren.

Weiher

Weiher können natürlichen oder künstlichen Ursprungs sein. Da diese Gewässer meist nur eine geringe Tiefe aufweisen, kommt es nicht zu der oben beschrieben Schichtung der Wassermassen. Das Sonnenlicht gelangt bis zum Gewässerboden und ermöglicht dort das Wachstum höherer Pflanzen. In Weihern und Seen, die eng mit Bäumen umstanden sind, ist die Sonneneinstrahlung verringert. Dadurch wachsen Ufer- und Unterwasserpflanzen nur spärlich oder fehlen ganz.

Fische, die solche Gewässer besiedeln, haben sich an wechselnde Umweltbedingungen angepasst. Je kleiner die Wassermassen in stehenden Gewässern sind, desto größer sind die Schwankungen der Wassertemperatur und damit auch des Sauerstoffgehaltes. Zu den besonders widerstandsfähigen Arten gehören die Plötze, das Moderlieschen und die Karausche, die in solchen Gewässern zur Massenentwicklung neigen, wenn Fressfeinde wie Hecht und

Zander fehlen. Die Fische wachsen infolge Nahrungsmangels nur langsam und bilden Kümmerformen aus (z. B. die so genannten Spitzplötzen bzw. Steinkarauschen).

Tümpel und Pfuhle

Kleine Wasseransammlungen, die periodisch austrocknen können, bezeichnet man als Tümpel oder Pfuhle. Sie füllen sich meist im Frühjahr nach der Schneeschmelze oder in der Nähe von Flüssen nach dem Rückgang des Hochwassers. Aufgrund ihrer geringen Tiefe gefriert das Wasser im Winter häufig bis auf den Grund. Solche temporären Gewässer können nur von wenigen, sehr anpassungsfähigen Arten besiedelt werden. Vor allem der Schlammpeitzger, die Karausche und der Giebel sind in der Lage, im Schlamm eingegraben das Trockenfallen des Gewässers zu überdauern. Ihr Stoffwechsel kann sich an geringe Sauerstoffkonzentrationen in der Umgebung anpassen. Im Einzugsgebiet der Donau findet man in kleinen Tümpeln auch den Hundsfisch. Er kann bei niedrigem Sauerstoffangebot im Wasser zusätzlich über die Schwimmblase atmen.

Weiher sind bis zum Boden durchsonnt und pflanzenbewachsen.

Meere

Die Meere bilden den ältesten und größten zusammenhängenden Lebensraum dieser Erde. Mit einer Fläche von 362 Millionen Quadratkilometern bedecken sie ca. 71 % der Erdoberfläche. Das gesamte Volumen des Meerwassers wird auf über 1375 Millionen Kubikkilometer geschätzt. Hätte die Erde eine plane Oberfläche, so wäre sie von einer über 2 km dicken Wasserschicht bedeckt.

Die höchste Artenvielfalt bei Fischen und anderen Organismen findet man an den **Küsten**, die sich in ihrer Gesamtheit über 2 Millionen Kilometer lang sind. Davon entfallen ca. 80 % auf Sandküsten. Mit einer Fläche von ca. 10 Millionen Quadratkilometern ist Europa der zweitkleinste Kontinent. Im Verhältnis zu seiner Fläche hat er eine extrem lange Küstenlinie. Durch seine zerrissene Kontur und die zahlreichen Ausbuchtungen ist sie etwa 80 000 km lang! Europa wird im Westen von dem Atlantik und seinen Nebenmeeren begrenzt. Das Mittelmeer und das Schwarze Meer sind Randmeere des Atlantiks.

Der vertikale Verlauf der Küsten ist fast überall gleich. In Küstennähe nimmt die Wassertiefe zum Meer hin nur langsam bis etwa 200 m Tiefe zu. Dieser flache, aus erodiertem und überschwemmtem Festland bestehende Bereich der Küste wird als **Schelf** bezeichnet. Die Schelfregionen bilden weitgehend die Konturen der Kontinente nach und begrenzen den so genannten Kontinentalsockel. An ihren Rändern (Kontinentalrand) fällt das Tiefenprofil steil bis in größere Tiefen ab (Kontinentalhang). Auf die Schelfgebiete entfallen etwa 8 % der gesamten Meeresfläche. An den europäischen Küsten gehört z. B. die Nordsee, die Ostsee und der Ärmelkanal zum Kontinentalschelf; sie werden deshalb auch als Schelf- oder Kontinentalmeere bezeichnet und sind kaum tiefer als 200 m. Die Mehrzahl der in diesem Buch vorgestellten Fischarten besiedelte die Küsten bzw. die Schelfregionen Europas.

Die von den Kontinentalhängen umgrenzte **Tiefenregion** der Meere nennt man Bathyal, den ozeanischen Meeresgrund Abyssal und die Tiefseegräben Hadal. Die Fischfauna dieser ewig dunklen Bereiche ist nur wenig erforscht und für Sporttaucher nicht zugänglich. Da sich die nur dort lebenden Tiefseefische nicht lebend beobachten lassen, werden sie in Fischführern wie diesem ausgeklammert.

Die Uferzone einer Küste wird als Litoral bezeichnet. Dieser auch als neritische Zone beschriebene Bereich erstreckt sich vom Ufer bis zum Kontinentalrand und wird wie folgt weiter unterteilt: Der Bereich zwischen der mittleren Hochwasserlinie bei Flut und der mittleren Niedrigwasserlinie bei Ebbe ist das **Eulitoral**. Der nicht überflutete, aber vom Spritzwasser der Brandung regelmäßig befeuchtete Bereich wird **Supralitoral** genannt. An Felsküsten lassen sich die so genannte weiße und die schwarze Brandungszone unterscheiden. Die weiße Brandungszone umfasst den Bereich, an dem die Brandung Sedimente abträgt und so an den blanken Felsen nagt. Unterhalb davon liegt die schwarze Brandungszone. Sie ist an Kalkfelsen besonders deutlich ausgeprägt. Blaualgen und Bohrschwämme lösen in diesem Bereich den Kalk auf und verursachen die dunkle Färbung. Das **Sublitoral** umfasst den ständig unter Wasser liegenden Bereich der Küste bis zum Kontinentalrand.

Der marine Lebensraum lässt sich grob in zwei Bereiche mit unterschiedlichen Lebensbedingungen unterteilen. Der **Freiwasserraum** wird als **Pelagial** bezeichnet, der gesamte **Meeresgrund** als **Benthal**. Dementsprechend leben frei im Wasser schwimmende oder treibende Organismen **pelagisch** und den Meeresgrund besiedelnde Formen **benthisch**. Die Gesamtheit der im, am oder über dem Meeresgrund lebenden Tiere und Pflanzen wird unter dem Begriff **Benthos** oder **Benthon** zusammengefasst. Die Lebensgemeinschaft der Freiwasserzone bildet das **Pelagos**. Diese setzt sich einerseits aus Organismen zusammen, die nur

ein geringes Schwimmvermögen haben und im wesentlichen mit der Strömung verdriftet werden (**Plankton**), und solchen, die sich unabhängig von der Strömung schwimmend fortbewegen können (**Nekton**).

Fische, die sich bevorzugt am Grund aufhalten, haben eine bodenorientierte Lebensweise. Während das freie Wasser einen relativ gleichförmigen Lebensraum darstellt, kann der Meeresgrund sehr unterschiedlich beschaffen oder strukturiert sein. Er kann z. B. aus Felsen, Geröll, Sand oder Schlamm bestehen bzw. von Algen oder Seegras bewachsen sein.

Auch die im Meer vorkommenden Fischarten sind mehr oder weniger an die Besiedlung bestimmter Lebensräume angepasst. So finden z. B. bodenorientiert lebende Fische auf sandigem oder schlammigem Grund keine Versteckmöglichkeiten und können daher leicht von herannahenden Fressfeinden ausgemacht bzw. früh von ihren Beuteorganismen erkannt werden. Deshalb sind Fische, die auf solchen weichen Sedimenten leben, oft farblich an den Untergrund angepasst, haben eine abgeflachte Körperform oder können sich rasch eingraben (z. B. Rochen, Plattfische, Leierfische oder Petermännchen).

Auf Felsen oder Geröll hingegen ist der Grund stark strukturiert und mit Nischen oder Höhlungen versehen, in denen man sich vor Fressfeinden verstecken oder auf Beute lauern kann. Die harten Substrate werden von zahlreichen und vielfältigen Organismen besiedelt, die wiederum Fischen als Nahrung dienen. Die meisten Fischarten, die auf Substraten weiden oder sessile Organismen fressen, haben einen an diese Ernährungsweise angepassten Körperbau. Sie sind z. B. meist hochrückig und seitlich abgeflacht, da diese Körperform das Manövrieren und die präzise Positionierung des Mauls begünstigt. Weiterhin ist ihr Maul so geformt und bezahnt, dass sie besonders gut Aufwuchsorganismen vom Substrat bürsten, Kleintiere aus Spalten und Höhlen ziehen oder mit harten Schalen versehene Tiere knacken können.

Im freien Wasser gibt es keine Versteckmöglichkeiten. Um sich vor Fressfeinden zu schützen, sind die meisten dort lebenden Fischarten ausdauernde, schnelle Schwimmer oder bilden Schwärme. Man kann sogar die Regel ableiten, dass fast alle pelagischen und Plankton fressenden Fischarten schwarmbildend sind. Die Einzelindividuen können sich innerhalb eines Schwarms besser dem Zugriff von Fressfeinden entziehen, da diese ihre Beute dort nur schwer optisch fixieren und verfolgen können. Von der Effizienz dieses Schutzverhaltens kann man sich relativ leicht überzeugen, wenn man beim Tauchen versucht, ein bestimmtes Individuum innerhalb eines Schwarms zu beobachten oder zu fotografieren. Die Verwirrungstaktik wird bei vielen Schwarmfischen durch eine silbrige Körperfärbung unterstützt (z. B. bei den Heringen). Diese verursacht »tanzende« Lichtreflexe, welche angreifende Raubfische irritieren können.

Felsküsten

Die Artenvielfalt der Unterwasserfauna ist an Felsküsten stärker ausgeprägt als an Sandküsten, die deshalb für Taucher und Schnorchler in der Regel weniger interessant sind. Der marine Lebensraum wird durch die Felsformationen gegliedert und durch darauf siedelnde Aufwuchsorganismen (z. B. Braunalgen und Tange) zusätzlich strukturiert. Die Strukturvielfalt wiederum begünstigt die Entwicklung unterschiedlichster Lebensgemeinschaften auf engstem Raum. Deshalb findet man dort auch eine artenreiche Fischfauna. So kann man bei den im Mittelmeer besonders häufig vorkommenden Schleimfisch- und Grundelarten artspezifische Präferenzen für bestimmte Tiefen oder Strukturen feststellen. Während die einen z. B. lichtexponierte Felsen bevorzugen, findet man die anderen in schattigen Bereichen oder Höhlen. Die Beobachtung von Fischen wird an Felsküsten durch das meist klare Wasser erleichtert. An Sandküsten verursachen die abgetragenen Sedimente eine stärkere Trübung des Wassers. Besonders interessant sind unter Wasser liegende Höhlen und Grotten. In diesen kommen Fischarten vor, die man sonst nur in tieferem Wasser antrifft.

Gezeitentümpel

Einen besonderen Lebensraum für Fische, den man hauptsächlich an Felsküsten findet, stellen Gezeitentümpel dar. In ufernahen Felsvertiefungen, die bei Flut unter Wasser liegen oder durch die Brandung mit Spritzwasser gefüllt werden, bleiben bei Ebbe Wasseransammlungen zurück. Bei starker Sonneneinstrahlung kann sich das Wasser in diesen Tümpeln stark erwärmen oder verdunsten, sodass sich dort nicht nur die Temperatur, sondern auch der Salzgehalt des Wasser erhöhen kann. Obwohl Gezeitentümpel deshalb extreme Lebensräume darstellen, können darin auch verschiedene Fischarten vorkommen, die an die dortigen Lebensbedingungen angepasst sind. Zu diesen gehören verschiedene Grundeln, Schleimfische, Meeräschen und Ährenfische. Die Fischfauna der Gezeitentümpel lässt sich bei vorsichtiger Annäherung auch von außerhalb des Wassers beobachten. Sie ist an solchen Sellen auch für Menschen zugänglich, die Fische nicht direkt unter Wasser beobachten können, da sie weder schnorcheln noch tauchen.

Sandküste

Die Sand- und Schlickböden der Meere werden auch als unterseeische Wüsten bezeichnet. Obwohl sie oberflächlich betrachtet einen kargen Lebensraum darstellen, dienen die abgelagerten Sedimente einer artenreichen Fauna als Lebensraum. Während auf Felsen sessile und deshalb leicht beobachtbare Organismen um Licht und Nahrung konkurrieren, halten sich die Bewohner des Sandgrundes meist im Sediment verborgen. Dies gilt auch für die meisten Fische, welche diesen Lebensraum besiedeln. Die Sandküsten haben eine enorme Bedeutung für die Selbstreinigungskraft der Meere. Abgestorbenes organisches Material wird dort mineralisiert. Die Sandlückenfauna bzw. die im Sand lebenden wirbellosen Tiere dienen verschiedenen Fischarten als Nahrung. Dort, wo die Strukturvielfalt durch Seegraswiesen erhöht ist, sind wiederum artenreichere Fischgemeinschaften zu beobachten.

Gesetzliche Bestimmungen

Fische dürfen nicht ohne Genehmigung heimischen Gewässern entnommen werden. Der Fang von Fischen wird jedoch nicht wie bei anderen wild lebenden Tieren und Pflanzen über die Bundesartenschutzverordnung geregelt, sondern unterliegt fischereirechtlichen Bestimmungen. In Deutschland ist das Fischereirecht Länderrecht. Das Fischereirecht bezieht sich auf alle Entwicklungsstadien der Fische sowie Neunaugen, Krebse, Muscheln und Fischnährtiere. Die fischereirechtlichen Bestimmungen der Bundesländer entsprechen sich weitgehend, bei den Ausführungsverordnungen gibt es jedoch Unterschiede. Die Abweichungen beziehen sich u.a. auf die Schonzeiten und die Schon- bzw. Mindestmaße für die einzelnen Fischarten. Fische, die innerhalb der Schonzeiten gefangen oder das Mindestmaß unterschreiten, dürfen den Gewässern nicht entnommen werden.

Die Ausübung des Fischfangs setzt umfangreiche Kenntnisse über allgemeine und spezielle Fischkunde, sowie über die Fischgewässer und die verwendeten Fanggeräte und -methoden voraus. Aus diesem Grund ist in Deutschland für den Erwerb des **Fischereischeins** der Nachweis über den erfolgreichen Abschluß einer Fischerprüfung erforderlich. Die **Fischerprüfung** zielt nicht nur auf den Nachweis der Kenntnis der jeweiligen fischereirechtlichen Bestimmungen, sie soll auch den verantwortungsvollen Umgang mit der lebenden Kreatur fördern, indem die unter dem Begriff Fischgerechtigkeit aufgestellten Regeln für den Tierschutz in der Fischerei zur Anwendung kommen. Dabei gilt es den Fischfang so zu betreiben, dass er mit möglichst geringen Qualen für die Fische verbunden ist.

In Deutschland gibt es mehr als eine Million Inhaber des Fischereischeins. Dieser ist gebührenpflichtig und kann zeitlich befristet oder unbefristet gültig sein. Er allein berechtigt jedoch nicht zur Ausübung der Fischerei. Für Angler ist zusätzlich für das jeweils befischte Gewässer eine Fischereierlaubnis (**Angelschein** oder **Erlaubnisschein**) erforderlich. Diese ist für bestimmte Gewässer oder Gewässerabschnitte limitiert und in der Regel zeitlich befristet (Tages-, Wochen-, Monats- oder Jahreskarten). Weiterhin definiert die Fischereierlaubnis Art und Anzahl der erlaubten Fanggeräte (Angeln). Geschütze Fischarten dürfen nicht gezielt geangelt oder den Gewässern entnommen werden. An manchen Gewässern ist für die Ausübung der Fischerei auch das Uferbetretungsrecht zu erwerben. Hierfür gibt es länderspezifische Richtlinien.

Der verantwortungsvolle Umgang mit Fischen setzt jedoch nicht nur die Beachtung der fischereirechtlichen Bestimmungen voraus. Jeder, der den Fischfang ausübt, sollte diesen so schonen wie möglich betreiben und sich im Sinne des Fisch- und Gewässerschutzes engagieren. Da sich die Angelfischerei zunehmender Beliebtheit erfreut, gilt es den Nutzungsdruck auf die Gewässer und die darin lebende Fischfauna so zu steuern, dass sich vom Menschen verursachte Beeinträchtigungen in vertretbaren Grenzen halten. So beziehen sich fischereirechtlichen Bestimmungen nicht nur auf den Fischfang, sondern auch auf das Einsetzen von Fischen in Gewässer. Bedauerlicherweise entledigen sich schwarze Schafe unter den Aquarianern oder Gartenteichbesitzern überzähliger oder zu groß gewordener Fische, indem sie diese, womöglich noch im Glauben, was Gutes zu tun, in heimische Gewässer aussetzen. Das ist jedoch verboten ist. Nicht heimische Fischarten, die in der Wissenschaft als Neozoen bezeichnet werden, können sich nicht nur in heimischen Gewässern ausbreiten, sondern auch Krankheiten verbreiten.

Die meisten Angler sind in Vereinen organisiert. Als prominenter Dachverband sei der Deutsche Angler Verband (DAV) genannt.

Im Gegensatz zur steigenden Anzahl der Angler entwickelte sich die Berufsfischerei in Deutschland rückläufig. Insbesondere an den Binnengewässern hat die Anzahl der Haupterwerbsfischer drastisch abgenommen. Die Ursachen hierfür sind vielfältig.

Fischereimethoden

Beim Fischfang kommen sowohl aktive als auch **passive** Fangmethoden zum Einsatz. Letztere beinhalten u.a. das Aufstellen von Reusen, Hamen oder Stellnetzen. **Hamen** und **Reusen** wirken als stationäre Fischfallen, indem wandernde Fische an aufgestellten Netzwerken entlang auf engem Raum konzentriert werden. Bei der Hamenfischerei, bleiben stromabwärts schwimmende Fische in Netzsäcken hängen, die mit Scherbrettern quer zur Strömung ausgerichtet werden. Die Reusenfischerei basiert auf dem Prinzip, dass wandernde Fische über aufgestellte Netzhindernisse in Kammern geleitet werden, in die sie zwar leicht hinein, aber nur schwer heraus kommen. Das Entweichen wird z.B. durch kehlenartige Öffnungen verhindert.

Bei der **Stellnetzfischerei** werden Netzwände im Wasser aufgestellt. Dabei unterscheidet man u.a. zwischen den Kiemennetzen und Dreiwand- bzw. Spiegelnetzen (Ledderingnetze). Letztere bestehen aus drei Netzen, die miteinander verknüpft sind. Das innere lose Netzblatt (Innengarn) ist engmaschig, die äußeren haben große Maschen. Beim Versuch diese Netzwand zu durchschwimmen, bildet das Innengarn einen Beutel, in dem sich der Fisch verfängt. Kiemennetze hingegen basieren darauf, dass ein Fisch beim Versuch das Netz zu durchschwimmen in den Maschen hängen bleibt, weil diese seinen Körper zwischen den Kiemen und der Rückenflosse umschliessen. Als passive Fangmethode können Stellnetze über Grund oder unter der Wasseroberfläche exponiert werden. Damit die Stellnetze senkrecht im Wasser stehen und nicht kollabieren, befinden sich an der Oberleine Schwimmkörper und an der Unterleine Gewichte. Stellnetze fischen größenselektiv, da die jeweils verwendete Maschenweiten nur für Fische bestimmter Längenklassen fängig sind.

Bei **aktiven** Fischfangmethoden werden die verwendeten Netze aktiv durch das Wasser bewegt. Bei **Zugnetzen** werden Leitnetze (Flügel) durchs Wasser gezogen, die wie Stellnetze mit Schwimmern und Gewichten vertikal ausgerichtet sind. Der Auftrieb der Schwimmer ist geringer als das Gewicht der Beschwerung, damit Zugnetze über den Grund geführt werden können. Wie in einem Sieb sammeln sich die Fische in einem Netzsack (Steert), der sich zwischen den Flügeln befindet.

Während die mit Muskelkraft bewegten Zugnetze vor allem in Binnengewässern eingesetzt werden, stützt sich der Fischfang im Meer auf die **Schleppnetzfischerei**. Schleppnetze fischen nach dem gleichen Prinzip, werden jedoch mit Motorkraft von Schiffen durchs Wasser gezogen. Um den Netzsack beim Schleppen geöffnet zu halten, befinden sich an den Zugleinen Scherbretter. Schleppnetze können über Grund oder im freien Wasser eingesetzt werden. Da sich mit Zug- und Schleppnetzen ein berechenbares Wasservolumen »durchfiltern« lässt, eignen sie sich besonders für Bestandsschätzungen bei Fischen. Die in einer Reuse oder in einem Stellnetz gefangenen Fische können schlecht einer bestimmten Gewässerfläche oder einem definierten Wasservolumen zugeordnet werden.

Bei Fischbestandsaufnahmen in Binnengewässern hat sich in den vergangenen 40 Jahren die **Elektrofischerei** als Fangmethode mit vergleichsweise geringer Größen- und Artenselektivität etabliert. Der Einsatz dieser Methode erfordert eine Qualifikation (Elektrofischereischein), die in Deutschland an wenigen Institutionen erworben werden kann. Mit diesem Elektrofischereischein kann eine Elektrofanggenehmigung bei den zuständigen Behörden beantragt werden. Die Ausübung der Elektrofischerei ist wissenschaftlichen Zwecken vorbehalten. Sie beruht auf dem Prinzip, dass Fische in einem starken elektromagnetischen Feld zur Anode schwimmen (positive Galavanotaxis) und dabei betäubt werden (Elektronarkose). Die Elektrofischerei gilt als fischschonendes Verfahren zur Erfassung von Fischbeständen in Binnengewässern. Die betäubten Fische können behutsam entnommen, untersucht und zurückgesetzt werden. Meist erholen sie sich rasch.

Flussneunauge

Lampetra fluviatilis (LINNAEUS, 1758)
Familie: Petromyzonidae, Neunaugen

Merkmale: Der aalähnliche Körper des zu den Rundmäulern (kein echter Fisch) gehörenden Neunauges trägt keine paarigen Flossen. Die beiden Rückenflossen sind deutlich voneinander getrennt. Die hintere Rückenflosse bildet zusammen mit der Schwanz- und Afterflosse einen mehr oder weniger durchgehenden Flossensaum. Da die unpaare Nasenöffnung, das Auge und die 7 runden Kiemenöffnungen auf jeder Körperseite in einer Reihe liegen, trägt diese Familie den irreführenden Namen Neunaugen. An Stelle eines Kiefers haben sie ein scheibenförmiges Saugmaul, in dem sich Hornzähne befinden. 5–9 (meist 7) Zähne sitzen in einer Reihe auf der Unterkieferplatte. Kleine äußere und kräftige, zwei- oder dreizackige innere Lippenzähne liegen im oberen Teil des Saugmauls (Foto oben). Die Larven (Querder) sind augen- und zahnlos (Foto unten).
Färbung: Rücken und Flanken dunkelgrau bis blaugrün, Bauch weiß. **Länge:** 30–40 cm, die Männchen bleiben meist kleiner als die Weibchen.
Verbreitung: Europäische Flüsse und deren Mündungsgebiete. Fehlt im östlichen Mittelmeer, im Schwarzen Meer, im Norden Skandinaviens und Schottlands sowie in den Gewässern der Alpen.
Biologie: Adulte Flussneunaugen leben im Meerwasser und ernähren sich als Parasiten. Dabei heften sie sich mit dem Saugmaul an andere Fische und raspeln mit den Hornzähne Gewebeteile ab. Im Maul produzierte Sekrete verhindern das Gerinnen des aufgenommenen Blutes.
Fortpflanzung: Im Herbst stellen geschlechtsreife Tiere die Nahrungsaufnahme ein, bilden den Darm zurück und wandern (anadrom) bis in den Oberlauf der Flüsse. Dort paaren sie sich von Februar bis Mai an seichten Stellen mit Sand- oder Kiesgrund. Das Männchen schlägt meist im Schatten größerer Steine bis 50 cm breite Gruben, die manchmal von mehreren Paaren benutzt werden. Das Weibchen heftet sich mit dem Saugmaul an einen Stein und wird vom Männchen mit dem Hinterleib umschlungen. Dabei drückt das Männchen die Eier aus der Leibeshöhle des Weibchens und gibt gleichzeitig sein Sperma ab. Innerhalb mehrerer Tage werden von einem Weibchen bis 40 000 Eier gelegt. Die erschöpften Eltern sterben anschließend. Die nach 2–3 Wochen schlüpfenden Larven bohren sich an schlammigen bis sandigen Stellen in den Grund. Die zahlosen, blinden Jugendstadien werden Querder genannt (Foto unten). Mit Hilfe eines zweigeteilten Kiemendarmes filtern sie, bis auf den Kopf im Sediment steckend, Planktonorganismen und organische Partikel aus dem Wasser. Sie benötigen 3–4 Jahre, um eine Länge von ca. 15 cm zu erreichen. In einer 6–8 Wochen dauernden Metamorphose (Umwandlung) entwickeln sie sich zu adulten Neunaugen, die ins Meer wandern und bis zum Eintritt der Geschlechtsreife dort heranwachsen.
Wissenswertes: Früher waren Neunaugen beliebte Speisefische. Die Zerstörung geeigneter Laichplätze, die Regulierung der Flüsse (Aufstiegshindernisse) und die Verschmutzung der Gewässer haben zu einem erheblichen Bestandsrückgang dieser stark gefährdeten Art geführt. Insbesondere die Larven der Neunaugen reagieren empfindlich auf Sauerstoffdefizite am Gewässergrund. Neunaugen sind die letzten lebenden Nachfahren fischähnlicher Lebewesen, die als Fossilien in Sedimenten vorkommen, die vor etwa 400 Millionen Jahren (im Silur) im Süßwasser abgelagert wurden. Diese so genannten Panzerfische hatten noch keine Kiefer. Sie ernährten sich von Plankton, das sie aus dem Atemwasser filterten. Bereits im oberen Devon (vor 350 Millionen) starben fast alle Vertreter dieser ursprünglichen Wirbeltiere aus. Nur 2 kleine Gruppen der Kieferlosen (Agnatha), die Inger (Myxiniformes) und die Neunaugen (Petromyzoniformes), haben bis heute überlebt. Mehrere Neunaugenarten verbringen ihr ganzes Leben in Binnengewässern Mitteleuropas oder suchen diese vorübergehend als Laichgast auf und leben dort im Jugendstadium.

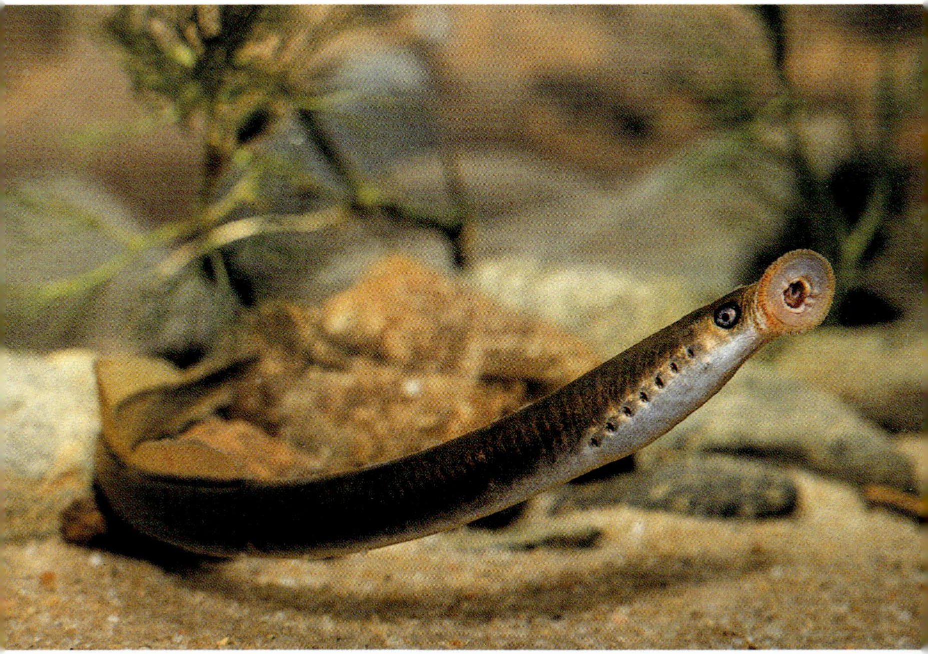

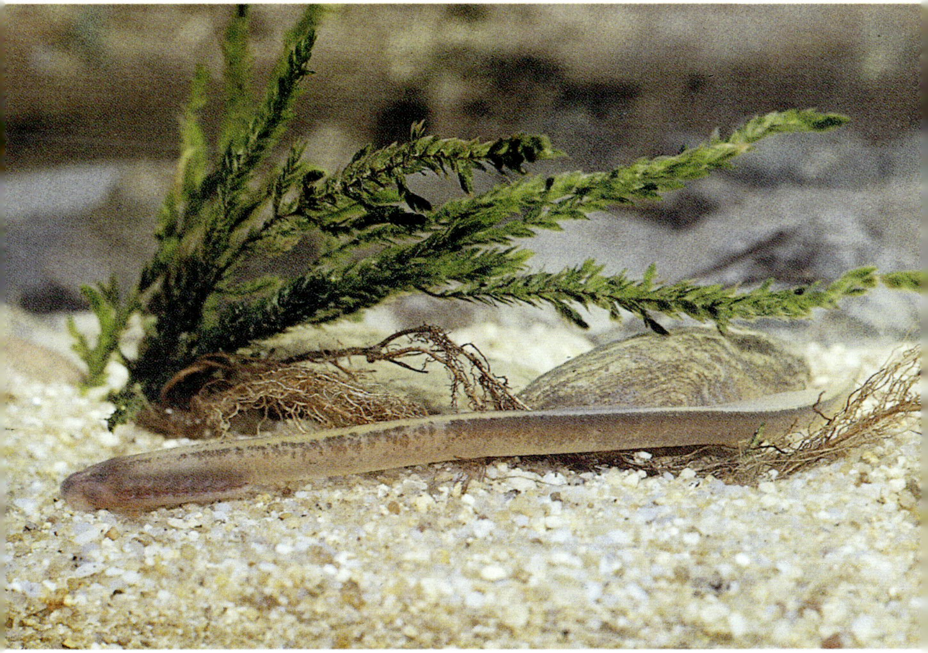

Bachneunauge

Lampetra planeri (BLOCH, 1748)
Familie: Petromyzonidae, Neunaugen

Merkmale: Der aalähnliche Körper trägt keine paarigen Flossen. Die beiden Rückenflossen, die After- und die Schwanzflosse bilden einen Flossensaum. Saugmaul mit stumpfen Zähnen. Im Unterschied zum Flussneunauge sind die inneren Lippenzähne nur schwach entwickelt (Foto Mitte). Färbung: Rücken dunkelblau bis grünlich, Flanken gelblich, Bauch weiß. Länge: bis 17 cm.
Verbreitung: Von den Pyrenäen im Westen bis zur Wolga im Osten. Fehlt im Norden Skandinaviens und im Einzugsbereich der Donau.
Biologie: Das Bachneunauge bewohnt stationär den Oberlauf von Fließgewässern und durchflossene Seen. Morphologische, entwicklungsbiologische und ökologische Befunde deuten an, dass das Bachneunauge und das Flussneunauge aus einer gemeinsamen Stammart hervorgingen. Das Bachneunauge wandert nicht ins Meer und ernährt sich nicht als Fischparasit. Es ist umstritten, inwieweit der Artbildungsprozess abgeschlossen ist. Erwachsene Bachneunaugen nehmen keine Nahrung auf. Der Darm bildet sich im Herbst bei der Umwandlung der blinden und zahnlosen Querder zur adulten Form zurück.
Fortpflanzung: Von März bis Juni laichen sie oberhalb der von den Larven bewohnten Regionen. Bis 500 Eier (Ø 1,3 mm) werden an flachen Stellen im Sand- oder Kiesgrund abgelegt. Nach dem Laichen sterben die Tiere im Alter von 4–5 Jahren. Die Larven filtrieren im Sediment lebend kleinste Planktonorganismen (z. B. Kieselalgen) und organische Partikel aus dem Wasser.
Wissenswertes: Das Bachneunauge gehört in der Roten Liste Deutschlands zu den stark gefährdeten Arten. Es ist durch die Zerstörung geeigneter Lebensräume und die Verschmutzung der Gewässer bedroht. Die Querder reagieren empfindlich auf Sauerstoffdefizite im Sediment.

Meerneunauge

Petromyzon marinus LINNAEUS, 1758
Familie: Petromyzonidae, Neunaugen

Merkmale: Aalförmiger Körper ohne paarige Flossen. Die Rückenflosse ist von dem aus After- und Schwanzflosse bestehenden Flossensaum getrennt. 1 Nasenöffnung auf der Stirn. Das scheibenförmige Saugmaul trägt mehrere Reihen konzentrisch angeordneter Hornzähne. Färbung: Oberseite grau bis blau mit dunkler Marmorierung, Unterseite weiß bis gelblich. Länge: 50–75 cm, selten bis 1 m.
Verbreitung: An den Küsten des Nordatlantiks, des westlichen Mittelmeeres, der Nord- und Ostsee. Als Laichgast und Larve im Mittellauf der Flüsse.
Biologie: Anadrome Wanderart. Adulte leben im Meer und ernähren sich von Blut und abgeraspelten Gewebeteilen größerer Fische.
Fortpflanzung: Im Herbst und im Frühjahr wandern sie in den Mittellauf der Flüsse und laichen an sandigen oder kiesigen Stellen. Das Männchen heftet sich dabei an das Weibchen, umschlingt es und gibt sein Sperma auf die 200 000–300 000 Eier (Ø 1 mm). Die Larven leben 2–5 Jahre im Sediment und filtrieren feinste Nahrungspartikel aus dem Wasser. Nach der Umwandlung zum erwachsenen Tier wandern sie ins Meer, leben dort 3–4 Jahre, bis sie ihrerseits zum Laichen flussaufwärts ziehen und anschließend sterben.
Wissenswertes: Obwohl Neunaugen nicht zu den eigentlichen Fischen gehören, werden sie in der einschlägigen Literatur oft zusammen mit diesen beschrieben.

Dornhai

Squalus acanthias LINNAEUS, 1758
Familie: Squalidae, Dornhaie

Merkmale: Langgestreckter, schlanker Körper mit spitzer Schnauze. 2 Rückenflossen, vor denen sich jeweils ein spitzer Dorn befindet (Name), der über eine Furche mit einer Giftdrüse verbunden ist. Färbung: dunkelgrau bis braun, Unterseite hell. Der Rücken und die Flanken sind mit weißen Flecken versehen. Kann bis 1 m lang und bis 10 kg schwer werden.
Verbreitung: Nordostatlantik, Nordsee, Mittelmeer, in der Ostsee seltener Irrgast.
Biologie: Häufigster Grundhai im Nordatlantik. Er besiedelt bevorzugt Schelfregionen mit weichem Sediment in Tiefen von 10–200 m, selten auch tiefer. Er bildet häufig Schwärme, die weite Strecken wandern. Frisst überwiegend Fische (z.B. Hering und Dorsch), aber auch Krebse und Mollusken.
Fortpflanzung: Nach einer inneren Befruchtung bilden sich im Eileiter der Weibchen Hornkapseln mit jeweils 1–6 Eiern, deren Hülle sich im Verlauf der Entwicklung auflöst, sodass die Embryos im Leib der Mutter schlüpfen (Ovoviviparie). Nach 18–22 Monaten gebärt ein Weibchen 2–11 Jungtiere mit einer Länge von jeweils 20 bis 30 cm. Die Weibchen werden nach 10 Jahren und mit einer Länge von 75–90 cm, die Männchen mit 60–80 cm Länge geschlechtsreif. Dornhaie können über 20 Jahre alt werden.
Wissenswertes: Wirtschaftlich bedeutender Speisefisch (mariniert als »Seeaal« und geräuchert als »Schillerlocke«). Etwa 20 000 Tonnen werden jährlich an Europas Küsten angelandet.

Gefleckter Glatthai

Mustelus asterias (LINNAEUS, 1758)
Familie: Triakidae, Marderhaie

Merkmale: Langgestreckter und schlanker Körper mit leicht abgerundeter Schnauze. Die hintere Rückenflosse ist etwas kleiner als die vordere und liegt gegenüber der Afterflosse. Der obere Lappen der heterocerken Schwanzflosse ist am freien Rand tief gekerbt. Färbung: Rücken und Flanken dunkelgrau bis braun mit hellen Punkten, Unterseite hell. Länge: bis 1,5 m.
Verbreitung: An den Küsten des Ostatlantiks von der Nordsee und den Britischen Inseln bis nach Marokko (fehlt in der Ostsee) und im Mittelmeer.
Biologie: Besiedelt Schelfregionen in Tiefen von 20–100 m. Hält sich im Sommer meist im Flachwasserbereich der Küsten auf, im Winter zieht er sich in tiefere Regionen zurück. Ernährt sich von größeren Invertebraten.
Fortpflanzung: Nach einer inneren Befruchtung und einer Tragzeit von 10 Monaten werfen die Weibchen 10–20 Jungfische mit einer Länge von jeweils 30 cm (Ovoviviparie). Die Geschlechtsreife tritt bei einer Länge von ca. 80 cm ein.

Sandhai, Sandtiger

Carcharias taurus (RAFINESQUE, 1809)
Familie: Odontaspididae, Sandhaie

Merkmale: Kräftiger, langgestreckter Körper mit abgeflachtem, kleinem Kopf und kegelförmiger, spitzer Schnauze. Die 5 Kiemenspalten liegen vor dem Ansatz der Brustflosse. 2 gleich große Rückenflossen, wobei die erste vor den Bauchflossen liegt. Färbung: Rücken und Flanken braun, graubraun oder dunkelgrau. Länge: bis 3,50 m, Gewicht bis 180 kg.
Verbreitung: In tropischen, subtropischen und gemäßigt-warmen Meeren. Im Ostatlantik vom Golf von Guinea bis zu den Kanarischen Inseln und im Mittelmeer.
Biologie: Besiedelt die Küstenregionen mit sandigem Grund bis in 200 m Tiefe, meist jedoch oberhalb von 70 m. Jagt bodenorientiert nach Fischen und Tintenfischen.
Fortpflanzung: Nach einer Tragzeit von 8–9 Monaten werden 1–2 ca. 1 m lange Jungfische geboren (Ovoviviparie). Die Geschlechtsreife tritt bei einer Länge von 2,20 m ein.

Großgefleckter Katzenhai

Scyliorhinus stellaris (LINNAEUS, 1758)
Familie: Scyliorhinidae, Katzenhaie

Merkmale: Langgestreckter Körper, der geradlinig in die kaum gegabelte und auf der Unterseite eingekerbte Schwanzflosse übergeht. 2 Rückenflossen. Unter der kurzen, abgerundeten Schnauze liegen die Nasenöffnungen, an denen Nasenlappen ansetzen, die nicht bis zum Maul reichen. Die Pupillen stehen im helladaptierten Zustand senkrecht und erinnern an Katzenaugen (Name). Färbung: Rücken und Flanken braun, mit dunklen, z. T. ringförmig angeordneten dunklen Flecken (größer als beim Kleingefleckten Katzenhai); Unterseite weiß und nicht gefleckt. Kann bis 1,3 m lang werden.

Verbreitung: Küstenregionen des Nordost-atlantiks und des Mittelmeers in Tiefen von 20–60 m. Nördlich der Biskaya selten.

Biologie: Der Großgefleckte Katzenhai besiedelt bevorzugt felsigen Grund. Dort versteckt er sich tagsüber in Höhlen oder Nischen. In der Dämmerung und nachts sucht er nach Nahrung, die hauptsächlich aus Krebsen, Mollusken, Stachelhäutern und kleinen Fischen besteht.

Fortpflanzung: Die Männchen befruchten die Weibchen mit den griffelförmigen Begattungsorganen an den Bauchflossen (Klasper). Die Weibchen legen in den Sommermonaten (im Mittelmeer das ganze Jahr über) 13 cm lange und 3–4 cm breite Eier an Hartsubstraten ab. Die rechteckigen Eier sind mit einer Hornkapsel umhüllt und bleiben mit den 4 spiraligen Hornfäden am Substrat hängen. Die 10–15 cm langen Jungfische schlüpfen nach 9 Monaten.

Kleingefleckter Katzenhai

Scyliorhinus canicula (LINNAEUS, 1758)
Familie: Scyliorhinidae, Katzenhaie

Merkmale: Schlanker, langgestreckter Körper, der geradlinig in die kaum gegabelte Schwanzflosse übergeht. Diese ist auf der Unterseite eingekerbt. 2 Rückenflossen, wobei die vordere hinter den spitz ausgezogenen Bauchflossen ansetzt. Kurze, abgerundete Schnauze. Nasenöffnungen mit ungeteilten Nasenlappen, die bis zum Maul reichen. Die längsovalen Augen haben im helladaptierten Zustand senkrechte Pupillen und erinnern an Katzenaugen (Name). Färbung: Rücken und Flanken gelbgrau oder braun, mit unregelmäßig verteilten dunklen Flecken und Punkten; Bauch heller und nicht gepunktet. Der Kleingefleckte Katzenhai hat zahlreiche kleine Punkte. Länge: 60–80 cm, selten bis 1 m.

Verbreitung: Besiedelt die Küstenregionen des Nordostatlantiks von Norwegen im Norden bis Senegal im Süden. Er kommt in der Nordsee und im Mittelmeer vor, fehlt aber in der Ostsee.

Biologie: Katzenhaie leben gesellig, bodenorientiert sowie nacht- und dämmerungsaktiv an Küsten mit Fels-, Sand- oder Schlammgrund in Tiefen bis über 100 m, im Mittelmeer bis 400 m. Bevorzugt halten sie sich an mit Algen überwachsenen Sandbänken auf. Tagsüber trifft man sie ruhend am Grund an. Sie fressen Muscheln, Schnecken, Krebse, Stachelhäuter und kleine Fische.

Fortpflanzung: Die Paarung findet im Herbst in tieferen Wasserschichten statt. Anschließend legt ein Weibchen 18–20, je 6 cm lange, durch eine Hornkapsel geschützte Eier an Algen oder Steinen ab (Oviparie). An den rechteckigen Hornkapseln befinden sich 4 biegsame, spiralig aufgewundene Fäden, die das Ei am Substrat befestigen. Bei der Eiablage umschwimmt das Weibchen harte Substrate, wie z. B. Gorgonien oder Felsen, sodass sich die zunächst weichen Fäden am Substrat verfangen, dann härten und das Ei aus dem Körper ziehen (Foto unten links). Die Jungen schlüpfen nach 8–10 Monaten und ernähren sich zunächst von ihrem Dottersack (Foto unten rechts). Die Geschlechtsreife tritt bei einer Körperlänge von ca. 60 cm ein.

Nagelrochen

Raja clavata (LINNAEUS, 1758)
Familie: Rajidae, Echte Rochen

Merkmale: Rochen haben vergrößerte Brustflossen, die mit dem abgeflachten Kopf eine Körperscheibe bilden. Das Maul und die Kiemenöffnungen liegen auf der Unterseite (Foto mitte rechts). Um auch auf dem Grund liegend mit geschlossenem Maul das Atemwasser in den Kiemen austauschen zu können, verfügen sie über 1 Paar Spritzlöcher, die sich auf der Körperoberseite, hinter den Augen befinden (Foto mitte links).

Der Nagelrochen hat einen breiten und rautenförmiger Körper. Am Ende des langen Schwanzstiels sitzen 2 gleich große Rückenflossen. Die Brustflossen enden spitzwinkelig. Die Schnauze ist stumpf. Auf der Oberseite befinden sich zahlreiche spitze Dornen mit glatter Basalplatte, die entlang der Rückenlinie in einer Reihe angeordnet sind. Das gerade Maul und die 5 Kiemenspalten liegen auf der Unterseite. Die Augen sind kleiner als die Spritzlöcher. Färbung: Oberseite braun, mit unregelmäßig verteilten, vereinzelten hellen Flecken und zahlreichen dunklen Punkten; Unterseite weiß oder gelblich. Der Nagelrochen wird über 1 m lang und 12 kg schwer.

Verbreitung: Im Ostatlantik von Skandinavien bis nach Südafrika, in der Nordsee, in der westlichen Ostsee und im Mittelmeer.

Biologie: Nagelrochen leben bodenorientiert auf sandigem oder schlammigem Grund in Tiefen von 20–300 m. Ihre Nahrung besteht überwiegend aus Krebsen und kleinen Fischen (z. B. Plattfische oder Sandaale).

Fortpflanzung: Die Männchen begatten die Weibchen in seichten Gewässern in der Nähe der Wasseroberfläche mit Hilfe von Kopulationsorganen an den Bauchflossen (Klasper). Die 4 × 6 cm großen, abgeflachten Eikapseln (Seemäuse) haben Spalten für das Atemwasser sowie hornartige Fortsätze an den Ecken. Pro Weibchen und Saison werden bis 150 Eier abgelegt. Die ca. 12 cm langen Jungfische schlüpfen nach 4–5 Monaten. Die Geschlechtsreife tritt bei den Männchen bei einer Länge von 60 cm und einem Alter von 7 Jahren, bei den Weibchen nach 9 Jahren ein.

Wissenswertes: Häufige Art, die meist mit Schleppnetzen gefangen und als Beifang angelandet wird.

Marmorrochen

Raja undulata (LACÉPÈDE, 1802)
Familie: Rajidae, Echte Rochen

Merkmale: Der Marmorrochen hat einen horizontal abgeflachten Körper mit kurzer, spitz endender Schnauze. Am Ende des Schwanzstiels befinden sich 2 annähernd gleich große Rückenflossen. Sein Maul und die Kiemenspalten liegen auf der Unterseite. Die vergrößerten Brustflossen enden abgerundet. Ihre Vorderkante ist konkav eingebuchtet, die Hinterkante leicht konvex gewölbt. Auf der Oberseite befinden sich Höcker, die entlang der Rückenlinie eine Reihe bilden. Färbung: grau bis braun, mit dunklen geschwungenen Linien, deren Ränder mit kleinen weißen Punkten versehen sind (erinnert an Perlenketten); Unterseite weiß. Länge: bis 1 m.

Verbreitung: Nordostatlantik von der Südküste der Britischen Inseln im Norden bis Mauretanien im Süden, Biskaya, Algarve und westliches Mittelmeer.

Biologie: Der Marmorrochen gehört zu den häufigeren Rochenarten und lebt bodenorientiert im Schelfbereich bis in 200 m Tiefe. Er bevorzugt Sand- oder Schlickgrund und ernährt sich von einem breiten Spektrum wirbelloser Tiere.

Fortpflanzung: Die Männchen lassen sich wie bei allen Rochen leicht an den griffelartigen Abwandlungen der Bauchflossen unterscheiden, welche als Begattungsorgane fungieren und so eine innere Befruchtung ermöglichen. Der Marmorrochen legt seine Eier in den Monaten zwischen März und September. Die rechteckigen Eier haben Hörner an den Ecken und sind ca. 9 × 5 cm groß.

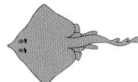

Sternrochen

Raja radiata (DONOVAN, 1808)
Familie: Rajidae, Echte Rochen

Merkmale: Abgeflachter, breiter, rautenförmiger Körper mit stumpfer Schnauze und abgerundeten Brustflossen. Auf dem Schwanzstiel befinden sich 2 fast gleich große Rückenflossen. Auf der Oberseite sitzen zahlreiche kleine und große Dornen. Augen und die Spritzlöcher sind relativ klein. Färbung: Rückenseite braun,

mit zahlreichen kleinen, dunklen Punkten; Unterseite weiß. Länge: bis 60 cm (max. 1 m).
Verbreitung: Nordatlantik bis zum Ärmelkanal im Süden; Nordsee und westliche Ostsee.
Biologie: Bodenorientiert lebende, kaltstenotherme Art, die auf sandigem oder felsigem Grund in Tiefen von 20–1000 m lebt. Nahrung: Krebse, Stachelhäuter und Fische.
Fortpflanzung: Die Eikapseln sind 3–7 cm groß, eckig und behaart. Die Geschlechtsreife tritt bei einer Länge von ca. 30 cm ein.

Fleckenrochen

Raja montagui (FOWLER, 1910)
Familie: Rajidae, Echte Rochen

Merkmale: Der abgeflachte, rautenförmige Körper ist breiter als lang und am vorderen Rand leicht eingebuchtet. Die Brustflossen sind spitzkantig. Die leicht ausgezogene Schnauze verläuft stumpfwinkelig. Vor den Augen und entlang der Rückenlinie befindet sich je eine Dornenreihe. Färbung: Die Oberseite ist hellbraun oder grau gefärbt und mit schwarzen Punkten versehen, die nicht bis zum Flossenrand reichen. Auf der Brustflossenmitte bilden diese meist einen ringförmigen Fleck. Die Bauchseite ist weiß oder rosafarben. Länge: bis 80 cm.

Verbreitung: Nordostatlantik von Marokko im Süden bis zu den Shetland-Inseln im Norden. In der Nordsee und der westlichen Ostsee sowie im Mittelmeer bis Tunesien und Griechenland im Osten. Häufige Art.
Biologie: Bodenorientiert lebender Bewohner von Sand- und Felsküsten in 20–100 m Tiefe, der sich bevorzugt von Krebsen, aber auch von Mollusken, Stachelhäutern und kleinen Fischen ernährt.
Fortpflanzung: Die Männchen begatten die Weibchen mit den so genannten Klaspern an den Bauchflossen. Nach einer inneren Befruchtung werden die 4–7 cm langen, eckigen und einseitig mit Hornleisten versehenen Eikapseln im Frühsommer abgelegt. Die Jungfische schlüpfen nach 5–6 Monaten.

Adlerrochen

Myliobatis aquila (LINNAEUS, 1758)
Familie: Myliobatidae, Adlerrochen

Merkmale: Der Adlerrochen hat einen stark abgeflachten, rautenförmigen Körper. Die Breite seines Körpers übertrifft dessen Länge (ohne Schwanz) fast um das Doppelte. Der Schwanz ist peitschenartig verlängert und doppelt so lang wie der Körper. Er trägt keine Schwanzflosse. Die am Ansatz des Schwanzstiels liegende Rückenflosse trägt am Hinterrand 1 oder 2 mit Widerhaken versehene, giftige Stacheln. Die Brustflossen enden spitzwinkelig und sind am Innenrand leicht konkav gebogen. Färbung:

Oberseite schwarz, dunkelgrau oder braun; Unterseite weiß mit braunen Flossenrändern. Länge: bis 1,50 m.
Verbreitung: Ostatlantik von der Südküste der Britischen Inseln bis Südafrika und im Mittelmeer.
Biologie: Adlerrochen leben sowohl in der offenen See als auch an Küstenbereichen mit Sand- oder Schlickgrund in Tiefen bis 100 m. Ihre Nahrung besteht aus bodenlebenden Mollusken und Krebsen.
Fortpflanzung: Nach einer inneren Befruchtung gebären die Weibchen in küstennahen Gewässern von September bis Februar 3–7 Jungfische, die bereits im Eileiter der Mutter aus den Eiern geschlüpft sind (Ovoviviparie).

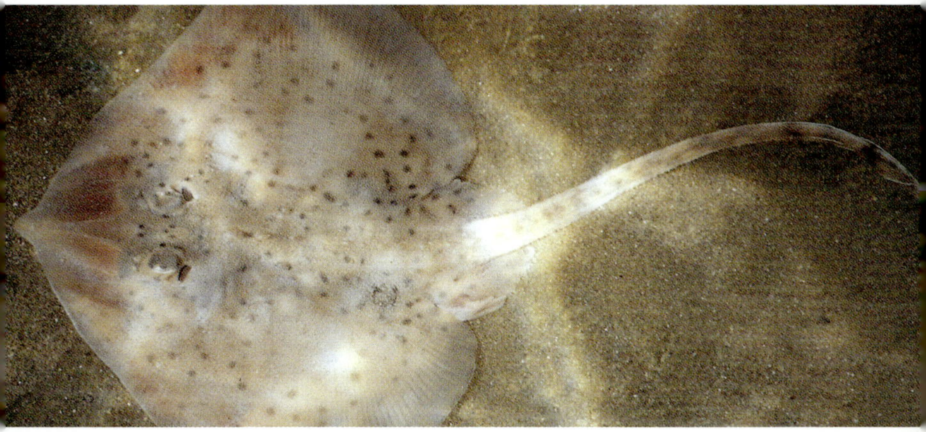

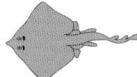

Kuckucksrochen

Raja naevus (MÜLLER & HENLE, 1841)
Familie: Rajidae, Echte Rochen

Merkmale: Abgeflachter, rautenförmiger Körper mit langem Schwanz, auf dem sich 2 kleine Rückenflossen befinden. Die verbreiterten Brustflossen haben gerundete Kanten. Die leicht ausgezogene Schnauze verläuft stumpfwinkelig. Das Maul und die 5 Kiemenspalten liegen auf der Unterseite. Färbung: Die Oberseite ist braun marmoriert und mit 2 markanten schwarzen Augenflecken gezeichnet. Kann seine Färbung dem jeweiligen Untergrund anpassen. Die Bauchseite ist weiß oder rosafarben. Länge: bis 50 cm.

Verbreitung: Nordostatlantik vom südlichen Skandinavien über das Kattegat und die Nordsee bis Marokko im Süden. Fehlt in der Ostsee.

Biologie: Bodenorientierter Bewohner von Sand- und Felsküsten in 20–200 m Tiefe, der sich von Krebsen, Mollusken, Stachelhäutern und kleinen Fischen ernährt.

Fortpflanzung: Nach einer inneren Befruchtung werden die bis 6,5 cm langen, eckigen und an den Ecken mit hornigen Haken versehenen Eier abgelegt. Die Jungfische schlüpfen nach 4–5 Monaten.

Stechrochen, Stachelrochen

Dasyatis pastinaca (LINNAEUS, 1758)
Familie: Dasyatidae, Stechrochen

Merkmale: Stark abgeflachter, rautenförmiger Körper mit abgerundeten Brustflossen und dünnem, langem Schwanz, der einen mit Widerhaken versehenen Giftstachel trägt (Foto unten links). Rückenflossen sind nicht vorhanden. Das Maul und die 5 Kiemenspalten liegen auf der Unterseite. Färbung: Rückseite braun, gelblich oder grau; Bauchseite weiß mit dunklem Rand. Länge bis 1 m (max. 2,50 m) und 10 kg schwer.

Verbreitung: Ostatlantikküste von den Britischen Inseln und der Nordsee bis Südafrika sowie im Mittelmeer.

Biologie: Stechrochen leben an Küsten mit Sand- oder Schlammgrund in Tiefen bis 200 m. Sie sind überwiegend dämmerungs- und nachtaktiv. Tagsüber halten sie sich oft halb eingegraben im Sand verborgen. Ihre Nahrung besteht aus Mollusken, Krebsen, Stachelhäutern und Fischen.

Fortpflanzung: Nach einer inneren Befruchtung entwickeln sich im Weibchen 4–6 Embryonen, die über Nährstoffe absondernde Zotten einer Erweiterung des rechten Eileiters ernährt werden. Tragzeit 4 Monate.

Marmor-Zitterrochen

Torpedo marmorata (RISSO, 1810)
Familie: Torpedinidae, Zitterrochen

Merkmale: Abgeflachter, fast kreisrunder Körper mit dreieckigem, dickem Schwanzstiel, auf dem 2 Rückenflossen sitzen. Hinter den kleinen Augen liegen die mit Hautfransen umgebenen Spritzlöcher. Färbung: Rückseite braun und dunkel marmoriert; Unterseite weiß mit dunklem Rand. Länge: bis 60 cm.

Verbreitung: Ostatlantikküste von den Britischen Inseln und der Nordsee (dort nur selten) bis nach Südafrika sowie im Mittelmeer.

Biologie: Dämmerungs- und nachtaktiver Einzelgänger in küstennahen Bereichen mit sandigem oder steinigem Grund. Er kommt in Tiefen von 2–20 m, selten auch bis 100 m vor. Mit Hilfe seines elektrischen Organs, das aus umgewandelten Muskeln besteht und nach dem Prinzip der Voltaschen Säule funktioniert, kann er mehrere Stromstöße von bis zu 220 V erzeugen und damit seine Beute lähmen oder Feinde abwehren. Er ernährt sich überwiegend von Krebsen, Mollusken und kleinen Fischen.

Fortpflanzung: Die Jungfische werden nach einer Tragzeit von 10 Monaten im Herbst geworfen (Ovoviviparie). Ein Wurf umfasst 5–30 je ca. 10 cm lange Jungtiere.

Stör

Acipenser sturio (LINNAEUS, 1758)
Familie: Acipenseridae, Störe

Merkmale: Der Stör hat einen langgestreckten, spindelförmigen Körper mit verlängerter Schnauze (Rostrum) und asymmetrischer (heterocerker) Schwanzflosse (haiähnlich). Die Rückenflosse und die Afterflosse befinden sich am hinteren Körperviertel. Das zahnlose Maul steht unterständig und kann rüsselartig ausgestülpt werden. Vor dem Maul setzen 4, in einer Querreihe angeordnete, ungefranste Barteln an. Auf dem Rücken befinden sich 11–13 reihenartig angeordnete Knochenhöcker, auf den Flanken 24–40 und am Bauch 11–13. Färbung: Rücken und Flanken dunkelgrau bis braun, Bauch weiß bis silbrig. Wird 2–3 m lang, kann jedoch auch Rekordlängen von bis 5 m erreichen und dabei bis 1 Tonne schwer werden.

Verbreitung: Ostatlantikküste von Nordskandinavien bis Marokko; Mittelmeer und Schwarzes Meer. Wanderte früher zum Laichen auch im Rhein, in der Elbe und in der Oder bis in den Oberlauf.

Biologie: Der Stör lebt bodenorientiert im küstennahen Flachwasser und im Mündungsbereich von Flüssen in Tiefen bis 50 m. Dort wandert er z. T. über lange Distanzen. Sein Nahrungsspektrum ist relativ breit. Es setzt sich aus Krebsen, Mollusken, Würmern zusammen. Größere Exemplare fressen auch bodenlebende Fische. Störe sind anadrome Wanderfische, die zum Laichen in die Mittel- und Oberlauf von Flüssen ziehen.

Fortpflanzung: Pro Rogener werden im Sommer 800 000–3 000 000 klebrige Eier mit 2 bis 3 mm Durchmesser (echter Kaviar) an überströmten Stellen mit hartem Grund in 6–8 m Tiefe abgelegt. Nach dem Laichen wandern die Störe wieder ins Meer. Die kaulquappenähnlichen, ca. 1 cm langen Larven schlüpfen innerhalb von wenigen Tagen bis 2 Wochen und bleiben 1–2 Jahre im Süßwasser. Anschließend ziehen sie ins Brackwasser und nach 4–5 Jahren ins Meer, wo sie heranwachsen. Die Geschlechtsreife tritt bei den Milchnern nach 7–9,

bei den Rogenern nach 8–14 Jahren ein. Störe können wahrscheinlich über 100 Jahre alt werden.

Wissenswertes: Die Familie der Störe umfasst ca. 20 Arten, welche die Nordhalbkugel besiedeln. Die Abgrenzung einzelner Arten ist umstritten. Störe gehören zu einem ursprünglichen Taxon der Knochenfische, den so genannten Knorpelganoiden (Chondrostei). Fossilien belegen, dass sie sich bereits vor mehr als 70 Millionen Jahren entwickelten und zu den ältesten rezenten Vertretern der Knochenfische gehören. Sie teilen verschiedene Merkmale mit den Haien: unterständiges Maul mit Rostrum, asymmetrische Schwanzflosse, wobei die Wirbelsäule in den breiteren oberen Lappen zieht, und eine Spiralfalte im Darm. Obwohl sie auch Knochenplatten in der Haut haben, verfügen sie über ein überwiegend knorpeliges Skelett. So wird die knorpelige Schädelkapsel von einem knöchernen Hautpanzer geschützt.

Der Atlantische Stör ist in Deutschland ausgestorben oder verschollen, da einerseits seine Bestände früher überfischt wurden und andererseits Querverbauungen in den Flüssen seine Laichwanderungen behindern. Weiterhin gibt es in den meisten mitteleuropäischen Flüssen kaum noch geeignete Laichplätze. Da Störe relativ lange brauchen, um geschlechtsreif zu werden, wirkte sich die intensive Befischung der Küsten besonders negativ auf seine Bestände aus. In Deutschland sind diese bereits Ende des 19. Jahrhunderts drastisch zurückgegangen; heute wird er zu den ausgestorbenen bzw. verschollenen Fischarten gezählt. Gegenwärtig gibt es jedoch Anstrengungen, diese Art wieder in heimischen Flüssen anzusiedeln. Insbesondere am Schwarzen und am Kaspischen Meer hat der Stör aufgrund seines wohlschmeckenden Fleisches und seines Rogens, der als echter Kaviar vermarktet wird, eine fischereiwirtschaftliche Bedeutung. Aufgrund der Fischwilderei in den Anrainerstaaten des Schwarzen Meeres sind auch die dortigen Bestände akut vom Aussterben bedroht.

Sterlet

Acipenser ruthenus LINNAEUS, 1758
Familie: Acipenseridae, Störe

Merkmale: Die Körperform des Sterlets ähnelt einem Haifisch. Der schnauzenartig verlängerte Kopf (Rostrum) ist leicht nach oben gebogen. Vor dem unterständigen und rüsselartig ausstülpbaren Maul stehen 4 gefranste Barteln in einer Querreihe. 5 Reihen aus Knochenplatten befinden sich auf dem Körper: 11–17 hakenförmige entlang des Rückens, 60–70 sich dachziegelartig überlappende reichen vom Kiemendeckel bis in die Schwanzwurzel und 16–18 sitzen zwischen den Brust- und Bauchflossen. Färbung: Rücken und Flanken dunkelgrau bis braun, Bauch gelblich oder weiß mit rötlichem Schimmer. Länge: 40–60 cm, selten bis 1 m.

Verbreitung: In den Zuflüssen des Schwarzen, Asowschen und Kaspischen Meeres, in den östlichen Zuflüssen der Ostsee sowie in einigen Flüssen und Seen Russlands.

Biologie: Bodenorientierter Süß- und Brackwasserbewohner, der sich von Insektenlarven, Würmern, Kleinkrebsen, Muscheln, Schnecken und kleinen Fischen ernährt. Zur Winterruhe zieht er sich an tiefe, ruhige Stellen zurück.

Fortpflanzung: In der von April bis Juni reichenden Laichzeit wandern Sterlets flussaufwärts, um auf überströmten Kiesbänken zu laichen. Je nach Größe legen die Weibchen mehr als 100 000 Eier (1,5–2 mm ∅), die an Steinen kleben bleiben. Die Larven ähneln Kaulquappen und schlüpfen nach 4–5 Tagen. Die Geschlechtsreife tritt bei den Männchen nach 3–5 und bei den Weibchen nach 5–7 Jahren ein.

Wissenswertes: Die Zerstörung der Laichplätze durch gewässerbauliche Maßnahmen, die Gewässerverschmutzung und die starke Befischung haben zum Rückgang der Bestände geführt. In Deutschland ist die Art vom Aussterben bedroht oder verschollen. Im Gegensatz zum Stör und zum Waxdick hat der Sterlet keine fischereiwirtschaftliche Bedeutung.

Waxdick

Acipenser gueldenstaedtii BRANDT, 1833
Familie: Acipenseridae, Störe

Merkmale: Die Körperform des Waxdicks ähnelt einem Haifisch. Der Körper ist mit einem kurzen, im Vergleich zum Stör und zum Sterlet eher stumpfen Rostrum ausgestattet. Vor dem unterständigen und rüsselartig ausstülpbaren Maul stehen 4 Barteln in einer Querreihe. 5 Reihen aus Knochenplatten befinden sich auf dem Körper. Die Anzahl der Knochenschilder beträgt auf dem Rücken 8–18, auf den Flanken 24–50 und am Bauch 6–13. Färbung: Rücken und Flanken dunkelgrau bis braun, Bauch weiß. Knochenplatten ebenfalls heller. Der Waxdick kann bis 2,5 m lang werden.

Verbreitung: Lebt bevorzugt In den Zuflüssen des Schwarzen, Asowschen und Kaspischen Meeres. Kam früher auch in der Donau vor. Hält sich meist im Mündungsbereich auf.

Biologie: Bodenorientierter Süß- und Brackwasserbewohner, der sich von Insektenlarven, Würmern, Kleinkrebsen, Muscheln, Schnecken und kleinen Fischen ernährt. Zur Winterruhe zieht er sich in tiefe, ruhige Stellen zurück.

Fortpflanzung: Wandert in der Laichzeit (April–Juni) stromaufwärts, um auf überströmten Kiesbänken zu laichen. Je nach Größe legen die Weibchen mehr als 800 000 Eier (1,5–2 mm ∅), die an Steinen kleben bleiben. Die Larven schlüpfen nach 4–5 Tagen, bleiben zunächst im Süßwasser und ziehen nach einem Jahr ins Meer.

Wissenswertes: Die Zerstörung der Laichplätze durch gewässerbauliche Maßnahmen, die Gewässerverschmutzung und die starke Befischung haben zum Rückgang der Bestände geführt. Der Waxdick hat eine große fischereiwirtschaftliche Bedeutung.

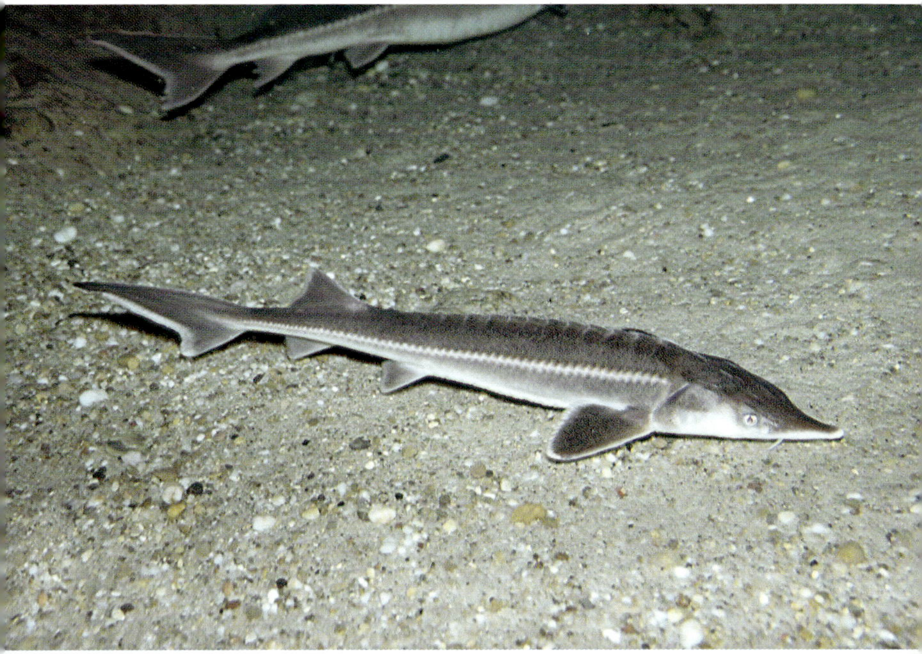

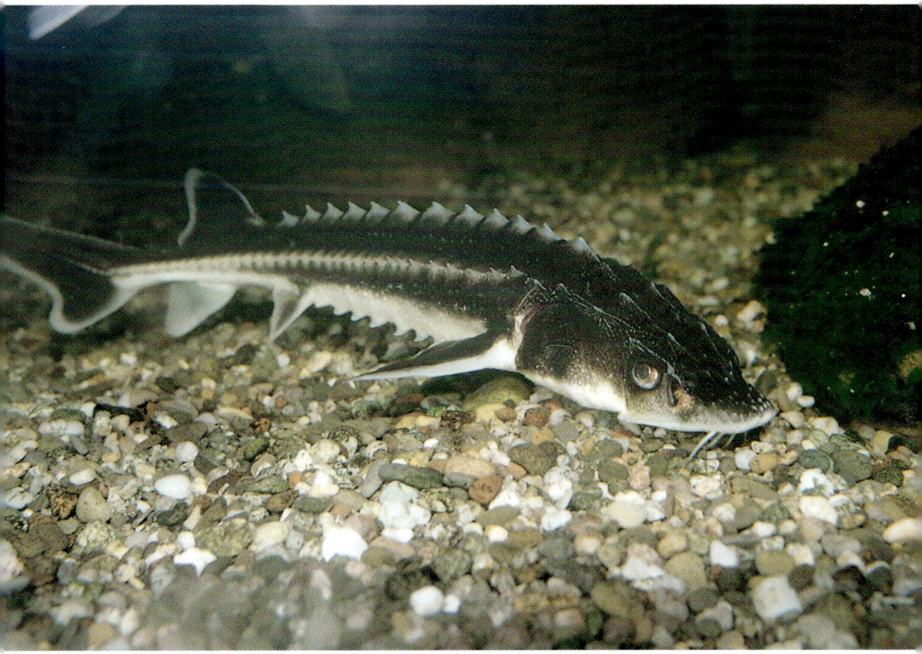

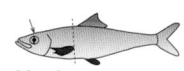

Hering

Clupea harengus (LINNAEUS, 1758)
Familie: Clupeidae, Heringe

Merkmale: Schlanker, seitlich abgeflachter Körper mit leicht oberständigem Maul und tief gegabelter Schwanzflosse. Die Seitenlinie fehlt. Das Auge ist mit einem durchsichtigen Fettlid versehen. Die Bauchflossenbasis liegt hinter dem vorderen Ansatz der Rückenflosse. Flossen: D 17–21, A 14–20, P 15–19, V 7–10. Die Kiemendeckel sind glatt und nicht radiär gestreift. Färbung: Rücken dunkelgrau oder grün, Flanken silbrig. Länge: bis 30 cm.

Verbreitung: Nordatlantik, in Europa von Grönland und Skandinavien im Norden bis zur Bretagne im Süden. Nord- und Ostsee, fehlt im Mittelmeer. Innerhalb des Verbreitungsgebietes gibt es mehrere lokale Unterarten.

Biologie: Der Hering bewohnt schwarmbildend und z. T. in hohen Bestandsdichten die Freiwasserregion küstennaher Gewässer in Tiefen bis 250 m. Er kommt meist nachts an die Wasseroberfläche und zieht sich tagsüber in größere Tiefen zurück. Er hält sich oft in Bereichen auf, wo sich nährstoffreiches Tiefenwasser mit warmen Wasserschichten mischt. Seine Nahrung besteht aus Zooplankton (hauptsächlich Kleinkrebse), das mit Hilfe der Kiemenreusen aus dem Wasser gefiltert wird. Die erwähnten Unterarten unterscheiden sich im Hinblick auf die Größe, die Wachstumsgeschwindigkeit, das Wanderverhalten, die Laichzeit und den Laichplatz.

Fortpflanzung: Pro Rogener werden in 40 bis 70 m Tiefe bei einer Wassertemperatur von 5°C 20 000–50 000 Eier gelegt, die zum Grund sinken und am Substrat haften. Die Eier haben einen Durchmesser von 1,2–1,5 mm. Die ca. 7–9 mm langen Larven schlüpfen nach 2–4 Wochen und schwimmen zur Wasseroberfläche, wobei sie sich am Licht orientieren (phototaktisch). Die Schuppen bilden sich bei einer Länge von 4 cm. Jungheringe schließen sich gelegentlich mit Sprotten zusammen. Die Geschlechtsreife tritt nach 3–7 Jahren ein. Heringe können über 20 Jahre alt werden.

Wissenswertes: Der Hering ist einer der wirtschaftlich bedeutendsten Speisefische. Im Atlantik werden jährlich über 2 Millionen Tonnen gefangen. In verschiedenen Gewässern haben sich seine Bestände infolge andauernder Überfischung rückläufig entwickelt.

Sprotte

Sprattus sprattus (LINNAEUS, 1758)
Familie: Clupeidae, Heringe

Merkmale: Langgestreckter, spindelförmiger Körper mit geknickten Kielschuppen am Bauch, einer gegabelten Schwanzflosse und einem oberständigen Maul. Die Rückenflosse sitzt hinter oder über den Bauchflossen. Augen mit schmalen Fettlidern. Glatte Kiemendeckel. Flossen: D 15–19, A 17–22, P 15–17, V 6–8. Färbung: Rücken blau, Flanken und Bauch silbrig. Länge: bis 16 cm.

Verbreitung: Nordostatlantik von Skandinavien bis Marokko, in der Nordsee, in der Ostsee (dort eigene Unterart), im Mittelmeer und im Schwarzen Meer.

Biologie: Die Sprotte ist ein schwarmbildender Freiwasserfisch der Küsten, der sich tagsüber in Tiefen bis 150 m aufhält und meist nur nachts an die Wasseroberfläche aufsteigt. Oft lassen sich ausgedehnte Wanderungen zwischen den Weidegründen und Laichplätzen beobachten. Die Jungfische fressen u. a. Kieselalgen, ältere dagegen hauptsächlich Zooplankton (meist Kleinkrebse).

Fortpflanzung: Im Verbreitungsgebiet haben die einzelnen Populationen unterschiedliche Laichzeiten. Der pro Rogener bis 10 000 Eier (ca. 1 mm ∅) umfassende Laich wird meist in 10–20 m Tiefe in küstennahen Gewässern abgegeben und schwebt im Wasser, bis die 4 mm langen Larven nach etwa 1 Woche schlüpfen. Sprotten werden mit 2 Jahren geschlechtsreif und können 6 Jahre alt werden.

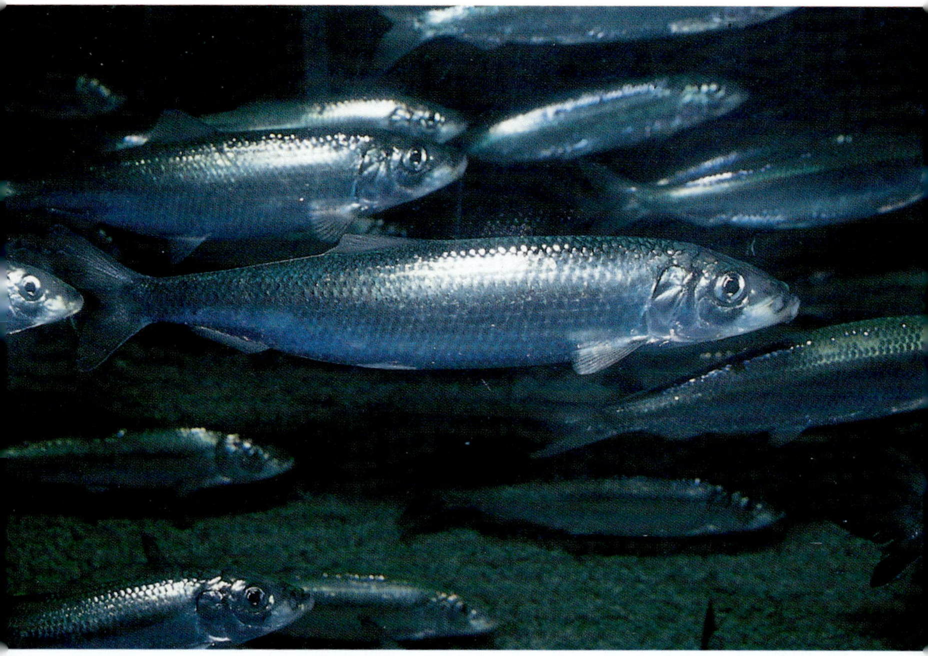

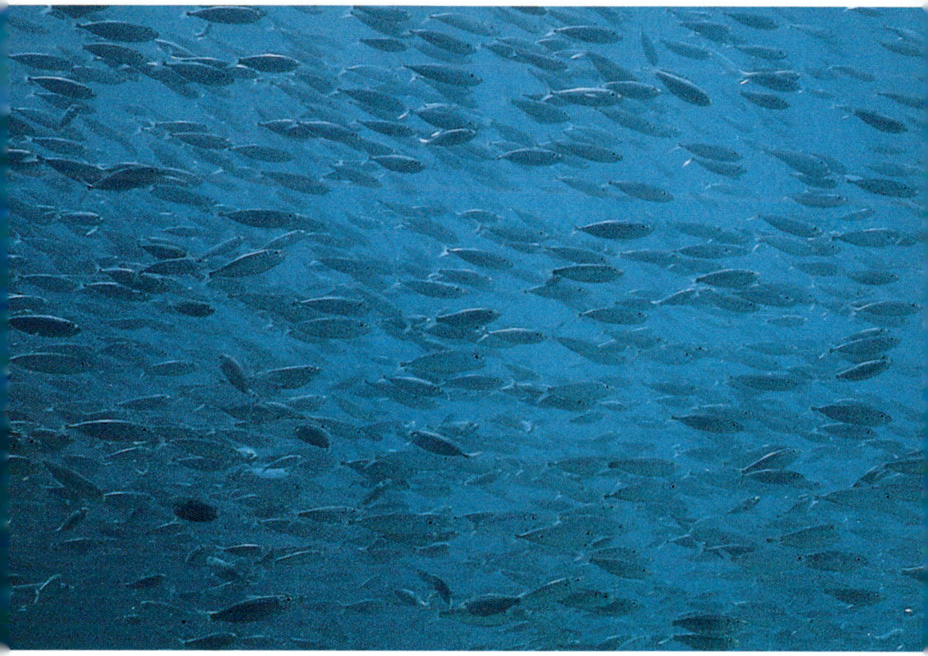

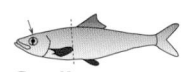

Sardine

Sardina pilchardus (WALBAUM, 1792)
Familie: Clupeidae, Heringe

Merkmale: Langgestreckter Körper mit weitem Maul, strahlenförmig gefurchten Kiemendeckeln und tief gegabelter Schwanzflosse. Der Vorderrand der Rückenflosse liegt vor dem Ansatz der Bauchflossen. Flossen: D 17–18, A 17–18, P 16–17, V 8. Färbung: Rücken grün oder bläulich schimmernd, Flanken und Bauch silbrig. Länge: bis 25 cm.

Verbreitung: Nordostatlantik von Island und Skandinavien im Norden bis zum Senegal im Süden, Kanarische Inseln, westliches und nördliches Mittelmeer und Schwarzes Meer. Fehlt in der nördlichen Nordsee und in der Ostsee.

Biologie: Schwarmfisch küstennaher Meere, der ausgedehnte Wanderungen unternimmt. Nahrung: Plankton, Fischeier und -brut.

Fortpflanzung: Die Laichzeit erstreckt sich im Ärmelkanal von April bis November, in der Biskaya von Februar bis April und im Mittelmeer von November bis Juni. Pro Rogener werden in Küstennähe 50 000–60 000 pelagische Eier abgegeben, aus denen nach 2–4 Tagen die 4 mm langen Larven schlüpfen. Wird nach 3 Jahren geschlechtsreif.

Maifisch

Alosa alosa (LINNAEUS, 1758)
Familie: Clupeidae, Heringe

Merkmale: Seitlich abgeflachter Körper mit kurzer Rückenflosse und leicht oberständigem Maul. Die Augen haben unbewegliche Fettlider. Die Seitenlinie fehlt. Färbung: Rücken blaugrün, Flanken und Bauch silbrigweiß. Am oberen Rand befindet sich ein großer schwarzer Fleck, dahinter oft 1–2 verwaschene Flecken. Flossen: D IV–V/13–17, A III/17–22, P I/13–15, V I/7–8. Länge: 35–40 cm (max. 70 cm).

Verbreitung: Küstengewässer und Zuflüsse des Nordostatlantiks und des westlichen Mittelmeeres.

Biologie: Schwarmfisch, der Küstengewässer und Flussmündungen besiedelt und sich von Zooplankton (meist Kleinkrebse) ernährt, das mit Hilfe der Kiemenreusen aus dem Wasser gefiltert wird.

Fortpflanzung: Anadromer Wanderer, der meist im Mai (Name) die Flüsse aufsteigt, um dort zu laichen (früher im Rhein bis Basel, in der Elbe bis Dresden). Der pro Rogener 100 000–200 000 Eier (ca. 1,6 mm Ø) umfassende Laich quillt stark auf und sinkt auf den Grund. Die Larven schlüpfen nach 4–8 Tagen. Mit einer Länge von 8–12 cm ziehen die Jungfische im Herbst ins Meer, wo sie nach 3–4 Jahren geschlechtsreif werden.

Wissenswertes: Maifische waren wegen ihres zarten Fleisches früher geschätzte Speisefische, die in großen Mengen in den Flüssen gefangen wurden. In Deutschland vom Aussterben bedroht.

Sardelle, Anchovis

Engraulis encrasicholus (LINNAEUS, 1758)
Familie: Engraulidae, Sardellen

Merkmale: Langgestreckter, schlanker Körper, mit weitem, unterständigem Maul. Seitenlinie und Fettlider fehlen. Flossen: D 15–18, A 20–26, P 15–17, V 7. 44–50 Schuppen entlang der Flanken. Oberseite blaugrün, Unterseite silbrig gefärbt. Entlang der Flanken erstreckt sich ein silbrigblaues Längsband. Länge: bis 18 cm.

Verbreitung: Im Ostatlantik von der Nordsee und dem Ärmelkanal bis Westafrika; Mittelmeer, Schwarzes Meer und Asowsches Meer.

Biologie: Schwarmfisch der Freiwasserregion; hält sich im Sommer meist in küstennahen Gewässern auf. Ernährt sich von Zooplankton.

Fortpflanzung: Die Eiablage erfolgt in Ärmelkanal und Nordsee von April bis August und im Mittelmeer von April bis September (Portionslaicher). Pro Weibchen bis 20 000 ovale Eier, die 2–4 Tage pelagisch im Wasser treiben.

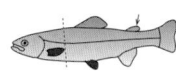

Lachs

Salmo salar (LINNAEUS, 1758)
Familie: Salmonidae, Lachsfische

Merkmale: Der Lachs hat einen langgestreckten, torpedoförmigen Körper mit weitem Maul und einer Fettflosse. Die Milchner bilden in der Laichzeit einen hakenförmigen Unterkiefer aus (Laichhaken) (Foto mitte). Von der Meerforelle unterscheidet sich der Lachs u. a. durch den schmaleren Schwanzstiel, die leicht eingeschnittene Schwanzflosse und die unbezahnte Pflugscharbeinplatte. Flossen: D III–IV/9–11, A III/7–8, P I/13, V I/8. Länge: bis 120 cm (max. 150 cm) und 36 kg schwer.
Verbreitung: Nordostatlantik, Nord- und Ostsee sowie die einmündenden Flüsse. Fehlt im Mittelmeer.
Biologie: Fische, die zum Zweck der Fortpflanzung wandern und dabei größere Entfernungen zurücklegen, nennt man Wanderfische. Diese sind in Europa durch zahlreiche Arten vertreten. Auch innerhalb einer Art können sowohl stationäre als auch wandernde Formen auftreten. So ist z. B. die Bachforelle *(Salmo trutta fario)* eine stationäre Form der wandernden Meerforelle *(Salmo trutta trutta)*. Man unterscheidet zwischen den anadromen (gr.»anadrom«, aufwärts ziehend) Wanderarten, die im Meer heranwachsen und zum Laichen in die Flüsse ziehen, wie der Lachs, und den katadromen (gr.»katadrom«, abwärts ziehend) Arten, die zum Laichen ins Meer wandern, wie z. B. der Aal *(Anguilla anguilla)*. Wandert eine Art innerhalb von Flüssen oder Seen, bezeichnet man sie als diadrome Wanderart. Vom Zeitpunkt des Laichaufstiegs abhängig unterscheidet man Sommer- und Winterlachse.
Fortpflanzung: Von einem Rogener werden bis 40 000 Eier (5–6 mm ∅) an überströmten Bereichen mit Kiesgrund in eine geschlagene Grube gelegt und danach mit Kies bedeckt. Die Larven schlüpfen je nach Wassertemperatur nach 70–200 Tagen. Die Junglachse ziehen nach 1–3 Jahren ins Meer, wo sie heranwachsen, bis sie geschlechtsreif werden.
Wissenswertes: Geschätzter Angel- und Speisefisch, der in Aquakulturen gezüchtet wird. Wanderhindernisse und die Zerstörung ursprünglicher Laichgewässer verursachten einen drastischen Rückgang der natürlichen Lachsbestände. Da der Lachs vom Aussterben bedroht ist, versucht man, diese Art im Rahmen von Besatz- und Renaturierungsmaßnahmen wieder in geeigneten Gewässern anzusiedeln (Programm Lachs 2000).

Huchen, Donaulachs

Hucho hucho (LINNAEUS ,1758)
Familie: Salmonidae, Lachsfische

Merkmale: Langgestreckter, drehrunder Körper mit abgeflachtem Kopf, weitem, bis hinter die Augen reichendem Maul und großer Fettflosse. Flossen: D III–IV/9–10, A IV–V/7–9, P I/14–16, V I/8–9. Anzahl der Schuppen entlang der Seitenlinie 107–197. Färbung: Graubraun mit kleinen schwarzen Flecken. Länge: bis 60 cm, selten bis 1,5 m und bis 50 kg schwer.
Verbreitung: Flüsse im Einzugsgebiet der Donau (Äschen- und Barbenregion).
Biologie: Bewohner schnell fließender, sauerstoffreicher Gewässer mit kiesigem Grund. Standfisch, der sich bevorzugt an tiefen und geschützten Uferpartien aufhält und sich erwachsen hauptsächlich von Fischen ernährt (Nasen, Elritzen, Äschen, Barben).
Fortpflanzung: Laichzeit von März bis April, nach kurzen Laichwanderungen werden an seichten Stellen mit Kiesgrund Gruben ausgehoben, in welche die Weibchen bis zu 25 000 Eier (5 mm ∅) legen. Bei 8–10 °C schlüpft die Brut nach 35 Tagen und wächst schnell heran. Huchen werden nach 3–4 Jahren geschlechtsreif.
Wissenswertes: Beliebter Angel- und Speisefisch. Der Ausbau und die Verschmutzung haben zur Beeinträchtigung von Gewässern geführt, die ursprünglich vom Huchen besiedelt wurden. Durch den Rückgang geeigneter Lebensräume ist der Huchen vom Aussterben bedroht.

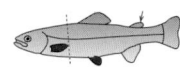
Meerforelle

Salmo trutta trutta (LINNAEUS, 1758)
Familie: Salmonidae, Lachsfische

Merkmale: Die Meerforelle ist langgestreckt und torpedoförmig. Sie hat ein weites, bis unter das Auge reichendes Maul und eine Fettflosse. Vom Lachs unterscheidet sich die Meerforelle u. a. durch den breiteren Schwanzstiel, das auf Platte und Stiel bezahnten Pflugscharbein und die am freien Rand gerade Rückenflosse. Färbung: Rücken und Flanken blaugrau bis grün, Bauch weiß; ältere Exemplare mit zahlreichen dunklen Flecken. Flossen: D III/9–11, A III/8–9, P I/12–13, V I/8. Länge: bis 1 m.

Verbreitung: Nordostatlantikküste von Island und Skandinavien bis Portugal, Nord- und Ostsee.

Biologie: Die Meerforelle ist ein anadrome Wanderart, die im Mündungsbereich von Flüssen lebt und von Juli bis November zum Laichen in diese aufsteigt. Das Laichen erfolgt von Dezember bis März im Oberlauf der Flüsse, an kiesigen, überströmten Stellen. Dabei werden pro Rogener bis 10 000 Eier abgelegt. Nach dem Schlüpfen bleiben die Jungforellen 2–5 Jahre im Süßwasser, danach wandern sie ins Meer. Erwachsene Exemplare ernähren sich von Krebsen und kleinen Fischen.

Wissenswertes: Die Meerforelle, die Seeforelle und die Bachforelle werden in der Literatur einer Art zugeordnet, *Salmo trutta*. In der Natur sind sie im Hinblick auf ihre ökologischen Ansprüche und durch ihr Verhalten weitgehend voneinander isoliert. Während die Meerforelle die anadrome Wanderform repräsentiert, lebt die Bachforelle stationär im Oberlauf von Flüssen und die Seeforelle insbesondere in großen, kühlen Stillgewässern. Wahrscheinlich stammen die in Binnengewässern stationären Populationen von anadromen Vorfahren ab, von denen sie sich morphologisch unterscheiden lassen. Dabei wird angenommen, dass die Merkmalsänderungen weitgehend durch Umwelteinflüsse festgelegt werden. Individuen von verschiedenen Formen können miteinander fertile Nachkommen haben. Wanderhindernisse entlang der Flüsse und die Verschmutzung der Gewässer verursachten den Rückgang der Meerforelle. Gegenwärtig wird versucht, die Bestände durch Besatz zu stützen. Geschätzter Angel- und Speisefisch.

Seeforelle

Salmo trutta f. *lacustris* LINNAEUS, 1758
Familie: Salmonidae, Lachsfische

Merkmale: Körperbau wie bei der Meerforelle. Bezahnung des Pflugscharbeins: Platte 4–6 Zähne, auf dem Stiel 1 einfache Reihe vorn und 2 Reihen alternierend gebogene Zähne hinten. Färbung: Rücken graublau, Flanken silbrig, Bauch weißlich. Bei älteren Exemplaren befinden sich auf den Flanken unregelmäßige, dunkle (selten auch braune) Flecken. Flossen: D III/8–11, A III/7–8, P I/12–13, V I/8. Länge: 40–80 cm, selten bis über 1 m. In Extremfällen können sie bis 35 kg Gewicht erreichen.

Verbreitung: Tiefe Seen im Alpenraum (bis auf 1800 m Höhe), in Skandinavien und auf den Britischen Inseln und Irland.

Biologie: Die Seeforelle lebt im Gegensatz zur Bachforelle stationär in tiefen, klaren, sauerstoffreichen Seen mit Kies- und Geröllgrund. Jungfische ernähren sich von wirbellosen Kleintieren, ältere dagegen überwiegend von Fischen. Juvenile Exemplare bevorzugen die Freiwasserregion als Jagdreviere, ältere dagegen lauern meist am Grund auf Beutefische.

Fortpflanzung: In der Laichzeit haben die Männchen einen Laichhaken. Von Oktober bis Dezember ziehen sie in die Zuflüsse der Seen bzw. an die Uferregion. Dort legen die Weibchen in Gruben bis zu 30 000 Eier (5–6 mm ⌀).

Wissenswertes: Die Eutrophierung und Verschmutzung der Seen, Aufstiegshindernisse, welche die Laichwanderungen erschweren, und die Konkurrenz durch ausgesetzte Arten, wie die Regenbogenforelle, gefährden die Bestände der Seeforellen.

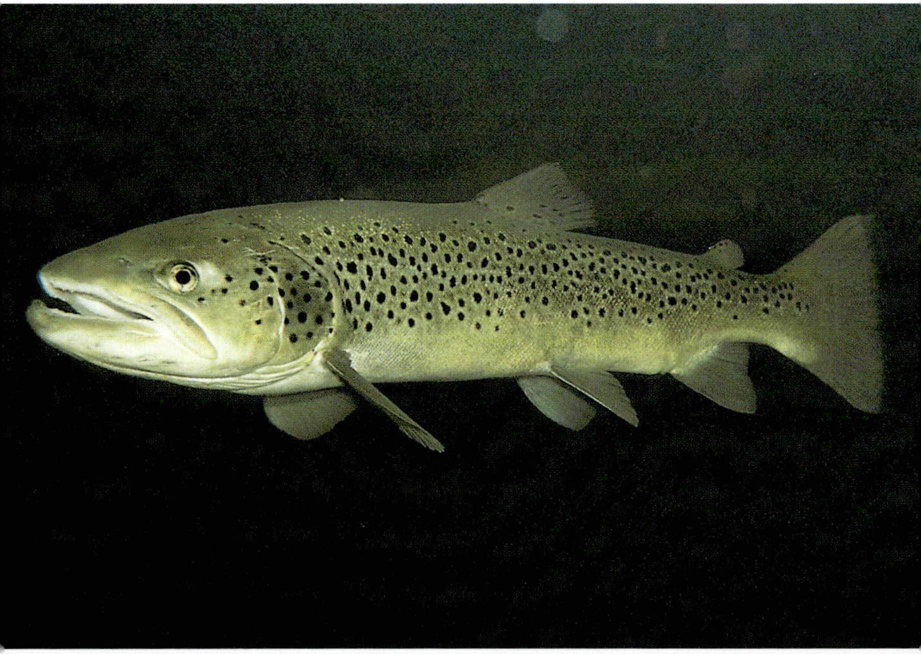

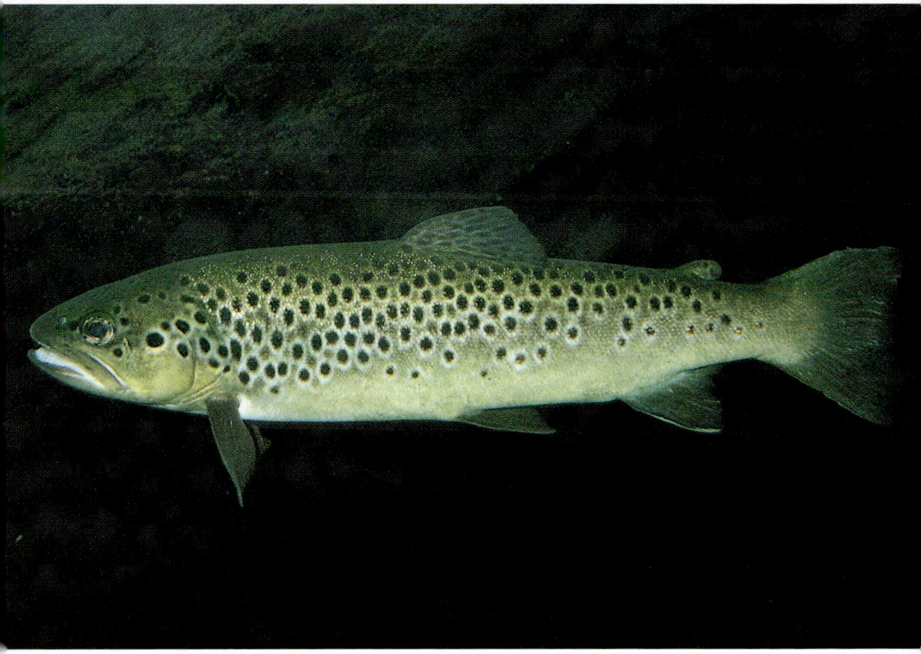

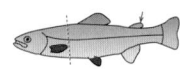

Bachforelle

Salmo trutta f. *fario* LINNAEUS, 1758
Familie: Salmonidae, Lachsfische

Merkmale: Körperbau wie bei der Bachforelle. Mit Fettflosse. Bezahnung des Pflugscharbeins: Platte 2–6, Stiel 9–18 Zähne. Färbung: Rücken und Flanken braun bis grün, mit dunklen und roten, hell umrandeten Flecken; Bauch weißlich; Jungfische mit 6–9 dunklen Querbinden. Flossen: D III–IV/ 9–12, A III–IV/6–10, P I/10–13, V I/7–10. Länge: 20–30 cm, selten bis 60 cm.

Verbreitung: Von Europa bis Asien. Gilt als begehrter Speisefisch und wurde durch Besatz weltweit verbreitet.

Biologie: Bewohnt stationär als Leitfisch der Forellenregion klare, kühle, sauerstoffreiche Fließgewässer und Seen mit Kies- oder Geröllgrund (in den Alpen bis in 2500 m Höhe). Ältere Exemplare sind revierbildend und standorttreu.

Nahrung: wirbellose Kleintiere (z. B. Bachflohkrebse), Anfluginsekten, Fische (Elritzen, Schmerlen, Groppen), Fischlaich und Amphibien.

Fortpflanzung: Die Laichzeit liegt zwischen Oktober und Januar. Das Weibchen schlägt an kiesigen Stellen Gruben, in die es 500–1500 klebrige, rötliche Eier (4–5 mm ∅) legt. Das Männchen gibt die Spermien hinzu und bedeckt den Laich anschließend mit Kies. Die nach 2–4 Monaten schlüpfenden Larven (Foto Mitte links) halten sich im Kieslückensystem versteckt, bis der Dottervorrat aufgebraucht ist. Die Männchen werden meist im 2., die Weibchen im 3. Jahr geschlechtsreif.

Wissenswertes: Die Bachforelle ist durch eine Vielzahl von Faktoren in ihrem Bestand gefährdet. Bach-, See- und Meerforelle sind morphologisch und im Hinblick auf ihre Ökologie unterscheidbare Formen einer Art (daher der gleiche wissenschaftliche Gattungs- und Artname).

Regenbogenforelle

Oncorhynchus mykiss (WALBAUM, 1792)
Familie: Salmonidae, Lachsfische

Merkmale: Langgestreckter, seitlich abgeflachter Körper mit hohem Schwanzstiel und weiter Mundspalte. Beim Pflugscharbein sind Platte und Stiel bezahnt. Fettflosse. Färbung: Rücken braun bis olivgrün, entlang der Flanken ein breites, rosa schillerndes Band, Bauch silbrig glänzend. Sowohl auf dem Körper als auch auf der Schwanz-, Rücken- und Fettflosse befinden sich zahlreiche kleine, dunkle Flecken. Jungfische (bis 12 cm) mit 11–13 großen dunklen Flecken auf den Flanken (Foto Mitte rechts). Länge: bis 35 cm (selten bis 70 cm lang und bis 7 kg schwer). Flossen: D IV/10, A III/10, P I/12, V I/8.

Verbreitung: Neuere Untersuchungen haben gezeigt, dass die aus Nordamerika stammenden Regenbogenforellen eng mit den pazifischen Lachsen verwandt sind. Durch umfangreiche Besatzmaßnahmen ist diese Art mittlerweile weltweit verbreitet.

Biologie: In der nordamerikanischen Heimat gibt es anadrome und stationäre Formen. Bei uns ernähren sich verwilderte Bestände wie heimischen Formen der Bachforelle.

Fortpflanzung: Die Laichzeit liegt abhängig vom Gewässer zwischen Oktober und Mai. Beide Elternteile schlagen Laichgruben, in die der Rogener bis zu 2000 Eier (4 mm ∅) legt. Nach 100–150 Tagen schlüpft die Brut. Die Jungfische wachsen schnell heran und werden nach 2–3 Sommern geschlechtsreif. Neuere Untersuchungen haben gezeigt, dass es auch in unseren Gewässern zu einer natürlichen Fortpflanzung kommen kann.

Wissenswertes: Beliebter Speisefisch mit wirtschaftlicher Bedeutung. Da Regenbogenforellen im Vergleich zu heimischen Bachforellen höhere Wassertemperaturen und niedrigere Sauerstoffkonzentrationen vertragen, weniger Versteckmöglichkeiten benötigen und sich bereitwilliger mit Kunstfutter ernähren lassen, züchtet man sie als Speisefisch in Teichwirtschaften und setzt sie sowohl in stehende Gewässer als auch in Flüsse und Bäche aus.

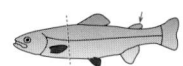

Bachsaibling

Salvelinus fontinalis (MITCHILL, 1815)
Familie: Salmonidae, Lachsfische

Merkmale: Lachsähnlicher torpedoförmiger Körper mit einer Fettflosse. Die weite Mundspalte reicht bis hinter die Augen. Ältere Exemplare bilden gelegentlich einen Buckelrücken aus. Färbung: Rücken braungrün marmoriert, Flanken mit gelben und (blau umschlossenen) roten Punkten. Paarige Flossen und Afterflosse mit weiß-schwarzem Saum. Seitenlinie mit 160–230 Schuppen. Flossen: D III/9–10, A III/9–11, P I/10–12, V I/7. Länge: bis 45 cm.

Verbreitung: Die im Osten Nordamerikas beheimateten Bachsaiblinge wurden ab 1884 in europäischen Binnengewässern ausgesetzt.

Biologie: Stationärer Bewohner kalter, sauerstoffreicher Fließgewässer (Forellenregion) und Seen. Nahrung: Jungfische ernähren sich von wirbellosen Bodentieren und Anflugnahrung, Erwachsene vorwiegend von Fischen.

Fortpflanzung: Bachsaiblinge laichen in den Monaten von Oktober bis März. Die bis zu 4000 Eier (4 mm ∅) werden in Gruben auf kiesigem Grund abgelegt und anschließend mit Kies bedeckt. Die Geschlechtsreife tritt bei Männchen nach 2, bei Weibchen nach 3 Jahren ein.

Wissenswertes: Beliebter Speisefisch. In der Natur kommt es gelegentlich zur Bastardisierung mit der Regenbogenforelle. Die Nachkommen sind steril.

Wandersaibling, Seesaibling

Salvelinus alpinus (LINNAEUS, 1758)
Familie: Salmonidae, Lachsfische

Merkmale: Variable Art. Torpedoförmiger Körper. Weite Mundspalte. Pflugscharbein-Stiel zahnlos. Fettflosse. Vorderrand der paarigen Flossen und der Afterflosse (im Gegensatz zum Bachsaibling) nur weiß gesäumt. Färbung: Rücken und Flanken braun bis olivgrün, mit gelben oder rötlichen Punkten. Bauch gelborange, beim Männchen zur Laichzeit hellrot. Flossen: D III/9–10, A III/8–10, P I/12–13, V I/8. Aus der zirkumpolar verbreiteten anadromen Stammform des Wandersaiblings (*S. alpinus* L.) haben sich stationäre Unterarten wie die Seesaiblinge in den Alpen- und Voralpenseen (*S. alpinus salvelinus* L., *S. a. umbla* L. und *S. a. salmerinus* L.) entwickelt. Bei den beiden ersteren Unterarten unterscheidet man noch 3 lokale bzw. ökologische Formen: Tiefseesaibling (Schwarzreuter) bis 25 cm, Normalsaibling bis 40 cm und Wildfangsaibling bis 75 cm Länge.

Verbreitung: Die stationären Populationen dieser Art in verschiedenen Seen im Bereich der Alpen und Voralpen sind wahrscheinlich Relikte aus der Eiszeit. Über Schmelzwasserrinnen gelangten anadrome Wanderformen in mitteleuropäische Binnengewässer. Als kaltstenotherme Fische konnten sie nach der Erwärmung des Klimas und dem Schmelzen des Eises nur in den Gebirgsseen überleben, wo sie in Anpassung an die nährstoffarmen Verhältnisse zwergwüchsige Formen ausbildeten. Auf den Britischen Inseln und in Skandinavien gibt es auch anadrome Populationen dieser Art.

Biologie: Freiwasserbewohner der Küstengewässer und Zuflüsse des nördlichen Eismeeres sowie größerer, sauerstoffreicher Seen. Nahrung: je nach Form und Alter Zooplankton, wirbellose Bodentiere und Fische.

Fortpflanzung: Die anadrome Stammform des Wandersaiblings zieht von September bis Oktober flussaufwärts. Das Ablaichen erfolgt in einigen Gebieten im gleichen Jahr, in anderen im darauf folgenden. Pro kg Körpergewicht werden vom Weibchen 3000–4000 Eier (3–4 mm ∅) gelegt. Die Laichzeiten und -substrate sind bei den stationären Unterarten und Lokalformen unterschiedlich.

Wissenswertes: Beliebter Speisefisch. In Deutschland stark gefährdet.

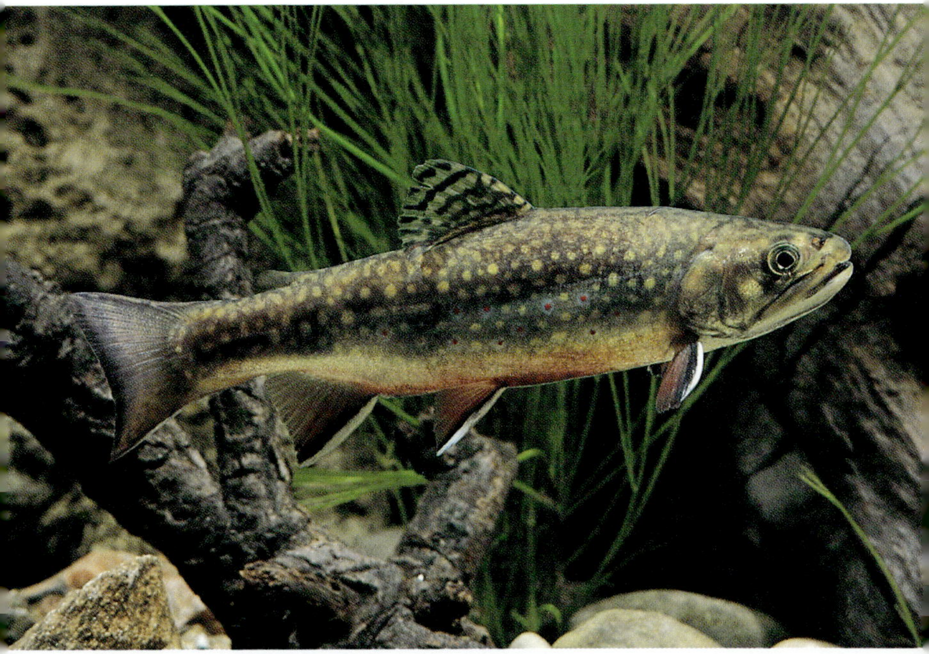

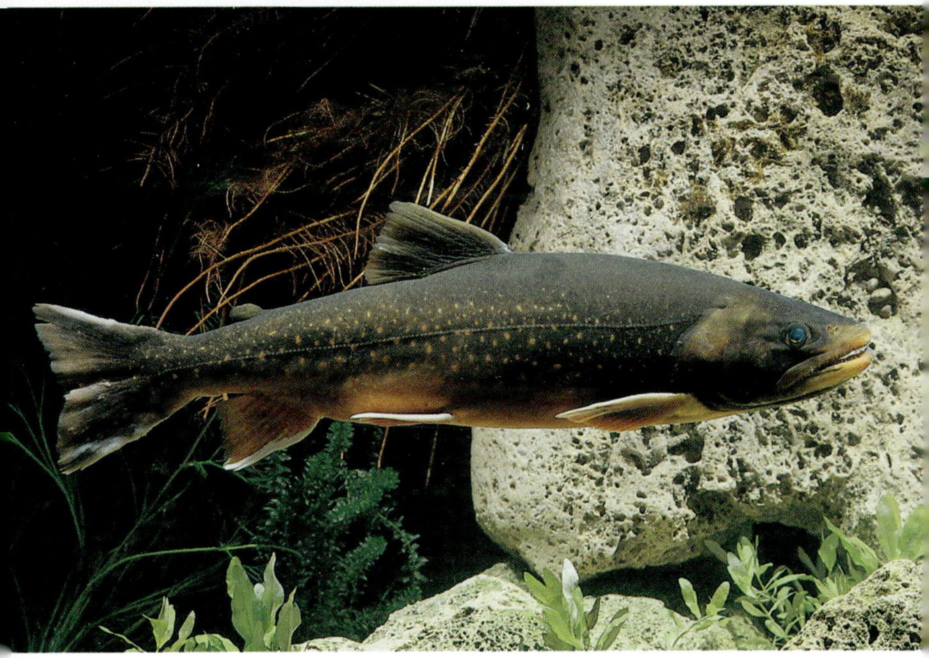

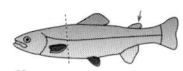

Äsche

Thymallus thymallus (LINNAEUS, 1758)
Familie: Thymallidae, Äschen

Merkmale: Gestreckter, seitlich abgeflachter Körper mit Fettflosse. Kleiner Kopf mit einer spitzen Schnauze und leicht unterständigem Maul. Die Pupille ist nach vorne spitz ausgezogen. Männchen mit charakteristischer, fahnenartig verlängerter Rückenflosse. Färbung: Rücken graugrün bis bläulich; Flanken und Bauch silbrig weiß, mit messinggelben Längsstreifen. Kleine dunkle Punkte verteilen sich unregelmäßig, besonders auf dem Vorderkörper. Die Rückenflosse ist leuchtend pupur gefärbt und dunkel gefleckt. Jungfisch siehe Foto Mitte links. Flossen: D V–VII/14–17, A III–V/9–10, P I/15–16, V I/10–11. Länge: 25–35 cm, selten bis 60 cm.

Verbreitung: Unregelmäßig von Ostfrankreich über Mittel- bis nach Osteuropa. Darüber hinaus in England und weiten Teilen Skandinaviens.

Biologie: Lebt stationär in schnell fließenden und strukturierten Bächen und Flüssen mit klarem, sauerstoffreichem Wasser und Kies- oder Sandgrund. In Skandinavien kommt sie auch in klaren Seen vor. Die Äsche hält sich bevorzugt in der Gewässermitte oder am Rand tiefer Gumpen auf. Die Nahrung besteht aus wirbellosen Kleintieren (z. B. Bachflohkrebse, Insektenlarven, Schnecken), Anfluginsekten und kleinen Fischen.

Fortpflanzung: Die Laichzeit liegt zwischen März und Mai. Das Weibchen schlägt an überströmten, kiesigen Stellen Gruben aus, in die bis 6000 bernsteinfarbene Eier (3–4 mm Ø) gelegt werden. Der Laich wird nach der Befruchtung mit Kies bedeckt, da er nicht am Substrat kleben bleibt. Die Brut schlüpft nach etwa 2–4 Wochen und hält sich bis zum Freischwimmen zwischen Steinen versteckt. Männchen werden manchmal schon nach 2, die Weibchen erst nach 4 Jahren bei einer Länge von 30 cm geschlechtsreif.

Wissenswertes: Ihr Fleisch duftet nach Thymian, daher auch der wissenschaftliche Name Thymallus. Die Verschmutzung der Gewässer und die Zerstörung geeigneter Biotope durch gewässerbauliche Maßnahmen haben zum Rückgang dieser in Deutschland gefährdeten Art geführt.

Stint

Osmerus eperlanus (LINNAEUS, 1758)
Familie: Osmeridae, Stinte

Merkmale: Der Stint ist langgestreckt und schlank. Er hat ein weites, oberständiges Maul und eine Fettflosse. Seine feinen Schuppen fallen bei Berührung leicht ab. Die Seitenlinie endet über den Brustflossen. Flossen: D III/7–8, A III/10–13, P I/9–10, V II/7. Färbung: Rücken grau, Flanken und Bauch silbrig. Gefangene Stinte riechen nach frischen Gurken. Länge: Binnenstinte bis 15 cm, selten bis 20 cm, Wanderstinte bis 20 cm, selten bis 30 cm (Foto mitte rechts).

Verbreitung: Nordostatlantik von Nordskandinavien bis zur Biskaya, Nord- und Ostsee (See- oder Wanderstint, Mitte unten) sowie in Seen und Flüssen Norddeutschlands (Binnenstint, *O. eperlanus* f. *spirinchus* PALLAS, unten).

Biologie: Pelagisch lebender Schwarmfisch, der Küstengewässer und Flussmündungen in Tiefen bis 30 m besiedelt und sich hauptsächlich von Planktonkrebsen ernährt.

Fortpflanzung: Die anadromen Formen ziehen in der von März bis April reichenden Laichzeit in die Flüsse, um an seichten Stellen mit Sandgrund oder an Wasserpflanzen zu laichen. Dabei werden pro Rogener bis 40 000 Eier (0,6 bis 0,9 mm Ø) abgegeben. Diese sinken zum Grund und bleiben am Substrat kleben. Dabei platzt die äußere Eihülle und bildet ein Füßchen, mit dem das Ei am Substrat haften bleibt. Nach dem Laichgeschäft stirbt ein Großteil der Tiere (monozyklisch). Von der Wassertemperatur abhängig schlüpft die Brut nach 2–5 Wochen. Wanderstinte werden nach 3–4, Binnenstinte nach 1–2 Jahren geschlechtsreif. Stinte können bis 10 Jahre alt werden.

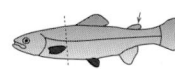

Nordseeschnäpel, Kleine Schwebrenke

Coregonus oxyrhynchus (LINNAEUS, 1758)
Familie: Coregonidae, Maränen

Merkmale: Variable Art mit langgestrecktem, seitlich abgeflachtem Körper. Wandernde Formen mit nasenartig verlängerter Schnauze. 35–44 Reusendornen auf dem 1. Kiemenbogen. Der 3. und längste Strahl der Rückenflosse ist verknöchert und am Hinterrand gesägt. Färbung: Rücken grau bis olivgrün, Flanken und Bauch silbrig (manchmal mit rötlichem Schimmer). Flossen: D III/8–9, A III/5, P II/15–17, V II/8. Länge: 30 bis 50 cm, max. 90 cm.
Verbreitung: Küsten der Britischen Inseln und Skandinaviens. Nord- und Ostsee, sowie Seen im Einzugsgebiet der Ostsee und der Voralpen.

Biologie: Schwarmfisch, der in der Freiwasserregion von Küsten, Flussmündungen und Seen lebt und sich von Plankton und wirbellosen Benthosorganismen ernährt. Neben den stationären, in Binnenseen vorkommenden Formen gibt es anadrome Wanderformen, die aus dem Meer in die Flüsse aufsteigen, um am seichten Ufer über hartem Grund zu laichen.

Wissenswertes: Schleusen und Wehre behindern seine Laichwanderungen und durch die Gewässerverschmutzung wurden ursprüngliche Laichhabitate zerstört, so dass die wandernden Formen stark zurückgegangen und bedroht sind.

Ostseeschnäpel, Blaufelchen

Coregonus lavaretus (LINNAEUS, 1758)
Familie: Coregonidae, Maränen

Merkmale: Variable Art, die innerhalb ihres Verbreitungsgebietes in zahlreichen Formen und Unterarten vorkommt. Sie hat einen langgestreckten, seitlich abgeflachten Körper mit einer Fettflosse. Manche Bestände in der Ostsee bilden eine nasenartig verlängerte Schnauze aus (Ostseeschnäpel). 25–39 (meist 30–34) Reusendornen auf dem 1. Kiemenbogen. Färbung: Rücken blaugrün oder dunkelgrün, Flanken und Bauch silbrig glänzend. Flossen: D III/V/ 9–13, A III/11–14, P I/15–17, V I–II/9–7. Länge: 30–50 cm, selten bis 60 cm.

Verbreitung: Nord- und Ostsee, deren Zuflüsse sowie in Seen des Alpen- und Voralpengebietes (Blaufelchen).

Biologie: Bei den Maränen lassen sich 2 ökologische Formen unterscheiden: Schwebrenken, die in der Freiwasserregion leben und sich von Zooplankton ernähren und Bodenrenken, die bodenorientiert leben und wirbellose Bodentiere fressen.

Fortpflanzung: Die an der Küste und im Brackwasser der Ostsee vorkommenden Formen sind anadrome Wanderer, die im Winter zum Laichen in die Flüsse ziehen. Die Eier werden im freien Wasser oder über hartem Grund abgelegt. Die Larven schlüpfen je nach Wassertemperatur nach 2–4 Monaten.

Kleine Maräne, Zwergmaräne

Coregonus albula LINNAEUS, 1758
Familie: Coregonidae, Maränen

Merkmale: Langgestreckter, seitlich abgeflachter Körper mit Fettflosse und oberständigem Maul. Färbung: Rücken bläulich bis grünlich, Flanken und Bauch silbrig bis weiß. Flossen: D IV/8–9; A IV/10–12; P I/14–15; V II/10. Länge: bis 30 cm.
Verbreitung: England, Schottland, Ostsee-becken. In einigen norddeutschen Seen östlich der Elbe. Im Waginger See (durch Besatz).

Biologie: Stationäre Formen leben im freien Wasser. Im Einzugsbereich der Ostsee gibt es auch anadrome Formen. Schwarmfisch. Nahrung: meist Zooplankton (Wasserflöhe), selten Anflugnahrung oder kleine Bodentiere.

Fortpflanzung: Laichzeit je nach Population von September bis Dezember. Die bis zu 5000 Eier (2 mm $\varnothing$) werden über Sand- oder Kiesgrund abgelegt.

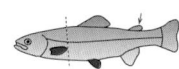

Peledmaräne

Coregonus peled GMELIN, 1789
Familie: Coregonidae, Maränen

Merkmale: Der Körper ist relativ hochrückig. Das endständige Maul trägt keine Zähne und reicht bis an das Auge. Auf dem 1. Kiemenbogen befinden sich 44–68 Reusendornen. Färbung: Rücken dunkel, Flanken und Bauch silbrig bis weiß mit metallischem Glanz. Länge: 30–40 cm (in Russland bis 70 cm).
Verbreitung: Vom Einzugsgebiet der Ostsee über Finnland bis Sibirien.

Biologie: Neben stationären Seepopulationen gibt es auch Wanderformen, die in der Laichzeit flussaufwärts wandern und auf Kies- oder Sandbänken laichen. Dabei können große Weibchen über 100 000 Eier legen. Laichzeit von September bis November. Peledmaränen ernähren sich hauptsächlich von Planktonkrebsen. Anpassungsfähig gegenüber niedrigen Sauerstoffkonzentrationen und erhöhten Wassertemperaturen.
Wissenswertes: Wirtschaftlich wichtige Art, die besonders in Russland in großen Mengen gefangen wird.

Große Maräne, Sandfelchen

Coregonus nasus (PALLAS, 1776)
Familie: Coregonidae, Maränen

Merkmale: Langgestreckter, heringsähnlicher Körper mit einer Fettflosse. Der Umfang ist größer als die halbe Körperlänge. Die kleine unterständige Mundspalte trägt keine Zähne und reicht nicht bis zum Augenrand. 20–29 (meist 24) kurze Reusendornen auf dem 1. Kiemenbogen. Färbung: Rücken blaugrau bis bräunlich, Flanken und Bauch silbrig bis weiß, mit metallischem Glanz. Länge: 50–60 cm (max. 80 cm).
Verbreitung: Flüsse (Unterlauf) und tiefe Seen im Einzugsgebiet der Ostsee und des Eismeeres sowie einige Seen in den Alpen und Voralpen.
Biologie: In den Fließgewässern kommen Wanderformen und in den Seen stationäre Formen vor. Die Nahrung besteht überwiegend aus wirbellosen Bodenorganismen wie z. B. Insektenlarven, Würmern, Muscheln und Schnecken. Fortpflanzung: Laichzeit von Oktober bis Januar; die Wanderformen ziehen flussaufwärts, Seepopulationen in seichte Uferregionen, um über kiesigem Grund zu laichen. Große Weibchen legen je nach Größe 15 000–30 000 Eier. Die Jungfische werden nach 4–5 Jahren geschlechtsreif.

Kleine Bodenrenke, Kilch

Coregonus pidschian GMELIN, 1789
Familie: Coregonidae, Maränen

Merkmale: Schlanker Körper mit unterständigem Maul. Je nach Verbreitungsgebiet 15–35 Reusendornen auf dem 1. Kiemenbogen. In den Alpen kommen besonders großäugige Formen vor. Färbung: Rücken blaugrün bis bräunlich, Flanken und Bauch silbrig bis weiß, mit metallischem Glanz. Tiefenformen sind meist sehr hell gefärbt. Länge: 20–35 cm (in den Alpen), max. bis 50 cm.
Verbreitung: Mittel- und Nordschweden, Finnland und im Norden Russlands; in Voralpen- und Alpenseen (Boden-, Chiem-, Ammer- und Thuner See). Darüber hinaus in Alaska und in Sibirien.
Biologie: Die Kleine Bodenrenke bewohnt Flüsse und Seen, dabei bildet sie sowohl wandernde als auch stationäre Formen aus. Sie bevorzugt kühles Wasser und ernährt sich im erwachsenen Stadium von wirbellosen Bodenorganismen, wie Insektenlarven, Kleinkrebsen, Muscheln und Schnecken.
Fortpflanzung: Die Laichzeit liegt zwischen September und Januar. Bei einer Wassertemperatur von 4 °C legen die Weibchen je nach Größe 8000–50 000 Eier über Sand- oder Geröllgrund. Die Jungfische werden nach 3–4 Jahren geschlechtsreif.

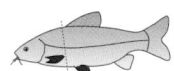
Barbe, Flussbarbe

Barbus barbus LINNAEUS, 1758
Familie: Cyprinidae, Karpfenfische

Merkmale: Der langgestreckte, schlanke Körper ist am Bauch leicht abgeflacht. Die spitz zulaufende Schnauze ist rüsselartig verlängert. Das Maul ist unterständig und von fleischigen Lippen umgeben. An der Oberlippe befinden sich 4 Barteln. Färbung: Rücken braun bis olivfarben, Flanken grünlich, mit goldfarbenem Glanz, Bauch weiß; Flossen grau bis grünlich, mit rötlichem Schimmer. Flossen: D III/8–9, A III/5, P II/15–17, V II/8. Der 3. und längste Strahl der Rückenflosse ist verknöchert und am Hinterrand sägeartig gekerbt. Die Schlundzähne sind dreireihig und am Ende hakenartig gebogen: 2.3.4.–5.3.2. Länge: 30–50 cm, maximal 90 cm. Gelegentlich treten goldfarbene Varianten auf.

Verbreitung: Von West- und Mitteleuropa nördlich der Alpen und Pyrenäen bis ans Schwarze Meer. Fehlt in Skandinavien, Dänemark, Irland, Schottland und weiten Teilen Englands. In Süd- und Osteuropa kommen 10 weitere Arten und zahlreiche Unterarten vor: Hundsbarbe *(B. meridionalis)*, Iberische Barbe *(B. comizo)*, Türkische Barbe *(B. cyclolepis)*, Mazedonische Barbe *(B. prepensis)*, Griechische Barbe *(B. graecus)*, Albanische Barbe *(B. albanicus)*, Kaukasische Barbe *(B. ciscaucasicus)*, Bulatmai-Barbe *(B. capito)* und Aral-Barbe *(B. branchycephalus)*.

Biologie: Die Barbe bewohnt bevorzugt klare, sauerstoff, und strukturreiche Fließgewässer (rheophile Art) mit Sand- oder Kiesgrund. Am häufigsten lebt sie im Mittellauf der Flüsse, in der nach ihr benannten Barbenregion. Sie ist ein bodenorientierter Schwarmfisch, der in der Dämmerung und nachts auf Nahrungssuche geht. Tagsüber hält sie sich meist in Unterständen versteckt. Sie ernährt sich überwiegend von wirbellosen Kleintieren, wie Insektenlarven, Würmern, Schnecken und Muscheln. Darüber hinaus frisst sie gelegentlich pflanzliche Kost, Fischlaich und kleine Fische. In der kalten Jahreszeit sammeln sich Barben in tiefer gelegenen, langsam umströmten Bereichen zur Winterruhe.

Fortpflanzung: In der Laichzeit von Mai bis Juli wandern Barben in Schwärmen flussaufwärts, um im strömenden Wasser auf Kiesbänken oder an Steinen zu laichen. Die Männchen tragen dann einen Laichausschlag. Bis zu 8000 klebrige Eier (2 mm Ø) werden pro Weibchen gelegt. Der Laich und das umgebende Bauchfleisch sind giftig und verursachen nach dem Verzehr Erbrechen, Durchfall und Herzbeschwerden. Die Larven schlüpfen nach 10–15 Tagen und verstecken sich zwischen Steinen, bis der Dotter aufgebraucht ist. Nach etwa 4 Jahren und mit einer Länge von 30–40 cm werden sie geschlechtsreif.

Wissenswertes: Beliebter Speise- und Angelfisch, dessen Bestände durch gewässerbauliche Maßnahmen stark zurückgegangen sind. Im Rahmen von Flussregulierungen gebaute Staustufen und Wehre unterbinden die Laichwanderungen, verhindern den Zusammenhalt der Populationen und zerstören geeignete Laichplätze. In Deutschland ist die Barbe stark gefährdet.

Auf den folgenden Seiten werden die zur Familie der Karpfenfische (Cyprinidae) gehörenden Arten beschrieben, die in mitteleuropäischen Binnengewässern vorkommen. Insgesamt gehören die Cypriniden zu den artenreichsten Fischfamilien. Weltweit sind etwa 1600 Arten bekannt, wobei der überwiegende Anteil Binnengewässer besiedelt. Nur ein kleiner Teil dringt bis ins Brackwasser vor, im Meer gibt es keine Karpfenfische. Zu den familientypischen Merkmalen gehören das zahnlose Maul und die so genannten Schlundzähne. Letztere sitzen am hintersten Kiemenbogen, der keine Kiemenplättchen, sondern nach innen vorspringende Zähne trägt, mit denen die Nahrung im Schlund aufgearbeitet wird. Die Karpfenfische gehören innerhalb der Knochenfische zu den Physostomen, bei denen im Gegensatz zu den Physokisten zeitlebens eine Verbindung zwischen der Schwimmblase und dem Vorderdarm besteht, die als Ductus pneumaticus bezeichnet wird.

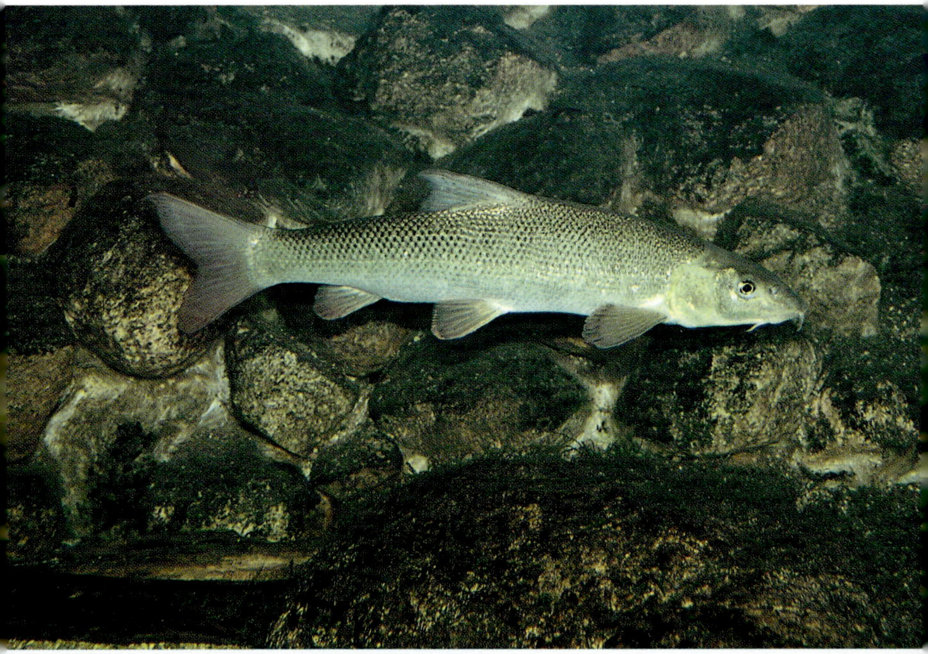

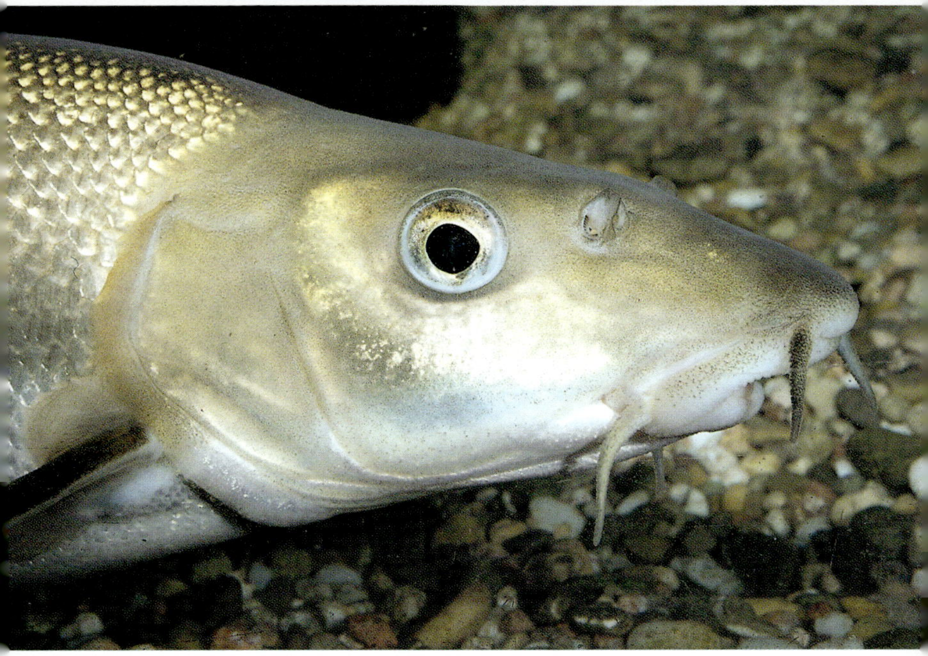

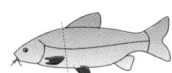

Schneider

Alburnoides bipunctatus (Bloch, 1782)
Familie: Cyprinidae, Karpfenfische

Merkmale: Seitlich abgeflachter, leicht hochrückiger Körper. 2 Reihen schwarzer Punkte säumen die Seitenlinie wie eine Doppelnaht (Name). Maul endständig. Graugrüne Grundfärbung mit leichtem Goldglanz, besonders zur Laichzeit mit dunklem Band über der Seitenlinie; Flossenbasen meist orange gefärbt. Flossen: D III/7–8, A III/15–17, P 1/14, V II/7–8; Seitenlinie: 90–110 Schuppen; Schlundzahnformel: 4.–5., selten 5. –5. Länge: bis 16 cm.

Verbreitung: Mitteleuropa von Frankreich bis zum Ural. Fehlt südlich der Pyrenäen und der Alpen sowie in Nordeuropa.

Biologie: Bevorzugt klare, schnell fließende Gewässer (rheophile Art) und reagiert empfindlich auf Verschlechterungen der Wassergüte. Bodenorientierter, geselliger Schwarmfisch, der sich von wirbellosen Bodentieren und von Anflugnahrung ernährt.

Fortpflanzung: Laicht von Mai bis Juni an seichten Stellen mit Kiesgrund. Die 2 mm großen Eier sind sehr klebrig.

Wissenswertes: In Deutschland gehört der Schneider zu den stark gefährdeten Fischarten.

Strömer

Leuciscus souffia Risso, 1826
Familie: Cyprinidae, Karpfenfische

Merkmale: Langgestreckter und im Querschnitt fast runder Körper mit leicht unterständigem Maul. Seine Grundfärbung ist graugrün. Besonders zur Laichzeit haben die Männchen auf der Flanke eine dunkle, violett glänzende Längsbinde. Die Seitenlinie ist orangegelb gefärbt. Schlundzähne 2reihig: 2.5.–5.2.; Seitenlinie: 50–56 Schuppen. Flossen: D II/8, P I/13–14, V II/8, A III/8–9. Wird bis 25 cm lang.

Verbreitung: Lebt in 3 geographischen Rassen im Einzugsgebiet von Oberrhein, Donau (*L. s.*

agassizi Val.), Rhône (*L. s. souffia* Risso) und Po (*L. s. muticellus* Bonaparte). Kommt in Gebirgsgewässern bis ca. 1000 m Höhe vor.

Biologie: Lebt als rheophiler Schwarmfisch in der Äschenregion von Fließgewässern; selten in Seen. Beansprucht kühles, sauerstoffreiches Wasser. Hält sich bevorzugt an tieferen Stellen auf. Nahrung: sowohl Plankton und kleine Bodentiere als auch Anfluginsekten, die er wie Äschen im Sprung erbeutet.

Fortpflanzung: Die Weibchen legen von März bis Mai auf überströmten ufernahen Kies- und Sandbänken 4000–6000 Eier.

Wissenswertes: Der Strömer ist in Deutschland vom Aussterben bedroht.

Hasel

Leuciscus leuciscus (Linnaeus, 1758)
Familie: Cyprinidae, Karpfenfische

Merkmale: Langgestreckter Körper, relativ kleiner Kopf. Das enge, leicht unterständige Maul reicht nicht bis unter die Augen. Silbriggraue Grundfärbung; Oberseite dunkler, bläulicher Glanz. Brust-, Bauch- und Afterflosse leicht gelborange. Schlundzähne 2reihig: 2.5.–5.2.(3.); Seitenlinie: 48–54 Schuppen. Flossen: D III/7, P I/16–17, V II/8, A III/8–9. Bis 30 cm.

Verbreitung: Binnengewässer Europas nördlich der Alpen und Pyrenäen.

Biologie: Geselliger Ufer- und Oberflächenfisch. Lebt als rheophile Art bevorzugt in kühlen, sauerstoffreichen und schnell strömenden Fließgewässern und Flussseen mit festem Grund. Kommt auch in den Haffen der Ostsee vor. Gilt als lebhafter und eleganter Schwimmer. Nahrung: Plankton, Anfluginsekten, wirbellose Bodentiere und gelegentlich Pflanzenteile.

Fortpflanzung: Laichzeit von März bis Mai. Wird nach 3 Jahren geschlechtsreif. Pro Rogener werden 2000 – 20000 Eier (2 mm ∅) über sandigem oder kiesigem Grund oder an Wasserpflanzen abgelegt.

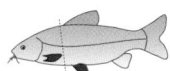

Aland, Orfe, Nerfling

Leucicus idus (LINNAEUS, 1758)
Familie: Cyprinidae, Karpfenfische

Merkmale: Der Aland hat einen gestreckten, leicht hochrückigen und seitlich abgeflachten Körper. Das Maul liegt endständig. Verwechslungsgefahr mit dem Döbel. Dieser hat eine weitere Mundspalte sowie größere und dunkel gerandete Schuppen. Färbung: Rücken grau bis bläulich; Flanken silbrig glänzend, zur Laichzeit messingfarben. Brust-, Bauch- und Afterflosse rötlich. Flossen: D III/8–9, A III/9–10, P I/15–16, V II/8. Die Schlundzähne sind 2reihig und an den Enden leicht gebogen: 3.5.–5.3. Eine goldfarbene Form (Goldorfe; Foto Mitte) wird häufig in Teichen und Aquarien gehalten. Länge: 30–50 cm (selten bis 80 cm).
Verbreitung: In Binnengewässern von Mittel- über Osteuropa bis nach Sibirien.
Biologie: Der Aland lebt als geselliger, rheophiler Ufer- und Oberflächenfisch in Fließgewässern (Barben- bis Bleiregion), Flussseen und Seen. Er ist ein Charakterfisch der Wasser-straßen-Ichthyozönose. Nahrung: Jungfische bevorzugen Kleinkrebse, ältere Tiere dagegen Insektenlarven, Schnecken, Muscheln und kleine Fische.
Fortpflanzung: Der Aland wird nach etwa 5–6 Jahren geschlechtsreif. Zur Laichzeit tragen die Männchen einen schwachen Laichausschlag. Von März bis Mai ziehen die Tiere in Schwärmen flussaufwärts, um an ruhigen Stellen zu laichen. Die Weibchen legen bis zu 100 000 Eier (1,5 mm $\varnothing$) an Steine, Wurzeln oder Wasserpflanzen. In Seen bildet der Aland stationäre Populationen.
Wissenswertes: In der aktuellen Roten Liste von Deutschland wird der Aland als gefährdete Art geführt. Die Zerstörung geeigneter Laichplätze durch gewässerbauliche Maßnahmen und die Verschmutzung haben einen starken Rückgang der Bestände verursacht. Die Goldorfe wird als biologischer Indikator zur Überwachung der Gewässergüte eingesetzt. Dabei wird mit Hilfe von Videokameras und automatisierten Bildauswertungssystemen ihr sensibles Verhalten überwacht.

Döbel, Aitel

Leuciscus cephalus (LINNAEUS, 1758)
Familie: Cyprinidae, Karpfenfische

Merkmale: Der langgestreckte, torpedoförmige Körper ist im Querschnitt fast rund. Kopf groß und breit, Mundspalte weit und endständig. Aufgrund der großen, dunkel gerandeten Schuppen wirkt der Körper netzartig gezeichnet. Die Grundfärbung ist silbrig oder golden glänzend. Die Bauch- und die Brustflossen sind meistens rötlich gefärbt. Der äußere Rand der Afterflosse ist leicht nach außen gewölbt. Flossen: D III/8–9, A III/7–9, P I/16–17, V II/8. Die Schlundzähne sind 2reihig: 2.5.–5.2. Länge: 30–40 cm (selten bis 60 cm und 4 kg schwer).
Verbreitung: Binnengewässer Europas. Fehlt in Irland, Schottland und im Norden Skandinaviens. In den Zuflüssen des Schwarzen Meeres lebt der verwandte Bobyrez (*Leuciscus borysthenicus* KESSLER).
Biologie: Der Döbel ist ein oberflächenorientierter, rheophiler Bewohner stark strömender Bäche und Flüsse (untere Forellenregion bis Barbenregion). Er kann aber auch in Stauseen reproduzierende Bestände bilden. Im Brackwasser findet man ihn nur selten. Jungfische leben bevorzugt im Schwarm und ernähren sich von Insektenlarven, Kleinkrebsen und Anfluginsekten. Im Alter werden Döbel zunehmend zu Einzelgängern, die Fische, Fischlaich, Amphibien und Krebse fressen.
Fortpflanzung: Die Männchen tragen in der Laichzeit von April bis Juni einen feinkörnigen Laichausschlag. Große Weibchen legen bis zu 100 000 klebrige Eier (1,5 mm $\varnothing$) an Wasserpflanzen, Wurzeln oder Steine. Die Larven schlüpfen nach ca. 1 Woche. Nach 3–4 Jahren werden sie geschlechtsreif.
Wissenswertes: Beliebter Angelfisch, der aufgrund seines grätenreichen Fleisches als Speisefisch kaum geschätzt wird.

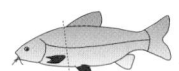

Rotfeder

Scardinius erythrophthalmus (LINNAEUS, 1758)
Familie: Cyprinidae, Karpfenfische

Merkmale: Gedrungener, hochrückiger, seitlich abgeflachter Körper mit steil nach oben gerichtetem, oberständigem Maul. Im Gegensatz zur Plötze (Verwechslungsgefahr) ist bei der Rotfeder der vordere Ansatz der Rückenflosse deutlich hinter dem der Bauchflossen. Färbung: Körper gelblich, messingfarben, mit metallischem Glanz. Die Flossen sind an der Basis grau bis braun und außen intensiv hellrot gefärbt (Name). Flossen: D II–III/8–9, A III/ 9–12, P I/15–16, V II/8. Die Schlundzähne sind 2reihig: 3.5.–5.3. Länge: 20–30 cm (max. 40 cm).
Verbreitung: Von Westeuropa bis Mittelasien. Fehlt im Süden der Iberischen Halbinsel, im nördlichen Schottland und in Teilen Skandinaviens.
Biologie: Geselliger Uferfisch, der bevorzugt in stehenden und langsam fließenden Gewässern mit dichten Pflanzenbeständen lebt (phytophil). Nahrung: Die Rotfeder ernährt sich überwiegend vegetarisch. Neben weichblättrigen Pflanzen (Wasserpest, Laichkraut, Tausendblatt) und Algen werden aber auch Insektenlarven, Kleinkrebse und Schnecken gefressen.
Fortpflanzung: Laichzeit von April bis Juni. In dieser Zeit tragen die Männchen einen feinkörnigen Laichausschlag. Von der Größe des Weibchens abhängig werden bis zu 200 000 klebrige Eier (1,5 mm ⌀) an seichte und bewachsene Uferstellen abgelegt. Die nach etwa 3–10 Tagen schlüpfenden Larven heften sich mit Klebedrüsen an Wasserpflanzen fest, bis der Dottervorrat aufgezehrt ist. Da Rotfedern gelegentlich gemeinsam mit anderen Karpfenfischen (z.B. Plötze, Güster und Ukelei) laichen, kommen auch Bastarde zwischen diesen Arten vor. Die Geschlechtsreife tritt mit 2–3 Jahren ein.

Plötze, Rotauge

Rutilus rutilus (LINNAEUS, 1758)
Familie: Cyprinidae, Karpfenfische

Merkmale: Der Körper der Plötze ist spindelförmig und von den Ernährungsbedingungen abhängig mehr oder weniger hochrückig. Das Maul steht endständig. Färbung: Rücken dunkelgrau bis olivfarben, mit metallischem Glanz; Flanken und Bauch grau bis weiß und silbrig glänzend. Von der Rotfeder (Verwechslungsgefahr) kann die Plötze durch die rote Iris (Name) und den vorderen Ansatz der Rückenflosse unterschieden werden. Dieser liegt bei der Plötze senkrecht über oder knapp hinter dem Ansatz der Bauchflossen. Flossen: D III/9–11, A III/9–11, P I/15, V II/8. Schlundzähne: 6.–5. oder 6.–6. Länge: 15–30 cm (selten bis 50 cm).
Verbreitung: Binnengewässer in Europa nördlich der Alpen und Pyrenäen bis nach Sibirien. Fehlt im Nordwesten Skandinaviens.
Biologie: Schwarmfisch, der stationäre und wandernde Formen ausbildet. Aufgrund des starken Anpassungsvermögens und des hohen Vermehrungspotenzials neigen Plötzen in anthropogen beeinträchtigten Gewässern zur Massenvermehrung. Nahrung: Die Brut ernährt sich von Plankton, Erwachsene von größerem Zooplankton, Würmern, Schnecken, Muscheln und Anflugnahrung.
Fortpflanzung: Je nach Witterung laichen Plötzen bei einer Wassertemperatur von mindestens 10 °C von April bis Mai an seichten Uferregionen. Dabei werden vom Weibchen unter heftigem Geplätscher bis zu 100 000 Eier an Pflanzen, Wurzeln oder Steine gelegt (phyto-lithophil). Die Männchen tragen zur Laichzeit einen schwachen Laichausschlag. Die nach etwa 4–10 Tagen schlüpfenden Larven haben am Kopf Klebedrüsen, mit denen sie sich bis zur Aufzehrung des Dottervorrates an das Substrat heften. Die Geschlechtsreife tritt nach 3–5 Jahren ein.
Wissenswertes: Die Plötze ist aufgrund ihrer Häufigkeit einer der wichtigsten Nahrungsfische für Raubfische. Gehört zu den häufigsten und am weitesten verbreiteten Fischarten in mitteleuropäischen Binnengewässern.

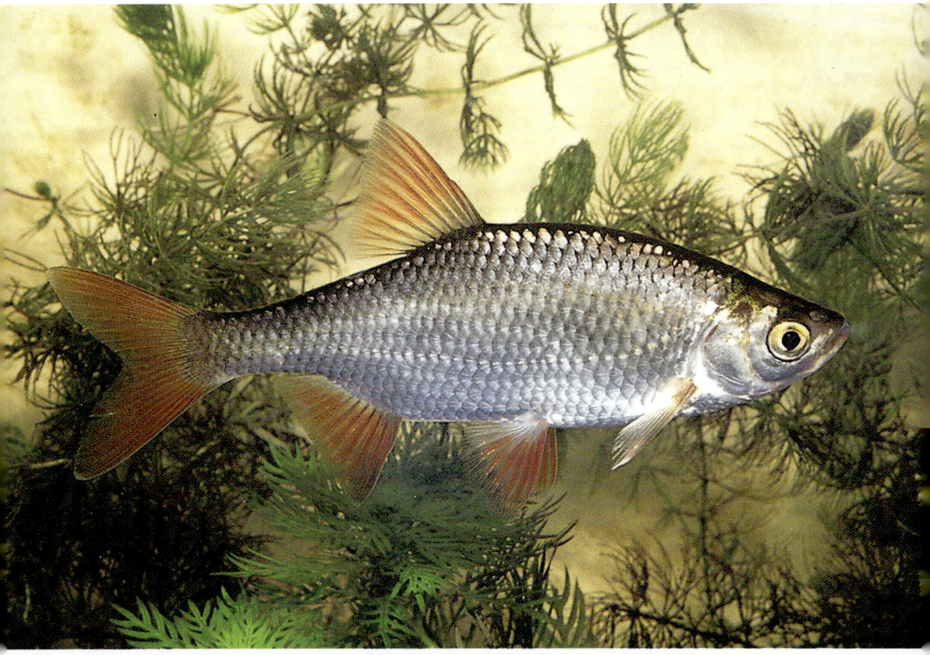

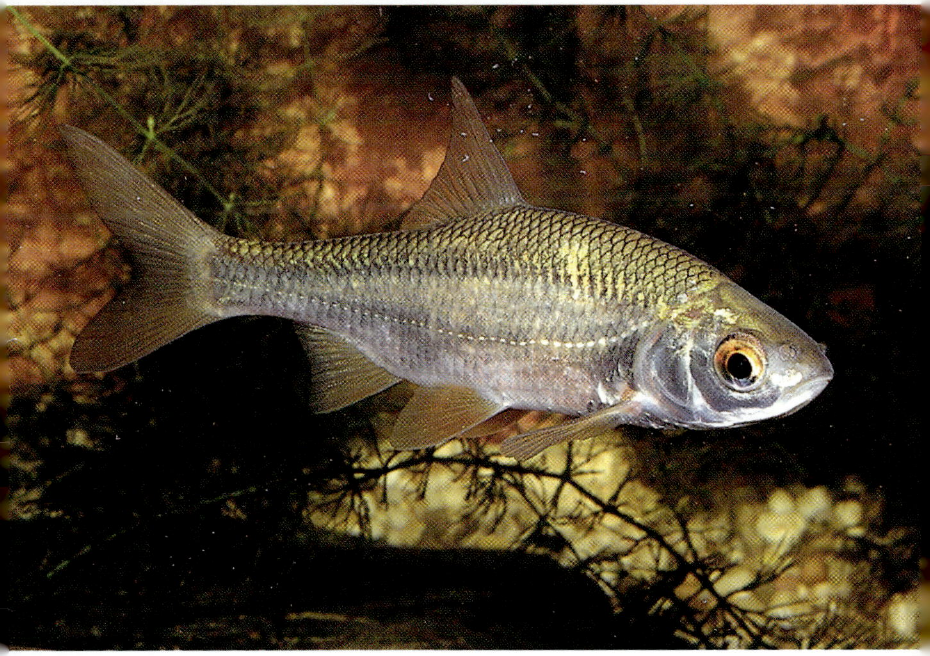

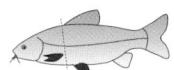

Südeuropäische Plötze

Rutilus rubilio (BONAPARTE, 1837)
Familie: Cyprinidae, Karpfenfische

Merkmale: Körperform und Flossenstellung wie bei der Plötze. Färbung: silbrig glänzende Flanken mit einer schmalen grauen Längsbinde. Die Brust- und Bauchflossen sowie die Afterflosse sind rötlich gefärbt, die Augen gelb oder rot. 38–45 Schuppen entlang der Seitenlinie. Schlundzähne: einreihig 5.–5. Flossen: D III/9–11, A III/8–11, P I/16–17, V II/8. Länge: bis 20 cm, selten bis 25 cm.

Verbreitung: Binnengewässer im Einzugsgebiet der Adria, Italien, Dalmatien und westliches Griechenland.
Biologie: Im Hinblick auf die Wassergüte, die Strömungsverhältnisse und das Laichsubstrat anpassungsfähiger Schwarmfisch, der und fließende stehende Gewässer besiedelt. Die Nahrung besteht aus einem breiten Spektrum an Plankton- und Benthosorganismen sowie Anfluginsekten und Wasserpflanzen.
Fortpflanzung: Der klebrige Laich wird von April bis Mai an seichten, verkrauteten Uferbereichen abgelegt.

Perlfisch

Rutilus frisii (HECKEL, 1852)
Familie: Cyprinidae, Karpfenfische

Merkmale: Der Körper ist langgestreckt, spindelförmig und im Querschnitt fast rund. Das kleine Maul ist endständig. Färbung: Rücken dunkelgrün bis grau; Flanken und Bauch weiß, mit silbrigem Glanz. Die Männchen tragen zur Laichzeit einen starken, perlenförmigen Ausschlag (Name!). Flossen: D III/8–9, A III/9–11, P I/16–17, V II/8–9. 62–67 Schuppen entlang der Seitenlinie. Länge: 40–70 cm.
Verbreitung: Die Stammart *R. f. frisii* lebt als anadrome Wanderart im Brackwasser des nordwestlichen Schwarzen Meeres. *R. f. meidingeri* lebt in einigen Seen und deren Zuflüssen im Einzugsgebiet der Donau (Chiem-, Traun-, Atter- und Mondsee).
Biologie: Geselliger Bewohner der Tiefenregion größerer Seen. Er ernährt sich von Insektenlarven, Kleinkrebsen und kleinen Fischen.
Fortpflanzung: Von April bis Mai zieht er in die Zu- und Abflüsse, um an flachen Stellen mit Kiesgrund zu laichen. Die Geschlechtsreife tritt im Alter von 4–5 Jahren ein.
Wissenswertes: Durch die Verschmutzung der Gewässer und die Zerstörung geeigneter Laichplätze sind die rückläufigen Bestände vom Aussterben bedroht .

Frauenfisch, Frauennerfling

Rutilus pigus virgo (HECKEL, 1852)
Familie: Cyprinidae, Karpfenfische

Merkmale: Der gestreckte Körper ist seitlich zusammengedrückt und mehr oder weniger hochrückig. Unterständiges Maul und große Schuppen. Färbung: Rücken und Flanken grünlich mit metallischem Glanz, Bauch silbrig, Flossen orange bis rötlich. Schlundzähne: 6.–5. oder 5.–5. Flossen: D III/9–12, A III/9–12, P I/16–17, V II/8–9. 44–49 Schuppen entlang der Seitenlinie. Länge: bis 40 cm.
Verbreitung: *R. p. virgo* lebt endemisch in der Donau und ihren Nebenflüssen (von Bayern bis Ungarn). Die Stammform *Rutilus pigus* (LACÉPÈDE) kommt in Flüssen und Seen der Schweiz und Oberitaliens vor.
Biologie: Bodenorientierter Tiefenfisch, der bevorzugt den Ober- und Mittellauf von Fließgewässern bewohnt. Er ernährt sich wahrscheinlich von wirbellosen Bodentieren.
Fortpflanzung: In der Laichzeit von April bis Mai tragen die Männchen einen Ausschlag. Nur dann kommen Frauenfische ans Ufer, um an Wasserpflanzen und Steinen zu laichen (bis 60 000 klebrige Eier pro Weibchen).
Wissenswertes: Wird in der aktuellen Roten Liste Deutschlands bei den stark gefährdeten Arten geführt.

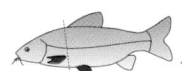
Ukelei, Laube

Alburnus alburnus (LINNEAUS, 1758)
Familie: Cyprinidae, Karpfenfische

Merkmale: Der Ukelei hat einen langgestreckten, schlanken und seitlich abgeflachten Körper. Das Maul ist oberständig und schräg nach oben gerichtet, die Seitenlinie durchgehend (im Gegensatz zum ähnlichen Moderlieschen auf der folgenden Seite). Die Rückenflosse befindet sich hinter den Ansätzen der Bauchflossen. Die Schuppen fallen bei Berührung leicht aus. Färbung: Rücken graugrün bis hellgrau, Flanken und Bauch silbrig glänzend. 46–53 Schuppen entlang der Seitenlinie. Flossen: D III/8, A III/17–20, P I/15, V II/8. Schlundzähne 2reihig: 2.5.–5.2. Länge: wird 15–20 cm (selten bis 25 cm) lang.

Verbreitung: Binnengewässer in Europa nördlich der Alpen und Pyrenäen. Fehlt in Irland, Schottland und Nordwestskandinavien. Kommt auch in der Ostsee vor.

Biologie: Der Ukelei lebt in der Ufer- und Freiwasserregion stehender und langsam fließender Gewässer. Er ist ein anpassungsfähiger Schwarmfisch, der sich bevorzugt in der Nähe der Wasseroberfläche aufhält und sich von Plankton, Kleinkrebsen, Anflugnahrung und Algen ernährt.

Fortpflanzung: Die Laichzeit erstreckt sich von April bis Juni. In größeren Ansammlungen sammeln sie sich an flachen Uferstellen. Die Männchen haben dann einen feinkörnigen Laichausschlag. Pro Weibchen werden bis 1500 klebrige Eier an Wasserpflanzen, Wurzeln oder Steine gelegt. Die Larven schlüpfen nach 5–10 Tagen. Die Geschlechtsreife tritt nach 2–3 Jahren ein.

Wissenswertes: Der Ukelei ist im Hinblick auf das Nahrungsangebot, das Laichsubstrat und die Wassergüte anpassungsfähig. Er bildet vielerorts individuenreiche Bestände und gehört zu den umwelttoleranten Arten, die in strukturarmen, nährstoffreichen Gewässern zur Massenvermehrung neigen. Er wurde früher in großen Mengen gefangen, um ihn als Dünger oder zur Herstellung künstlicher Perlen zu verwenden. Aus den in den Schuppen eingelagerten Guaninkristallen gewann man das so genannte Fischsilber.

Weißer Ukelei, Alborella

Alburnus albidus (COSTA, 1838)
Familie: Cyprinidae, Karpfenfische

Merkmale: Der Weiße Ukelei hat einen langgestreckten, schlanken und seitlich abgeflachten Körper mit durchgehender Seitenlinie. Das Maul ist oberständig und schräg nach oben gerichtet. Die Schuppen fallen bei Berührung leicht aus. Färbung: Rücken graugrün bis hellgrau, Flanken und Bauch silbrig glänzend. 42–51 Schuppen entlang der Seitenlinie. Der vordere Ansatz der Afterflosse liegt unter dem hinteren Ansatz der Rückenflosse. Flossen: D III/7–9, A III/14–19, P I/15, V II/8. Schlundzähne 2reihig: 2.5.–5.2. Länge: 15–20 cm (selten bis 25 cm).

Verbreitung: Binnengewässer im Einzugsgebiet der Adria. Während die in Süditalien vorkommende Weiße Ukelei als eigenständige Art angesehen wird, besiedelt der eigentliche Alborella *A. a. alborella* (DE FILLIPPI) als Unterart des Weißen Ukeleis Binnengewässer in Norditalien und Dalmatien.

Biologie: Lebt in der Ufer- und Freiwasserregion stehender und langsam fließender Gewässer. Anpassungsfähiger Schwarmfisch, der sich bevorzugt in der Nähe der Wasseroberfläche aufhält und sich von Plankton, Kleinkrebsen, Anflugnahrung und Algen ernährt.

Fortpflanzung: Die Laichzeit liegt in den Monaten von Juni bis August. Das Ablaichen erfolgt nachts an flachen Uferstellen mit kiesigem Grund. Dabei bilden sich oft große Ansammlungen. Die Larven schlüpfen nach 2–3 Tagen. Die Geschlechtsreife tritt nach 2–3 Jahren ein.

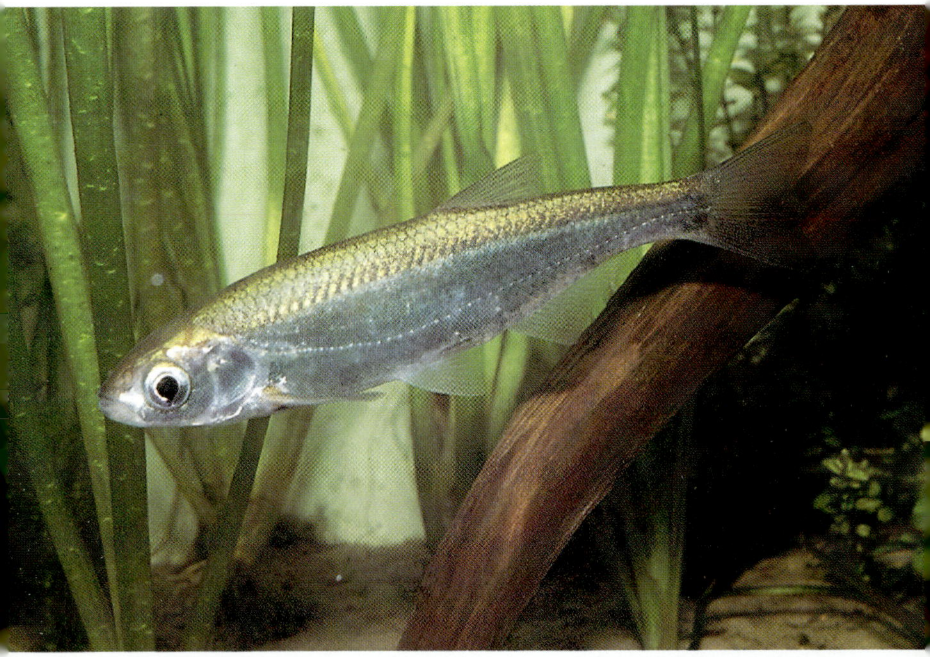

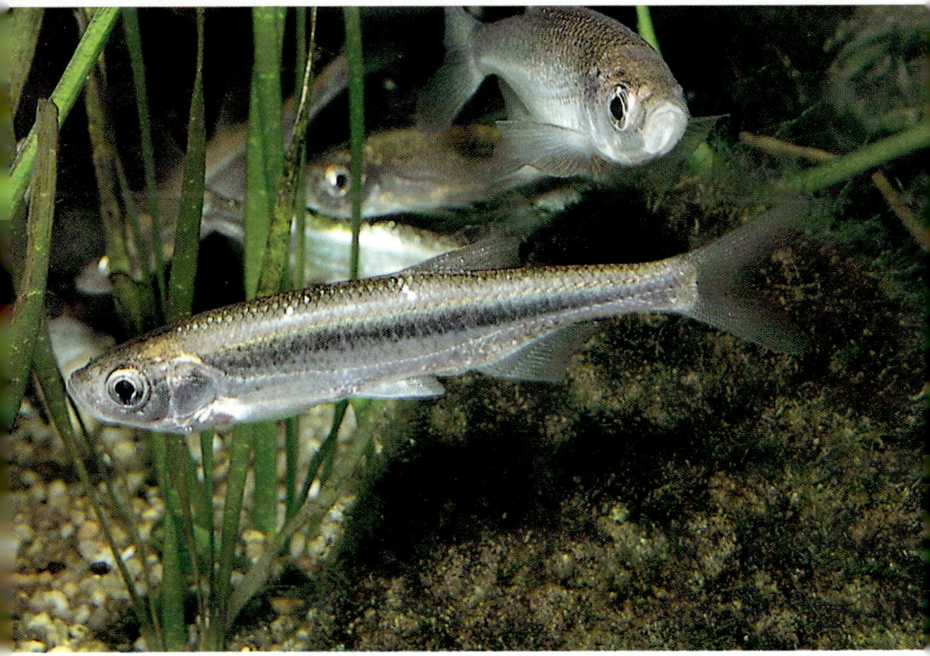

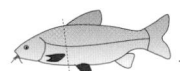

Moderlieschen

Leucaspius delineatus (HECKEL, 1843)
Familie: Cyprinidae, Karpfenfische

Merkmale: Gestreckter, schlanker Körper. Oberständiges, schräg nach oben gerichtetes Maul. Die unvollständige Seitenlinie erstreckt sich nur über 7–12 Schuppen. Die silbrig glänzenden Schuppen fallen bei Berührung leicht aus. Färbung: Rücken graublau, Flanken silbrig, Bauch weiß; ein blauer Streifen reicht von der Körpermitte bis zur Schwanzwurzel. Flossen: R III/8. A III/11–13, P I/13, V II/8. Schlundzähne 1- oder 2reihig: 4.–5. 44–50 Schuppen entlang der Seitenlinie. Länge: 6–10 cm.

Verbreitung: Binnengewässer in Mittel- und Osteuropa, bevorzugt in Stillgewässern.

Biologie: Schwarmfisch, der bevorzugt in pflanzenreichen Flachlandseen und Teichen sowie gelegentlich in langsam fließenden Flüssen, Bächen und Gräben vorkommt. Ernährt sich von Plankton und Anflugnahrung. Fortpflanzung: In der Laichzeit von April bis Mai werden vom Weibchen die Eier (1 mm ∅) mittels einer kurzen Legeröhre spiralförmig an Stängel von Wasserpflanzen gelegt. Das Männchen bewacht und befächelt den Laich, bis nach 9–12 Tagen der Larven schlüpfen. Wird bereits mit 1 Jahr geschlechtsreif.

Wissenswertes: Da es in kleinen Gewässern in regelmäßigen, mehrjährigen Abständen zur Massenvermehrung kommt, bezeichnete man sie früher als Mutterloseken, später als Moderlieschen.

Elritze

Phoxinus phoxinus (LINNAEUS, 1758)
Familie: Cyprinidae, Karpfenfische

Merkmale: Körper spindelförmig, langgestreckt und im Querschnitt rundlich. Maul klein und endständig. Oberseite olivgrün bis dunkelbraun, mit dunklen Flecken bzw. Binden. Unterseite heller, beim Männchen zur Laichzeit rot. Oberhalb der Seitenlinie ein goldglänzender Streifen. Während der Laichzeit mit Laichausschlag. Flossen: D II–III/6–8, A III/7–8, P I/14–16, V II/7–8; Seitenlinie meist nur bis zur Körpermitte ausgebildet, umfasst 80–110 Schuppen; Schlundzähne 2reihig: 2.5.–4.2. oder 2.4.–4.2. Länge: wird 6–10 cm (max. 14 cm) lang.

Verbreitung: Binnengewässer in Mitteleuropa von Nordspanien und Norditalien bis nach Asien, fehlt in Nordskandinavien, Schottland und auf dem Peloponnes.

Biologie: Lebhafter Schwarmfisch, der sowohl im Brackwasser der Ostsee als auch in den Bächen der Forellenregion vorkommt (in den Alpen bis 2000 m Höhe). Elritzen bevorzugen klare, sauerstoffreiche, flache Fließgewässer und Seen mit kiesigem Grund. Nahrung: Sie jagen häufig an der Wasseroberfläche nach Anfluginsekten. Daneben ernähren sie sich von Insektenlarven und Kleinkrebsen. Fortpflanzung: In der Laichzeit von April bis Juli ziehen Elritzen oft in großen Schwärmen flussaufwärts bzw. in Seen an die Ufer. Das Ablaichen erfolgt auf flachen Kiesbänken. Je nach Größe legen die Weibchen 200–1000 klebrige Eier (1–1,3 mm ∅).

Wissenswertes: Der rapide Bestandsrückgang in Mitteleuropa wird wahrscheinlich von mehreren Faktoren verursacht: Belastung der Gewässer mit Dünge- und Spritzmitteln, Zerstörung der Lebensräume, Versauerung der Gewässer (z. B. im Schwarzwald) und die intensive Nutzung von kleinen Fließgewässern durch die Bewirtschaftung mit Forellen. Wird oft als Laichräuber und Nahrungskonkurrent der Forellen angesehen. Große Forellen und Saiblinge hingegen ernähren sich auch von Elritzen. Als leicht zu haltender Aquarienfisch dienten Elritzen als Versuchstiere bei der Untersuchung von Sinnesleistungen. So hat man z. B. herausgefunden, dass im Hautschleim Geruchsstoffe enthalten sind, die den Zusammenhalt eines Schwarmes gewährleisten. Darüber hinaus werden bei Verletzungen Substanzen frei, die sowohl bei Artgenossen als auch bei anderen Karpfenartigen Fluchtreaktionen hervorrufen.

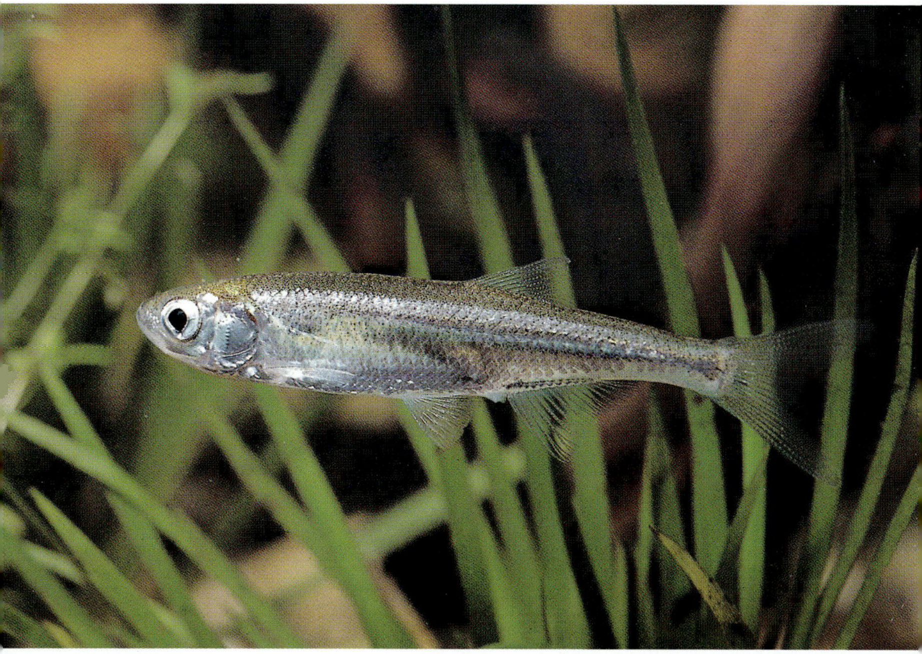

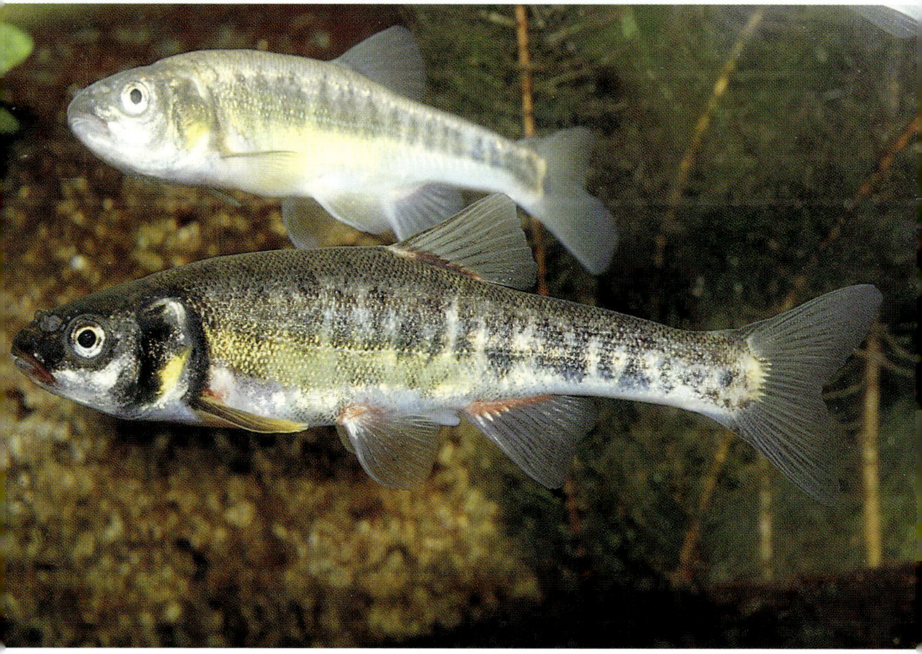

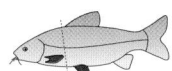

Güster, Blicke

Abramis bjoerkna (LINNAEUS, 1758)
Familie: Cyprinidae, Karpfenfische

Merkmale: Die Güster ist hochrückig und seitlich abgeflacht. Ihr Maul ist leicht unterständig und ausstülpbar. Vom sehr ähnlichen Blei unterscheidet sich die Güster in folgenden Merkmalen: Augendurchmesser größer als Mundspalte; Brustflossen reichen angelegt nicht bis zum Ansatz der Bauchflossen; die paarigen Flossen sind an der Basis rötlich gefärbt; Schlundzähne 2reihig. Färbung: silbrig. Männchen während der Fortpflanzungszeit mit feinkörnigem Laichausschlag. Flossen: D III/8, A III/19–23, P I/14–15, V II/8. Seitenlinie: 45–50 Schuppen. Schlundzahnformel: 2.5.–5.2. (selten 3.5.–5.3.). Länge: 20–35 cm.

Verbreitung: Binnengewässer in Mitteleuropa nördlich der Alpen und Pyrenäen. In Großbritannien nur in einigen Flüssen im Osten. Fehlt in Nordskandinavien und auf dem Balkan.

Biologie: Geselliger Bewohner stehender und langsam fließender Gewässer (Bleiregion). Die Güster hält sich bevorzugt am Boden und in der Ufervegetation auf. Nahrung: überwiegend wirbellose Bodentiere, wie Zuckmückenlarven (Chironomiden), Röhrenwürmer (Tubifex), kleine Muscheln und Schnecken, gelegentlich aber auch Plankton und Wasserpflanzen. Aufgrund des Fressverhaltens und des Nahrungsspektrums Konkurrent des Bleis und der Plötze.

Fortpflanzung: Güstern bleiben kleiner als Bleie und wachsen langsamer. Nach 3–4 Jahren werden sie mit einer Länge von 15–20 cm geschlechtsreif. In der Laichzeit von Mai bis Juni ziehen sie in Schwärmen an seichte Uferstellen mit dichtem Pflanzenwuchs. Die Eiablage erfolgt mit lebhaftem Geplätscher. Je nach Körpergewicht legt das Weibchen in 3 Raten 20 000–100 000 gelbe Eier (2 mm ∅), die an den Wasserpflanzen des Laichplatzes kleben bleiben.

Wissenswertes: Anpassungsfähige (eurytope) Art, die innerhalb ihres Verbreitungsgebietes häufig ist. Wegen der vielen Gräten kaum als Speisefisch genutzt. Überpopulationen werden mancherorts mit Zug- und Schleppnetzen befischt, um den Konkurrenzdruck auf weniger anpassungsfähige Arten zu mildern.

Zope

Abramis ballerus (LINNAEUS, 1758)
Familie: Cyprinidae, Karpfenfische

Merkmale: Hochrückiger, seitlich abgeflachter Körper mit spitzer Schnauze, schmaler Rückenflosse und langer Afterflosse. Die endständige Mundspalte ist schräg nach oben gerichtet. Färbung: silbrig glänzend; an den Ansatzstellen der Flossen rötlich bis gelblich. Flossen: D III/8, A III/36–43, P I/15, V II/8. Seitenlinie: 66–73 Schuppen. Schlundzahnformel: 5.–5. Länge: 20–30 cm, selten bis 35 cm.

Verbreitung: Unterlauf von Elbe, Weser; Zuflüsse der Ostsee, des Schwarzen und des Kaspischen Meeres. In der Donau bis Oberösterreich.

Biologie: Geselliger Freiwasserbewohner langsam fließender und stehender Gewässer. Vor allem im Mündungsbereich großer Flüsse. Nahrung: Zooplankton und wirbellose Bodentiere (Insektenlarven, Kleinkrebse und Würmer).

Fortpflanzung: Laichreife Tiere ziehen in Schwärmen aus den Unterläufen der Flüsse stromaufwärts (diadrome Wanderart). Laichzeit: von April bis Mai. Der 4000–25 000 Eier umfassende Laich wird an seichten, pflanzenreichen Uferpartien mit starker Strömung abgelegt. Die 1,5 mm großen Eier bleiben am Laichsubstrat kleben. Die Larven schlüpfen nach 10–14 Tagen. Geschlechtsreife am Ende des 4.–5. Lebensjahres und bei einer Länge von 18–20 cm.

Wissenswertes: In Deutschland stark gefährdete Art. Der Ausbau der Gewässer führte zu Beeinträchtigungen der Laichwanderungen und zur Zerstörung vieler geeigneter Laichplätze.

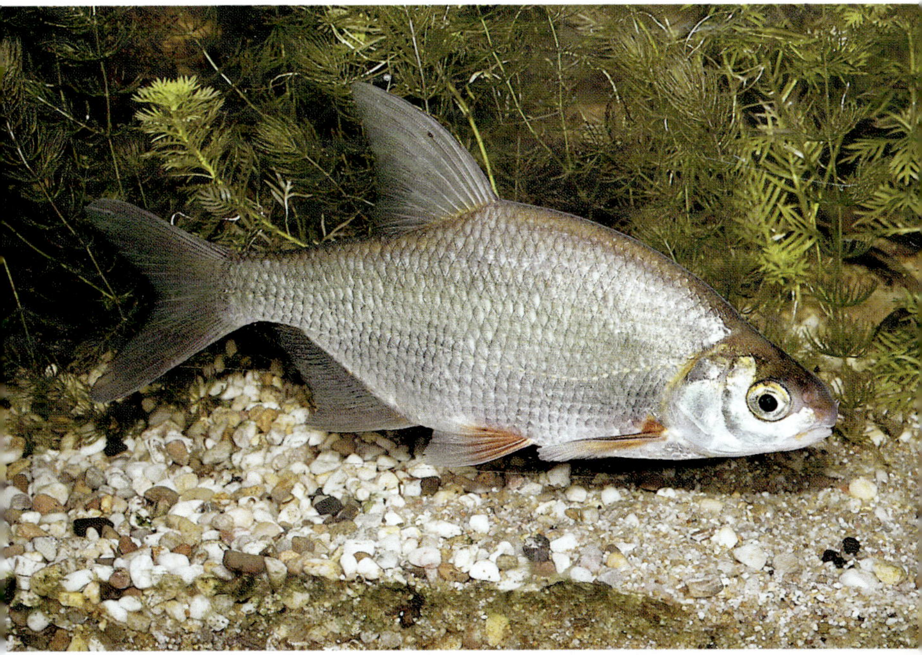

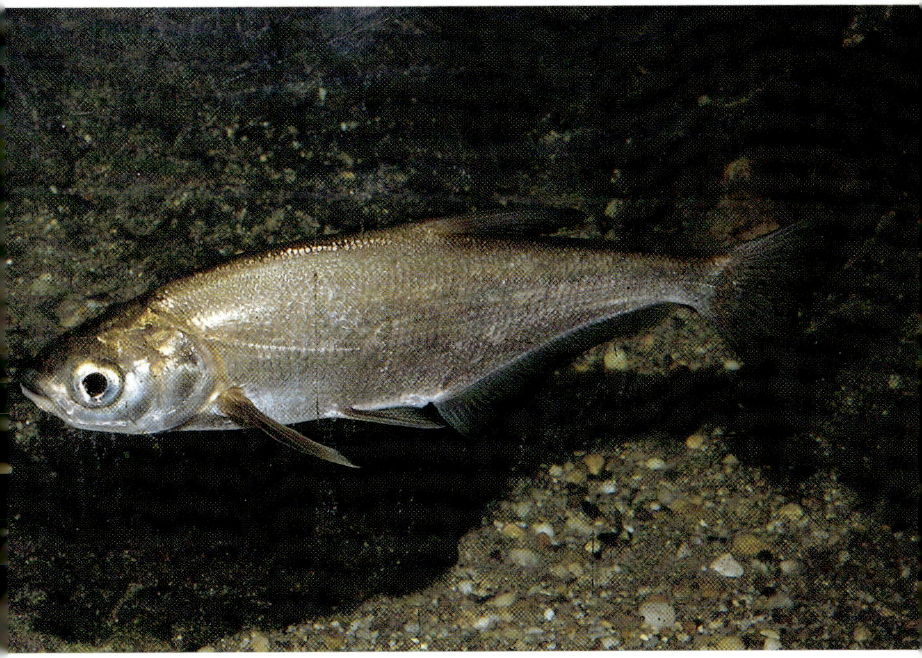

Blei, Brachsen, Brassen

Abramis brama (LINNAEUS, 1758)
Familie: Cyprinidae, Karpfenfische

Merkmale: Der Blei hat einen hochrückigen und seitlich abgeflachten Körper. Sein Maul ist leicht unterständig und vorstülpbar, der Augendurchmesser kleiner als die Mundspalte. Die Brustflossen reichen zurückgelegt bis zum Ansatz der Bauchflossen. Färbung: grau (bleigrau), silbrig glänzend; ältere Tiere gelbgrau mit Bronzeglanz. Während der Fortpflanzungszeit tragen die Männchen einen starken Laichausschlag (weiße, später gelbliche Knötchen; Foto Mitte rechts). Im Netz gefangene Exemplare oft mit blutunterlaufener Schleimhaut. Flossen: D III/9, A III/23–28, P I/15, V II/8. Seitenlinie: 50–57 Schuppen. Schlundzahnformel: 5.–5. (schlanke Zähne). Länge: 30–40 cm (max. 75 cm und bis 6 kg schwer).

Verbreitung: Binnengewässer in Mitteleuropa nördlich der Alpen und Pyrenäen. Fehlt in Nordschottland, im nördlichen Skandinavien und in Teilen des Balkans.

Biologie: Schwarmbildender Bodenfisch stehender und fließender Gewässer (Leitfisch der Bleiregion) mit hohem Nährstoffgehalt und Schlammgrund. Kommt auch im Brackwasser der Ostsee vor. Während die Jugendstadien (Foto Mitte links) bevorzugt in der Uferregion leben, halten sich größere Exemplare vorwiegend in tieferen Bereichen auf und kommen nur nachts zur Nahrungssuche in seichte Uferbereiche. Nahrung: Die Jugendstadien ernähren sich zunächst von Plankton; später zunehmend von wirbellosen Bodenorganismen, wie Zuckmückenlarven (Chironomiden), Büschelmückenlarven, Röhrenwürmern (Tubifex), Schnecken und kleinen Muscheln, die sie fast senkrecht stehend mit dem rüsselartig vorstreckbaren Maul aus dem Schlamm aufsaugen. Dabei hinterlassen sie trichterförmige Gruben (Fraßtrichter) im Boden. Bei Sauerstoffmangel in tieferen Wasserschichten bzw. bei Überpopulationen fressen Bleie auch Pflanzen und Plankton als Ersatznahrung. Unter solchen Bedingungen bleiben die Bestände oft im Wachstum zurück (Verbuttung).

Fortpflanzung: Unter günstigen Bedingungen werden Bleie nach etwa 3–4 Jahren und mit einer Länge von 20–30 cm geschlechtsreif. Laichzeit: Mai bis Juli. Die Männchen grenzen an seichten, krautigen Uferstellen Laichreviere ab. Der Laich wird meistens nachts unter lebhaftem Geplätscher an Wasserpflanzen abgelegt. Die 200 000–300 000 Eier haben einen Durchmesser von 1,5–2 mm. Die 4 mm langen Larven schlüpfen nach 3–12 Tagen und heften sich bis zum Freischwimmen mit Klebedrüsen an Wasserpflanzen fest.

Zobel

Abramis sapa (PALLAS, 1811)
Familie: Cyprinidae, Karpfenfische

Merkmale: Hochrückiger, seitlich stark abgeflachter Körper. Kopf ramsnasig, stumpf. Leicht unterständiges Maul, große Augen. Färbung: Rücken dunkelgrau; Flanken silbrig weiß mit Perlmutterglanz, Bauch weißlich; Flossen hellgrau, Rücken- und Afterflosse mit dunklem Saum. Unterer Lappen der Schwanzflosse verlängert; Afterflosse sehr lang. Flossen: D III/8, A III/38–45, P I/15, V II/8. Seitenlinie: 50–52 Schuppen. Länge: 15–20 cm, selten bis 35 cm.

Verbreitung: Binnengewässer im Einzugsgebiet der Donau sowie in den nördlichen Zuflüssen und im Brackwasser des Schwarzen und des Kaspischen Meeres.

Biologie: Bodenorientierter Schwarmfisch langsam fließender und stehender Gewässer. Nahrung: Insektenlarven, Kleinkrebse, Schnecken und Würmer, selten auch Pflanzen.

Fortpflanzung: Männchen trägt zur Laichzeit einen feinen Laichausschlag. Laichzeit: April bis Mai. Brackwasserpopulationen wandern zum Laichen stromaufwärts. Die 8000–100 000 Eier (2 mm $\varnothing$) werden an pflanzenreichen Uferpartien abgelegt. Geschlechtsreife am Ende des 3.–4. Lebensjahres.

Wissenswertes: Gefährdete Art.

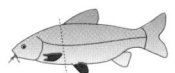

Ziege, Sichling

Pelecus cultratus (LINNAEUS, 1758)
Familie: Cyprinidae, Karpfenfische

Merkmale: Langgestreckter, seitlich abgeflachter, messerförmiger Körper mit gerader Rückenlinie, konvexer Bauchlinie und oberständigem, steil nach oben gerichtetem Maul. Die tief liegende Seitenlinie ist mehrfach s-förmig gebogen. Brustflossen sehr lang. Die weit hinten ansetzende Rückenflosse und die Bauchflossen sind klein. Färbung: Rücken graubraun, Flanken silbrig, Bauch weißlich mit rötlichem Schimmer. Die Schlundzähne sind 2reihig: 2.5.–5.2. Flossen: D III/7–8, A III/26–29, P I/15, V II/7. Länge: 25–35 cm (max. 60 cm).

Verbreitung: Mittel- und Osteuropa. Im Einzugsgebiet der Ostsee, des Schwarzen und des Kaspischen Meeres sowie des Aralsees. Im Plattensee (Balaton) häufig.

Biologie: Schwarmfisch, der in langsam fließenden (Brackwasser- bis Bleiregion) und stehenden Gewässern vorkommt. Tagsüber hält sich die Ziege bevorzugt am Grund auf, nachts steigt sie zur Oberfläche. Die Nahrung besteht aus Plankton, Insektenlarven, Anfluginsekten und kleinen Fischen.

Fortpflanzung: In der Laichzeit von Mai bis Juli wandert die Ziege in Schwärmen (diadrom) aus der Brackwasserregion stromaufwärts (in der Donau früher bis Passau) in den Unterlauf der Flüsse. Die Seepopulationen laichen in Ufernähe. Je nach Größe legen die Weibchen 30 000–100 000 Eier, die frei im Wasser schweben. Die Larven schlüpfen nach 3–4 Tagen. Die Geschlechtsreife tritt nach 3–4 Jahren ein.

Wissenswertes: In der Roten Liste Deutschlands wird die Ziege als vom Aussterben bedrohte Art geführt. Gelegentlich findet man sie in der Oder und deren Nebenflüssen. In Teilen Südosteuropas hat sie als Speisefisch wirtschaftliche Bedeutung.

Zährte, Rußnase

Vimba vimba (LINNAEUS, 1758)
Familie: Cyprinidae, Karpfenfische

Merkmale: Gestreckter, seitlich abgeflachter Körper. Die Schnauze ist nasenartig verlängert, das hufeisenförmig gebogene Maul unterständig. Die Unterlippe hat keinen hornigen Überzug. Färbung: Rücken dunkelgrau bis bläulich, Flanken silbrig weiß, Brust- und Bauchflossen sowie die Afterflosse gelblich. Während der Laichzeit an Rücken und Flanken schwarz und am Bauch lebhaft orangegelb gefärbt. Flossen: D III/8, A III/17–20, P I/15, V II/9–10. Seitenlinie: 55–60 Schuppen. Schlundzähne 1reihig: 5.–5. Länge: 25–40 cm (max. 50 cm).

Verbreitung: Europäische Binnengewässer. Innerhalb des Verbreitungsgebietes gibt es geographische Unterarten. *V. v. vimba* (Mitte) kommt im Einzugsgebiet von Elbe, Ems, Weser und in den Zuflüssen der Ostsee vor, *V. v. carinata* in der Donau und im nördlichen Einzugsgebiet des Schwarzen Meeres. Bei dem in der oberen Donau und in verschiedenen südbayrischen und oberösterreichischen Seen vorkommenden Seerüßling, *Vimba elongata* (unten), handelt es sich wahrscheinlich um eine eigene Art.

Biologie: Bodenorientiert lebender Schwarmfisch im Unterlauf großer Flüsse (Blei- und Kaulbarsch-Flunder-Region). Bevorzugt nährstoffreiche Gewässer mit sandigem oder schlammigem Grund. Nahrung: am Grund lebende Insektenlarven, Kleinkrebse, Schnecken und Würmer.

Fortpflanzung: Bei der Zährte gibt es stationäre und zur Laichzeit (von Mai bis Juli) stromaufwärts wandernde Populationen. Die Männchen tragen zur Laichzeit neben dem »Hochzeitskleid« einen feinen Laichausschlag. Vom Gewicht des Weibchens und von der jeweiligen Unterart abhängig werden 25 000 bis 300 000 Eier (Ø 1,4 mm) an Steine oder Pflanzen gelegt (phyto-lithophil). Die klebrigen Eier bleiben am Substrat haften. Die Larven schlüpfen nach 3–10 Tagen. Da sie keine Haftorgane besitzen, halten sich am Grund verborgen, bis der Dottervorrat aufgezehrt ist.

Wissenswertes: Die Zährte ist in Deutschland stark gefährdet.

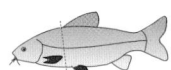

Rapfen, Schied

Aspius aspius (LINNAEUS, 1758)
Familie: Cyprinidae, Karpfenfische

Merkmale: Langgestreckter, seitlich zusammengedrückter Körper. Das weite, oberständige Maul reicht bis unter die Augen. Der Körper ist silbrig glänzend; die paarigen Flossen und die Afterflosse sind rötlich gefärbt. Das Männchen bildet zur Laichzeit einen starken Laichausschlag aus. Flossen: D III/8, A III/14, P I/16, V II/8–9; Seitenlinie: 65–73 Schuppen; Schlundzähne lang und spitz endend: 3.5.–5.3. Kann bis 1 m lang und bis 9 kg schwer werden.
Verbreitung: Binnengewässer in Mittel- und Osteuropa. Weit verbreitete und häufige Art.
Biologie: Der Rapfen lebt bevorzugt in Fließgewässern (Barbenregion) und Flussseen. In geschlossenen Gewässern findet man ihn selten. Während junge Rapfen oft gesellig im Schwarm zusammenleben, entwickeln sich die Erwachsenen zunehmend zu Einzelgängern. Nahrung: In Mitteleuropa ist der Rapfen der einzige Vertreter aus der Familie Karpfenfische, der sich erwachsen überwiegend von Fischen (piscivor) ernährt. Übt einen Fraßdruck auf anpassungsfähige Weißfische wie den Ukelei aus und wirkt so deren Massenentwicklung entgegen.
Fortpflanzung: In der Laichzeit von April bis Juni wandern geschlechtsreife Rapfen an überströmte Stellen mit kiesigem Grund bzw. in die Zuflüsse von Flussseen. In Tiefebenen scheint er im Hinblick auf das Laichsubstrat anpassungsfähig zu sein. Das Ablaichen erfolgt in kleinen Gruppen und wird durch lebhafte Paarungsspiele (Sprünge) eingeleitet. Die klebrigen Eier (80 000–100 000) sinken zu Boden. Die Brut ernährt sich zunächst von Aufwuchsorganismen. Der Rapfen erreicht im Alter von 4–5 Jahren die Geschlechtsreife.
Wissenswertes: Gewässerbauliche Veränderungen wie Stauhaltungen verursachten einen Rückgang dieser Art, da sie sowohl Laich- und Kompensationswanderungen behinderten als auch das Verschlammen der Flussbetten und Kiesbänke (Laichsubstrat) begünstigen. Aus diesem Grund gehört der Rapfen in der Roten Liste Deutschlands zu den gefährdeten Fischarten.

Nase

Chondrostoma nasus (LINNAEUS, 1758)
Familie: Cyprinidae, Karpfenfische

Merkmale: Die Nase hat einen lang gestreckten, seitlich abgeflachten Körper. Ihre Schnauze ist nasenartig erweitert, das unterständige Maul von verhornten, scharfen Lippen umgeben. Färbung: Rücken grünlich bis grau, Flanken silbrig mit metallischem Glanz, Bauch weiß, Flossen (außer der Rückenflosse) rötlich. In der Laichzeit sind beide Geschlechter intensiv gefärbt und tragen einen Ausschlag. Flossen: D III/8–10, A III/10–12, P I/15–16, V II/8–9. Die Schlundzähne sind 1reihig: 6.–6., 7.–6. oder 7.–7. Länge: 30–50 cm, selten bis 60 cm.
Verbreitung: Binnengewässer Mitteleuropas nördlich der Alpen bis Osteuropa. Fehlt im Einzugsgebiet der Elbe.
Biologie: Schwarmbildende Art, die rheophil und bodenorientiert die Äschen- und Barbenregion von Flüssen bewohnt. Sie bevorzugen schnell fließendes Wasser und kiesigen bis sandigen Grund. Ernährt sich überwiegend vegetarisch. Die Nahrung besteht aus abgeraspelten Algen und darin lebenden wirbellosen Kleintieren.
Fortpflanzung: Die Weibchen legen in der Laichzeit von März bis Mai nach geselligen Wanderungen an seichten, überströmten Stellen mit Kiesgrund 20 000–100 000 klebrige Eier (1,5 mm ∅).
Wissenswertes: Der Gewässerausbau hat vielerorts zur Vernichtung von Laichplätzen und zur Behinderung der Laichwanderungen geführt. Dadurch haben sich die Bestände dieser Art rückläufig entwickelt. In der Roten Liste Deutschlands wird die Nase in der Kategorie stark gefährdet aufgeführt.

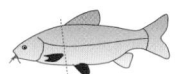
Mairenke

Chalcalburnus chalcoides mento (AGASSIZ, 1832)
Familie: Cyprinidae, Karpfenfische

Merkmale: Die Mairenke hat einen langgestreckten, leicht hochrückigen Körper mit oberständigem Maul und verdicktem Unterkiefer. Färbung: Rücken grün bis blau, Flanken silbrig glänzend, Bauch weiß, Rücken- und Schwanzflosse dunkelgrau. Flossen: D III/8, A III/14–16, P I/15, V II/8–9. Schlundzähne 2reihig: 2.5.–5.2. Länge: 15–35 cm.
Verbreitung: Seen und Flüsse im Einzugsgebiet der Donau. Die Mairenke ist eine stationäre Unterart des Schemajas, *C. chalcoides* (GÜLDENSTEDT, 1772), der im Einzugsbereich des Schwarzen, Asowschen und Kaspischen Meeres lebt.

Biologie: Schwarmfisch, der in sauerstoffreichen Seen lebt und sich von Plankton, Insektenlarven und Anfluginsekten ernährt.
Fortpflanzung: Von Mai bis Juni ziehen die laichbereiten Tiere in die Zu- oder Abflüsse ihrer Wohngewässer, um an seichten Stellen mit Kies- oder Sandgrund 15 000–23 000 Eier zu legen.
Wissenswertes: *C. chalcoides* wird im östlichen Verbreitungsraum wirtschaftlich genutzt. Im Alpenraum entwickeln sich die Bestände durch die Eutrophierung der Gewässer und die Zerstörung geeigneter Laichplätze zurück. In der Roten Liste Deutschlands wird die Mairenke aufgrund des lokalen Vorkommens der stationären Form als potenziell gefährdete Art geführt.

Blaubandbärbling

Pseudorasbora parva TEMMINCK & SCHLEGEL, 1842
Familie: Cyprinidae, Karpfenfische

Merkmale: Der langgestreckte, leicht hochrückige Körper hat einen abgeflachten Kopf mit oberständigem Maul. Färbung: Rücken dunkelgrau, Flanken silberfarben mit metallischem Glanz, Bauch weiß. Vom Hinterrand der Kiemen bis zur Schwanzwurzel zieht sich ein blaues Band. Flossen: D III/7, A III/6. Länge: wird 8 bis 11 cm lang.
Verbreitung: Die ursprünglich aus Asien stammende Art gelangte durch Besatz auch in europäische Binnengewässer (z. B. in Deutschland und Österreich) und bildet dort z. T. sich selbst erhaltende Populationen.
Biologie: Blaubandbärblinge leben bevorzugt in der Uferregion stehender und langsam fließender Gewässer mit dichten Pflanzenbeständen. Sie ernähren sich von wirbellosen Kleintieren, Anfluginsekten und gelegentlich von pflanzlichem Material.
Fortpflanzung: Die Laichzeit liegt in den Monaten von März bis Juni. Die Männchen putzen kleine Flächen auf Steinen o. Ä. und fordern mehrere Weibchen zur Eiablage auf. Diese legen jeweils 300–3000 klebrige Eier, die vom Männchen bewacht werden.
Wissenswertes: Der Blaubandbärbling gehört in Deutschland zu den eingeführten Faunenfremdlingen aus der Familie der Karpfenfische. Letztere gehört mit 1600 beschriebenen Arten zu den artenreichsten Fischfamilien überhaupt. Ausgesprochene Meeresbewohner gibt es unter den Karpfenfischen nicht. Eine anatomische Besonderheit dieser Fischfamilie ist das Fehlen von Zähnen im Maul. Sie zerkleinern ihre Nahrung mit Hilfe von Zähnen, die sich am hintersten Kiemenbogen befinden und entsprechend der jeweiligen Nahrungspräferenz geformt sind. Die bezahnten Kiemenbögen sind so angeordnet, dass sie vertikal gegeneinander bewegt werden können und dabei im Schlund die Nahrung zerkleinern. Man spricht deshalb von Schlundzähnen. Karpfenfische haben zeitlebens eine Verbindung zwischen dem Vorderdarm und der Schwimmblase, welche einen Gasaustausch beim Tauchen ermöglicht. Fische, bei denen diese als Ductus pneumaticus bezeichnete Verbindung auch bei erwachsenen Exemplaren vorkommt, werden den so genannten Physostomen zugeordnet.

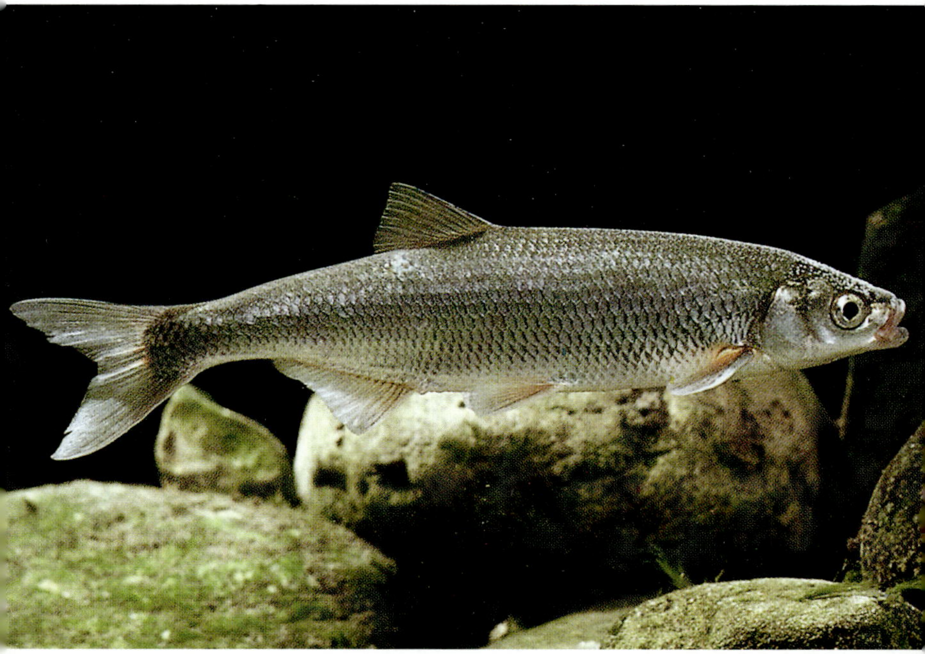

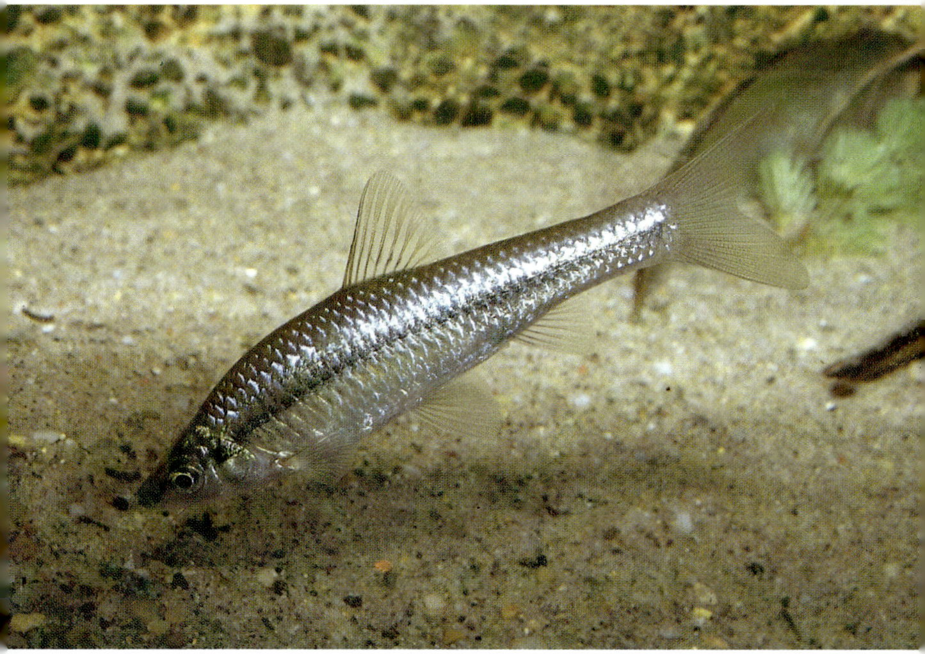

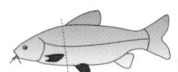

Bitterling

Rhodeus amarus (BLOCH, 1782)
Familie: Cyprinidae, Karpfenfische

Merkmale: Der Körper des kleinen Fisches erscheint hochrückig und seitlich abgeflacht. Sein relativ kleines Maul ist endständig. Die kurze Seitenlinie erstreckt sich nur über 5–6 Schuppen. Färbung: Rücken graugrün, Flanken silbrig glänzend, Bauch weißlich. Eine blaugrüne Binde reicht von der Körpermitte bis zur Schwanzwurzel. Das Männchen trägt zur Laichzeit ein farbenprächtig schillerndes Hochzeitskleid und einen Laichausschlag in Form weißer Warzen auf der Oberlippe (Foto oben). Das Weibchen bildet eine 4–5 cm lange Legeröhre vor der Afterflosse (Foto Mitte). Flossen: D III/9–10, A III/9, P I/10, V II/6. Die Schlundzähne sind einreihig: 5.–5. Länge: 4–6 cm, max. 9 cm.

Verbreitung: Mittel- und Osteuropa nördlich der Alpen. Fehlt auf den Britischen Inseln, in Dänemark und Skandinavien. 2 weitere Unterarten leben in Nordchina *(R. s. sericeus)* und im Jangtsebecken *(R. s. sinensis)*.

Biologie: Der Bitterling lebt gesellig in der pflanzenreichen Uferregion stehender und langsam fließender Gewässer. Er bevorzugt Stellen mit sandigem oder schlammigem Grund, an denen Muscheln der Gattungen *Unio* und *Anodonta* leben, auf deren Vorkommen er angewiesen ist. Die Nahrung besteht überwiegend aus pflanzlichem Material und wird durch wirbellose Kleintiere ergänzt.

Fortpflanzung: In der Laichzeit von April bis Juni grenzt das Männchen ein Revier mit einer Muschel im Zentrum ab und balzt Weibchen mit voll entwickelter Legeröhre an. Die Muscheln haben am aus dem Grund ragenden Ende 2 Körperöffnungen. Durch die Einström- oder Atemöffnung werden Atemwasser und Plankton aufgenommen und durch die Ausströmöffnung verbrauchtes Atemwasser sowie Stoffwechsel- und Geschlechtsprodukte abgegeben. Die sensiblen Stellen an den Öffnungen der Muschel werden so lange von den Bitterlingen mit den Flossen gereizt, bis diese adaptiert

sind und nicht mehr die Schale schließen. Bei der Eiablage führt das Weibchen die Legeröhre in die obere Ausströmöffnung, um im Kiemenraum der Muschel jeweils 1–3 Eier (3 mm ∅) abzulegen (Foto unten). Das Männchen gibt sein Sperma über der Einströmöffnung ab, sodass es mit dem Atemwasser in den Kiemenraum gelangt und dort die Eier befruchten kann. Dieser Vorgang wiederholt sich mehrmals mit dem gleichen oder auch mit anderen Weibchen. Pro Weibchen und Saison werden zwischen 40 und 100 Eier gelegt. Die nach etwa 2–3 Wochen schlüpfenden Larven der Bitterlinge haften mit Auswüchsen des Dottersackes an den Kiemenlamellen der Muschel, bis sie mit einer Länge von ca. 11 mm schwimmfähig werden. Die sich im Kiemenraum aufhaltenden Larven der Muscheln (Glochidien) wiederum heften sich an die frei schwimmenden erwachsenen Bitterlinge, wachsen in die Haut und verbleiben dort, bis sie sich in eine kleine Muschel umgewandelt haben. Der Bitterling hilft so den Muscheln bei der Verbreitung. Diese wiederum »erbrüten« dessen Laich. Man kann in diesem Fall von einer Symbiose sprechen, da beide Partner aus dieser Lebensgemeinschaft einen Vorteil ziehen.

Wissenswertes: In Deutschland ist der Bitterling stark gefährdet. Der Rückgang der Bestände hat mehrere Ursachen. In der Literatur werden die Eutrophierung und Verschmutzung der Gewässer genannt, welche zu einer Dezimierung der Muschelbestände beigetragen haben. Aufgrund seiner im Vergleich zu anderen Karpfenfischen geringen Reproduktionsrate reagiert der Bitterling empfindlicher als diese auf einen zunehmenden Fraßdruck durch Barsche, deren Bestände durch den Strukturverlust im Zuge des Gewässerausbaus profitieren, während dichte Unterwasserpflanzenbestände, die vom Bitterling zur Deckung genutzt werden können, seltener werden. Übermäßiger Besatz mit Aalen kann ebenfalls zum Rückgang dieser Kleinfischart beitragen. Zur Wiederansiedlung und Stützung der Bestände sollten verstärkt einheimische Bestände des Bitterlings in Teichen vermehrt werden.

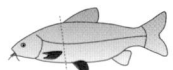

Gründling

Gobio gobio (LINNAEUS, 1758)
Familie: Cyprinidae, Karpfenfische

Merkmale: Der Gründling hat einen langgestreckten, im Querschnitt fast drehrunden, nur am Schwanz seitlich abgeflachten Körper mit einer kurzen Schnauze und 1 Paar Barteln, die in den Winkeln des unterständigen Maules stehen. Diese reichen jedoch im Unterschied zum ähnlichen Weißflossen-Gründling maximal bis zur Augenmitte. Oberseite olivgrün bis hellbraun, Unterseite hellgrau gefärbt. An der Seite bläulich schimmernde Flecken, die z. T. zu einem Band verschmelzen. Männchen während der Laichzeit mit Laichausschlag. Flossen: D III/7, A III/6, P I/14–15, V II/8; Brustflossen beim Männchen größer als beim Weibchen. Seitenlinie: 40–45 Schuppen; Schlundzahnformel: 3.5.–5.3. oder 2.5.–5.2. Länge: bis 15 cm (max. 20 cm).

Verbreitung: Binnengewässer von Sibirien bis Westfrankreich; fehlt in Nordskandinavien, Schottland, Spanien, Süditalien und auf dem Peloponnes.

Biologie: Gründlinge leben in Fließgewässern, in den Uferregionen von Seen und im Brackwasser der Ostsee. Sie sind gesellige Fische, die in größeren Ansammlungen vorkommen können und eine bodenorientierte Lebensweise haben. Sie schwimmen gerne im leicht strömenden Wasser. Oft kann man beobachten, wie sie meist mit dem Kopf gegen die Strömung nach Nahrung suchen (positiv rheotaktisch). Dabei dienen die Barteln zum Aufspüren von Insektenlarven, kleinen Krebsen und Würmern, die am Grund leben. Gründlinge sind im Hinblick auf ihre Ernährung sowie die Wassergüte und -temperatur anpassungsfähig.

Fortpflanzung: Der Gründling wird im Alter von 2 Jahren geschlechtsreif. Die Laichzeit reicht von Mai bis Juni. Die Männchen tragen in dieser Zeit einen feinkörnigen Laichausschlag. Der Laich umfasst pro Weibchen 1000–3000 Eier (ca. 1,5 mm ∅) und wird portionsweise an seichten, überströmten Stellen auf Sandgrund (psammophil) abgelegt.

Wissenswertes: Im Ausland (z. B. Frankreich) ein geschätzter Speisefisch. Bei uns hat er kaum eine wirtschaftliche Bedeutung. Der in der Donau und ihren Zuflüssen (z. B. der Isar) lebende Steingressling *Gobio uranoscopus* (AGASSIZ) unterscheidet sich durch längere Barteln und den schmaleren Schwanzstiel.

Weißflossen-Gründling

Gobio albipinnatus (LINNAEUS, 1758)
Familie: Cyprinidae, Karpfenfische

Merkmale: Der Weißflossen-Gründling unterscheidet sich vom Gründling durch seine etwas längeren Barteln, die angelegt bis zum hinteren Augenrand reichen, und durch die ungefleckten, opaken Flossen. Oberseite olivgrün bis hellbraun, Unterseite hellgrau gefärbt. Flossen: D III/7, A III/5–6, P I/14–15, V II/8; Brustflossen beim Männchen größer als beim Weibchen. Seitenlinie: 40–45 Schuppen; Schlundzahnformel: 3.5.–5.3. oder 2.5.–5.2. Länge: bis 15 cm.

Verbreitung: Ursprünglich im Einzugsgebiet der Donau und des Schwarzen Meeres. Wurde vor kurzem erstmalig in der Oder und in der Elbe entdeckt. Ob sich sein Verbreitungsgebiet weiter nach Westen ausdehnen wird, bleibt abzuwarten.

Biologie: Bodenorientiert lebender Schwarmfisch, der meist mit dem Kopf gegen die Strömung nach Nahrung sucht (positiv rheotaktisch). Nahrung: Insektenlarven, kleine Krebse und Würmer. Scheint aber auch Detritus und Algen nicht zu verschmähen. Hält sich tagsüber bevorzugt an der Sohle von Flüssen auf und kommt nur nachts in flache Uferbereiche (während der Gründling dort auch tagsüber vorkommt).

Fortpflanzung: Wird nach 2 Jahren geschlechtsreif. Laichzeit: von Mai bis Juli. Der Laich kann pro Weibchen bis 3000 Eier (ca. 1,5 mm ∅) umfassen. Er wird portionsweise auf überströmten Sandflächen abgelegt.

Wissenswertes: Stark gefährdete Art.

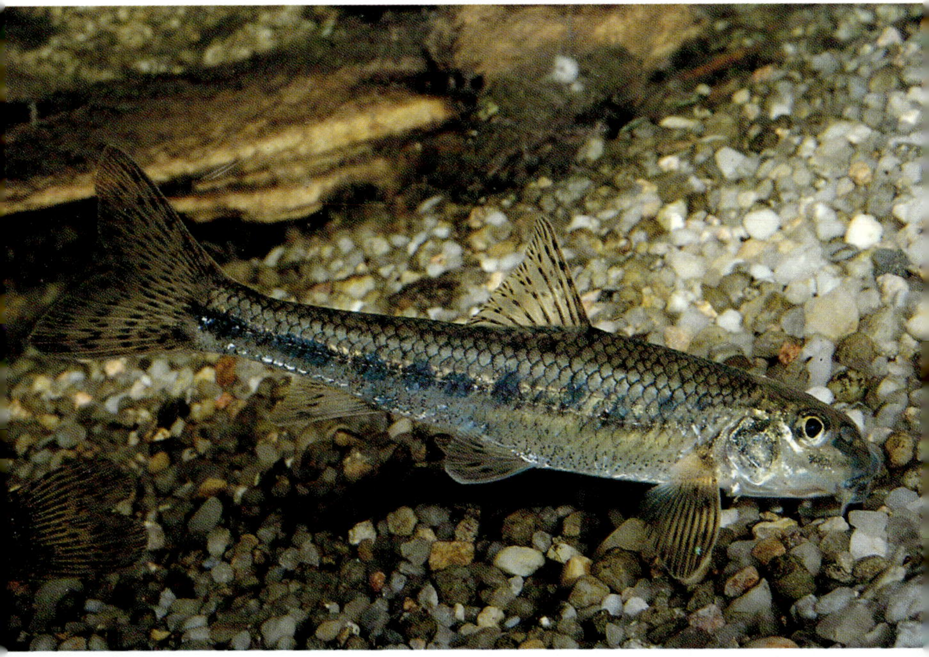

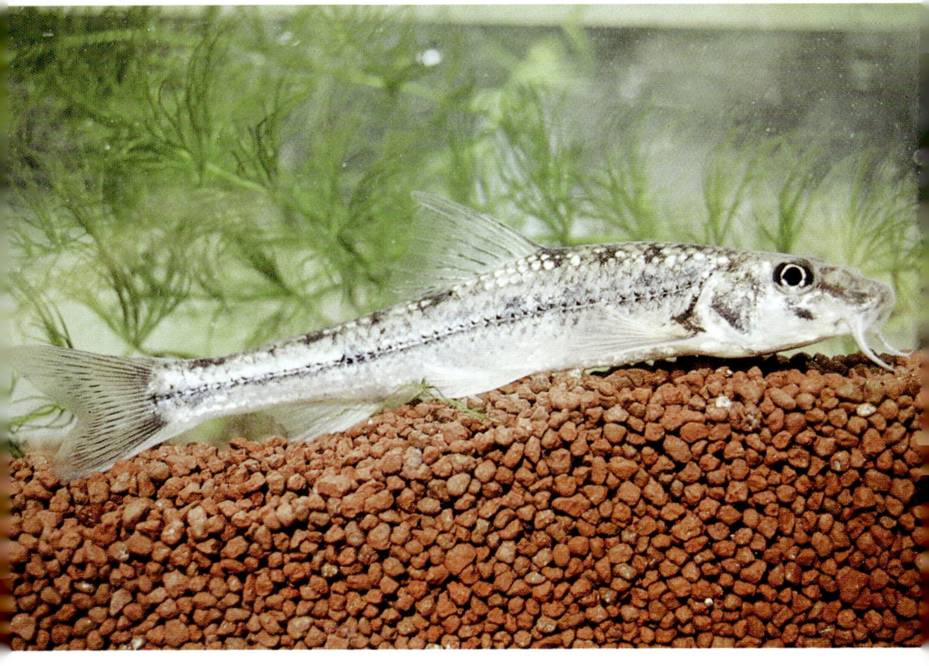

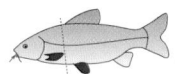

Schleie

Tinca tinca (LINNAEUS, 1758)
Familie: Cyprinidae, Karpfenfische

Merkmale: Bei der Schleie sitzt an den Winkeln des relativ kleinen, endständigen Mauls je 1 Bartfaden. Ihre Flossen sind abgerundet; die Schwanzflosse ist nur schwach eingekerbt. Das Männchen unterscheidet sich vom Weibchen durch den verdickten 2. Bauchflossenstrahl. Die tief unter der schleimigen Oberhaut sitzenden Schuppen sind klein. Typisch ist die olivgrüne bis braune Färbung mit dem Messingglanz. Flossen: D IV/8–9, A III–4/6–7, P I/15–17, V II/8–9; Seitenlinie 90–110 Schuppen; Schlundzahnformel: 4.–5., selten 5.–5. Schleien werden 20–40 cm (selten bis 60 cm) lang und über 2 kg schwer.

Verbreitung: Mit Ausnahme Schottlands und des nördlichen Skandinavien in europäischen Binnengewässern weit verbreitet.

Biologie: Die Schleie ist ein Bewohner langsam fließender (Bleiregion) und stehender Gewässer mit dichtem Pflanzenwuchs und schlammigem Bodengrund. Sie ist ein dämmerungs- und nachtaktiver Grundfisch. Nahrung: Wühlt im Schlamm nach Schnecken (z. B. Schleischnecke, *Bithynia tentaculata*), Muscheln, Insektenlarven und Pflanzen.

Fortpflanzung: Die Laichzeit liegt je nach Wassertemperatur zwischen Mai und Juli. Eiablage erfolgt portionsweise im Abstand von ca. 2 Wochen an ufernahen Wasserpflanzen. Das Weibchen legt bis zu 300 000 Eier. Die Larven heften sich mit Klebdrüsen an Pflanzen, bis die Kiemen ausdifferenziert sind. Danach ernähren sie sich zunächst von Plankton.

Wissenswertes: In Gewässern mit ausgedehnten Freiwasserzonen werden Schleien oft von Kiemenkrebsen *(Ergasilus)* parasitiert. Aufgrund ihres zarten und wohlschmeckenden Fleisches ein beliebter Speisefisch.

Karausche

Carassius carassius (LINNAEUS, 1758)
Familie: Cyprinidae, Karpfenfische

Merkmale: Der gedrungene und seitlich abgeflachte Körper wird im Alter zunehmend hochrückiger. Die relativ lange Rückenflosse ist am freien Rand nach außen gewölbt (konvex), ihr 2. Hartstrahl auf der Rückseite stark bezahnt. Gelbbraune Färbung mit Messingglanz. Vor allem bei Jungtieren befindet sich an der Schwanzwurzel ein dunkler Fleck. Das endständige Maul trägt keine Barteln. D III/17–19, A III/7, P 14–16, V 8–9; Seitenlinie: 32–35 Schuppen; Schlundzähne: 1reihig 4.–4. Reusendornen am ersten Kiemenbogen: 25–33. Wird bis 25 cm (max. 45 cm) lang und bis 3 kg schwer.

Verbreitung: In Binnengewässern Europas weit verbreitet; vielerorts durch den Menschen ausgesetzt.

Biologie: Lebt bevorzugt in langsam fließenden und stehenden Gewässern mit verkrautetem Uferbereich. Ist im Hinblick auf die Wassergüte extrem anpassungsfähig und kommt auch in Tümpeln und Pfuhlen vor, die temporär austrocknen. Den Winter und Trockenperioden übersteht sie eingegraben im Schlamm. Aufgrund bestimmter Anpassungen des Stoffwechsels können Karauschen temporär anaerobe (ohne Sauerstoff) Bedingungen überstehen. Nahrung: Pflanzenteile und -reste, wirbellose Bodentiere, besonders Zuckmücken- und Eintagsfliegenlarven.

Fortpflanzung: Die Laichzeit erstreckt sich von Mai bis Juni. Karauschen werden im 2. Lebensjahr geschlechtsreif. Je nach Größe legen die Weibchen bis 300 000 klebrige Eier (1 bis 1,5 mm ∅) an Wasserpflanzen. Die Larven besitzen vor den Augen Haftorgane, mit denen sie sich am Substrat anheften können.

Wissenswertes: Bei hohen Bestandsdichten oder ungünstiger Nahrungsgrundlage kann es zur Kleinwüchsigkeit (Steinkarausche) kommen. In nahrungsreichen Gewässern hingegen wächst die Karausche schnell heran und wird dann auch relativ hochrückig (Tellerkarausche). Darüber hinaus gibt es zwischen Karauschen und Karpfen Bastarde.

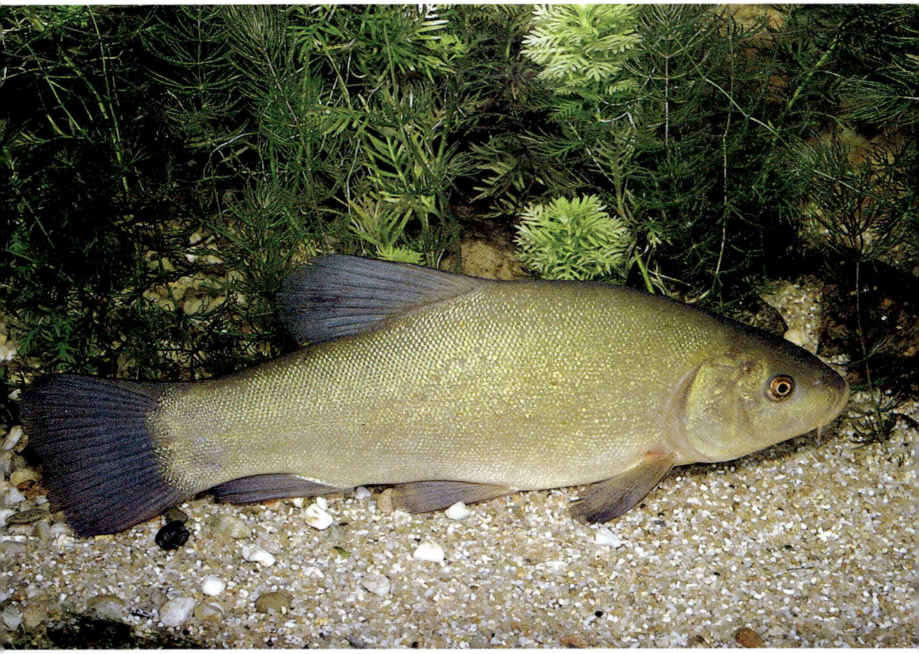

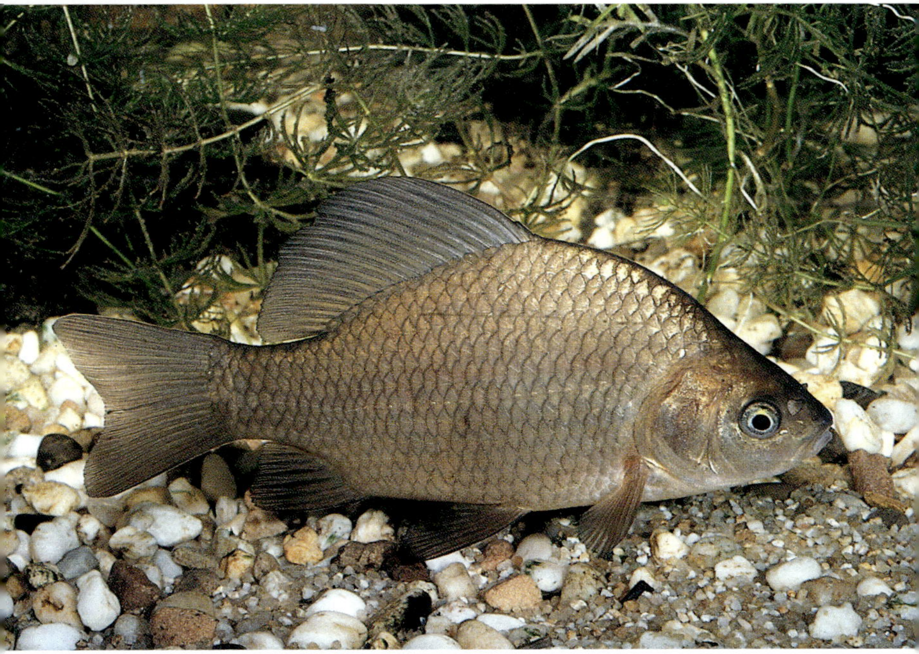

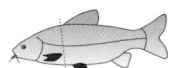

Giebel, Silberkarausche

Carassius auratus gibelio (BLOCH, 1783)
Familie: Cyprinidae, Karpfenfische

Merkmale: Der Körper ist gestreckt, seitlich abgeflacht und mehr oder weniger hochrückig. Endständiges Maul. Im Gegensatz zur Karausche (Verwechslungsgefahr) hat der Giebel eine leicht konkav gebogene Rückenflosse, 28–32 Schuppen entlang der Seitenlinie, 39–50 Reusendornen auf dem 1. Kiemenbogen und ein schwarzes Bauchfell. Barteln (wie beim Karpfen) und ein schwarzer Fleck auf dem Schwanzstiel von Jungfischen fehlen. Färbung: Rücken braun, Flanken messingfarben mit metallischem Glanz. Flossen: D III/17–19, A II/5–7, P 15–16, V 7–9; Schlundzähne: 1reihig: 4.–4. Länge: 15–30 cm (selten bis 45 cm).

Verbreitung: Ursprünglich in Ostasien beheimatet, gelangte er als Besatzfisch in Binnengewässer Mittel- und Osteuropas, wo er inzwischen eingebürgert ist.

Biologie: Der Giebel lebt bevorzugt in stehenden und langsam fließenden Gewässern mit weichem Grund und dichten Pflanzenbeständen. Er ist relativ unempfindlich gegen Gewässerverschmutzung und kann aufgrund von Anpassungen des Stoffwechsels temporär Sauerstoffmangel im Wasser überdauern. Dabei kann er seinen Stoffwechsel auf einen Gärungsprozess umstellen, bei dem unter anaeroben Bedingungen Energie gewonnen werden kann. Der Giebel ist im Hinblick auf seine Ernährung ausgesprochen anpassungsfähig. Neben einem breiten Spektrum an Plankton- und Benthosorganismen verschmäht er auch Detritus sowie Pflanzenteile nicht.

Fortpflanzung: Bis 380 000 Eier werden von Mai bis Juli zwischen Pflanzen abgelegt. Es gibt Populationen ohne Männchen: Die laichbereiten Weibchen mischen sich unter laichende Karpfenfische (z. B. Karausche, Karpfen oder Rotfeder). Die artfremden Spermien befruchten die abgelegten Eier nicht, stimulieren aber die Entwicklung. Diese als Gynogenese bezeichnete Art der Jungfernzeugung ermöglicht es einem einzigen Weibchen, das Überleben der Art in einem Gewässer zu sichern. Aufgrund des hohen Vermehrungspotenzials neigt der Giebel zu Zwergwuchs (Verbuttung).

Wissenswertes: Beliebter Teich- und Aquarienfisch.

Goldfisch

Carassius auratus auratus (LINNAEUS, 1758)
Familie: Cyprinidae, Karpfenfische

Merkmale: Der Goldfisch ist eine Zuchtform der asiatischen Silberkarausche. Diese ähnelt im Körperbau dem Giebel und ist grau bis olivfarben. Durch die Auswahl geeigneter Tiere wurden aus ihr in China und Japan der Goldfisch und zahlreiche Varianten gezüchtet, die sich in Form und Farbe unterscheiden (z. B. Schleierschwanz, Löwenkopf, Teleskopauge).

Verbreitung: Die Stammform kommt in den stehenden und langsam fließenden Gewässern Japans und Chinas vor. Der Goldfisch und seine Varianten sind als Zierfische und durch Besatz weltweit verbreitet.

Biologie: Goldfische sind anspruchslose und anpassungsfähige Bewohner von stehenden und fließenden Gewässern. Sie ernähren sich von Invertebraten (Kleinkrebsen, Insektenlarven), pflanzlichem Material und Fischlaich.

Fortpflanzung: In ihrer Heimat laichen Goldfische bei Wassertemperaturen von 18–22 °C von April bis Juni an Wasserpflanzen. Die grauen Jungfische färben sich erst nach 1–2 Jahren um. Goldfische können auch unter den klimatischen Bedingungen in Mitteleuropa reproduzierende Bestände bilden. So neigen sie insbesondere in urbanen Gewässern, z. B. Parkteichen, mangels natürlicher Fressfeinde zur Massenvermehrung.

Wissenswertes: Bereits im 17. Jahrhundert gelangten Goldfische nach Europa. Zunächst als Zierfische in Park- und Gartenteichen gehalten, werden sie heute von Aquarianern unkontrolliert in zahlreiche Gewässer eingesetzt.

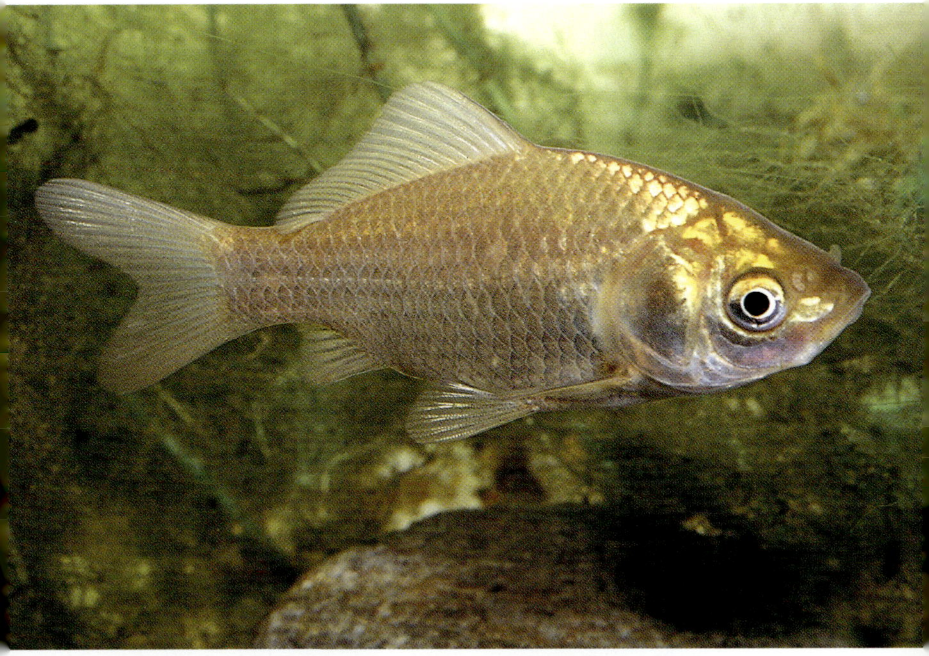

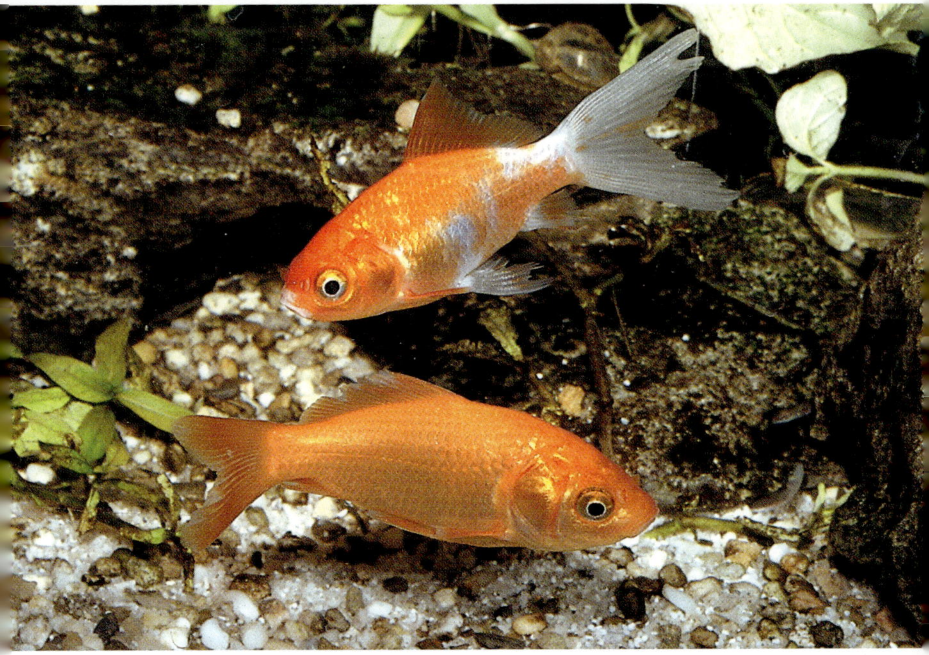

Karpfen

Cyprinus carpio LINNAEUS, 1758
Familie: Cyprinidae, Karpfenfische

Merkmale: Der Körper der vollständig beschuppten Stammform ist gestreckt und mehr
oder weniger seitlich abgeflacht. Man unterscheidet 4 hochrückige Zuchtformen: Schup-
penkarpfen (ganz beschuppt; oben), Spiegel-
karpfen (unregelmäßig auf dem Körper
verteilte Schuppen), Zeilkarpfen (eine Schuppenreihe entlang der Seitenlinie oder dem
Rücken; Mitte) und Lederkarpfen (ohne bzw.
mit wenigen Schuppen). Ein langes und ein
kurzes Paar Barteln am endständigen, rüsselartig ausstülpbaren Maul. Färbung: braun bis olivfarben, bei beschuppten Formen mit metallischem Glanz. Flossen: R III-IV/17–24, mit
ausgeprägtem Sägestrahl, A III/5–6, P I/15–16,
V II/8–9. Die Schlundzähne sind 3reihig:
1.1.3.–3.1.1. Länge: 30–40 cm (selten über 1 m).
Verbreitung: Die Wildform stammt aus den
Zuflüssen des Schwarzen und des Kaspischen
Meeres. In Europa bereits im Mittelalter durch
Besatz verbreitet und eingebürgert, heute
durch die Teichwirtschaft weltweit verbreitet.

Biologie: Bodenorientierter, Wärme liebender
Bewohner stehender und langsam fließender
Gewässer mit weichem Grund und dichtem
Pflanzenwuchs. Nahrung: Jungfische ernähren
sich von Plankton. Erwachsene Karpfen wühlen
im Grund nach Insektenlarven, Würmern,
Kleinkrebsen, Schnecken und Muscheln. Darü-
ber hinaus fressen sie gelegentlich auch
pflanzliches Material, Anflugnahrung und
Fischbrut.

Fortpflanzung: Bei einer Wassertemperatur
von 18–20 °C laichen Karpfen von Mai bis Juli
an seichten, pflanzenreichen Uferstellen (ver-
krautete Gräben, überschwemmte Wiesen). Je
nach Größe werden von einem Weibchen bis
300 000 Eier gelegt, die im Wasser bis zu
1,6 mm Durchmesser aufquellen und am Substrat kleben. Die nach 2–7 Tagen schlüpfenden
Larven heften sich mit am Kopf befindlichen
Klebedrüsen an Pflanzen. Vor dem Freischwimmen füllen sie die Schwimmblase an der Wasseroberfläche mit Luft. Das Wachstum ist stark
von der Wassergüte und vom Nahrungsangebot abhängig.

Wissenswertes: Wirtschaftlich bedeutender
Speise- und Angelfisch.

Graskarpfen, Grasfisch, Weißer Amur

Ctenopharyngodon idella (VALENCIENNES, 1844)
Familie: Cyprinidae, Karpfenfische

Merkmale: Langgestreckter, spindelförmiger
Körper mit breitem, horizontal abgeflachtem
Kopf. Am leicht unterständigen Maul befinden
sich keine Barteln. Die relativ großen Schuppen
sind am freien Rand dunkel gesäumt; dadurch
entsteht eine netzartige Körperzeichnung. Verwechslungsgefahr mit dem Döbel. Flossen:
D III/7, A III/8; Seitenlinie: 43–45 Schuppen;
Schlundzahnformel: (1)2.(4)5.–5(4).2; Schlundzähne sind gesägt und seitlich abgeschliffen.
Länge: bis 1 m; Gewicht: bis 60 kg.
Verbreitung: Das ursprüngliche Verbreitungsgebiet kann nur ungenau rekonstruiert werden,
da diese Art bereits im 10. Jahrhundert in China

ausgesetzt wurde. Durch Besatz in Europa weit
verbreitet.

Biologie: In China bewohnen Graskarpfen Flüsse und Seen mit Wassertemperaturen über
20 °C. Graskarpfen sind Wärme liebende Fische,
die bei entsprechenden Wassertemperaturen
(25–30 °C) mehr als das eigene Körpergewicht
in Form von Pflanzennahrung aufnehmen können. Im Winter und bei Temperaturen unter
15 °C stellen sie die Nahrungsaufnahme ein und
ruhen auf dem Gewässergrund.

Fortpflanzung: Zur Laichzeit ziehen sie in
schnell fließende Flussabschnitte und laichen
über kiesigem Grund. Die 1 mm großen Eier
quellen im Wasser stark auf und treiben mit der
Strömung flussabwärts. Die Larven schlüpfen
nach 1–2 Tagen. Wenn der Dottervorat aufgezehrt ist, ernähren sie sich zunächst von Plankton, später zunehmend von Pflanzen.

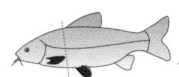

Marmorkarpfen

Aristichthys nobilis (RICHARDSON, 1845)
Familie: Cyprinidae, Karpfenfische

Merkmale: Der Marmorkarpfen hat einen langgestreckten, seitlich abgeflachten und mehr oder weniger hochrückigen Körper. Er hat einen breiten Kopf und ein schräg nach oben gerichtetes, oberständiges Maul. Im Gegensatz zum Silberkarpfen liegen die Augen unterhalb des oberständigen Mauls und der Bauch ist nur zwischen den Bauch- und Afterflossen gekielt. 114–120 Schuppen entlang der Seitenlinie. Färbung: Rücken und Flanken sind grau bis silbrig, mit dunkler Marmorierung, Bauch weißlich. Flossen: D III/10, A III/15–17, P I/17. Die Schlundzähne sind 1reihig: 4.–4. Länge: wird bis 1,5 m lang.

Verbreitung: In seiner Heimat nicht so weit nördlich wie der Silberkarpfen. In Mittel- und Osteuropa wurden Marmorkarpfen zur Bekämpfung von Phytoplankton, das sich durch die Eutrophierung in Massen vermehrte, ausgesetzt.

Biologie: Der Marmorkarpfen ernährt sich überwiegend von Zooplankton. Im Unterschied zum Silberkarpfen verlängert sich sein Darm nur um die 4–5fache Körperlänge. Bei niedrigen Wassertemperaturen frisst er auch Würmer, Mollusken und Insektenlarven.

Fortpflanzung: In seiner Heimat laicht er bei Wassertemperaturen über 25 °C im freien Wasser. In Mitteleuropa kann er sich aufgrund der klimatischen Bedingungen nicht auf natürliche Weise reproduzieren.

Wissenswertes: Marmor- und Silberkarpfen gelten als wohlschmeckende Speisefische. Als allochthone (nicht einheimische) Art sollte der Marmorkarpfen künftig nicht in einheimische Gewässer eingesetzt werden.

Silberkarpfen

Hypophthalmichthys molitrix VALENCIENNES, 1844
Familie: Cyprinidae, Karpfenfische

Merkmale: Der Silberkarpfen hat einen lang gestreckten, seitlich abgeflachten und mehr oder weniger hochrückigen Körper. Er hat einen breiten Kopf und ein schräg nach oben gerichtetes, oberständiges Maul. Der Silberkarpfen unterscheidet sich vom Marmorkarpfen durch die Lage der Augen. Diese liegen beim Silberkarpfen auf Höhe des Maules. Die Bauchseite ist von den Kiemenspalten bis zur Afterflosse gekielt. 110–124 Schuppen entlang der Seitenlinie. Färbung: Rücken dunkelgrau bis bräunlich, Flanken und Bauch silbrig. Flossen: D III/7, A II–III/12–14. Die Schlundzähne sind 1reihig: 4.–4. Länge: wird bis 1,2 m lang.

Verbreitung: Ursprünglich aus Flüssen und Seen Chinas stammend, wurden Silberkarpfen zur Bekämpfung von Algenblüten und zur Steigerung der Fischproduktion in zahlreiche Binnengewässer Mittel- und Osteuropas eingesetzt.

Biologie: Bewohnt in seiner Heimat warme, nährstoffreiche Flüsse und Seen. Er ernährt sich erwachsen überwiegend von pflanzlichem Plankton, das er mit Hilfe von Kiemenreusendornen aus dem Wasser filtert. Dabei kann er mit den Kiemenreusen Partikel bis 0,1 mm Größe zurückhalten. In Anpassung an die pflanzliche Ernährung erreicht der Darmtrakt die 6–7fache Körperlänge.

Fortpflanzung: In China laichen sie von Mai bis Juli im freien Wasser. Ein Weibchen legt bis zu 500 000 Eier. Unter den klimatischen Bedingungen Europas kommt es nicht zur natürlichen Fortpflanzung.

Wissenswertes: Mit dem Besatz von Silberkarpfen erhoffte man sich insbesondere in den Ländern des ehemaligen Ostblocks eine Steigerung der Fischproduktion in den jeweiligen Binnengewässern. Da sich die Adulten keiner heimischen Fischart von pflanzlichem Plankton ernähren können, sollte der Silberkarpfen diese Biomasse direkt verwerten und in Fischfleisch umwandeln. Aus ökologischen Gründen sollte auf das weitere Aussetzen von in europäische Gewässer verzichtet werden.

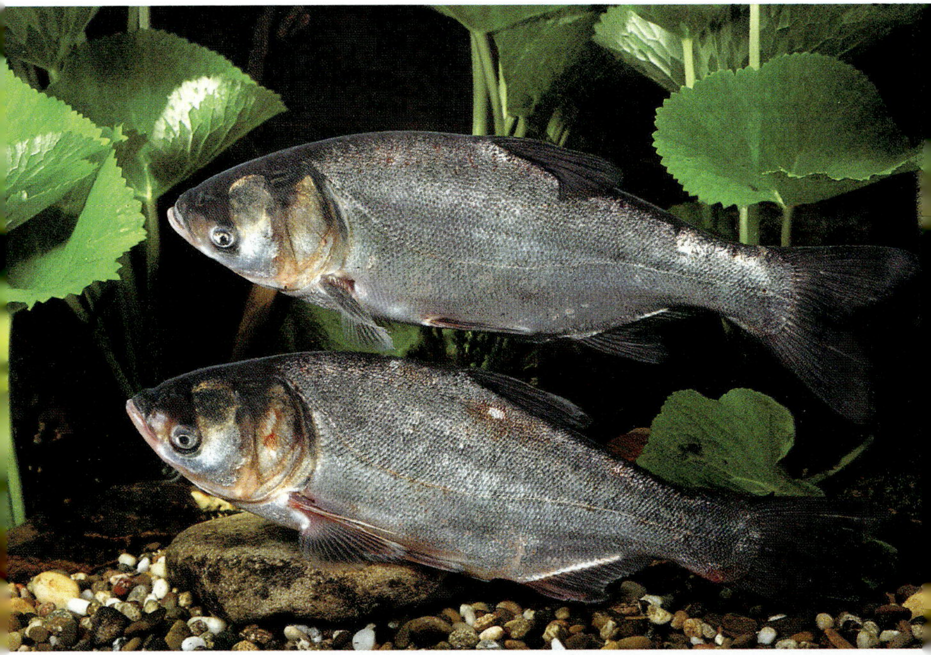

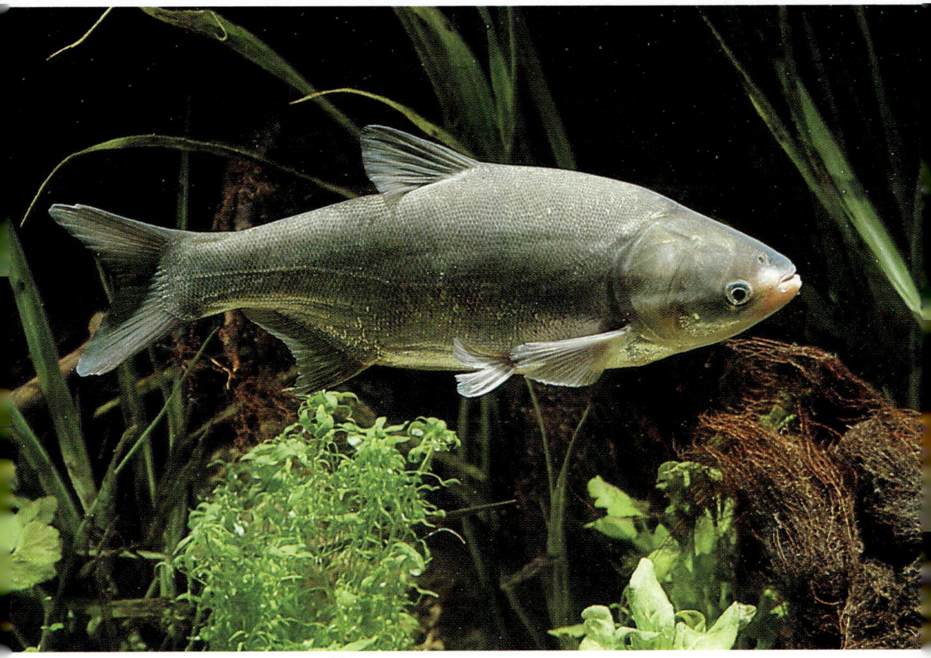

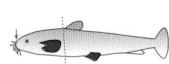
Schmerle, Bachschmerle, Bartgrundel

Barbatula barbatula (LINNAEUS, 1758)
Familie: Cobitidae, Schmerlen

Merkmale: Die Schmerle hat einen langgestreckten, drehrunden, nur am Schwanz seitlich abgeflachten Körper. Ihr Kopf ist horizontal abgeplattet, das Maul unterständig. Auf der Oberlippe befinden sich 6 Bartfäden. Die Nasenöffnung ist röhrenartig erweitert. Unter dem Auge befindet sich ein stumpfer, aufrichtbarer Dorn. Die Schuppen sind sehr klein und fehlen auf der Brust und dem Vorderrücken. Färbung: Rücken und Flanken sind grau bis braun und dunkel marmoriert. Der Bauch ist weißlich. Flossen: D III/7, A III/5, P I/12, V I7. Länge: bis 12 cm (selten bis 16 cm).
Verbreitung: Binnengewässer von West- über Mitteleuropa bis nach Sibirien.

Biologie: Die Schmerle lebt als rheophile Art in der Forellen- und Barbenregion flacher Fließgewässer und in der Uferregion klarer Seen. Sie bevorzugt steinigen bis kiesigen Grund und ist überwiegend nachtaktiv. Sie ernährt sich von Insektenlarven, Kleinkrebsen und Würmern, gelegentlich auch von Fischlaich.
Fortpflanzung: Laichzeit von April bis Mai. Beide Geschlechter bilden einen Laichausschlag an der Innenseite der Bauchflossen. Die ca. 400 klebrigen Eier (1 mm Ø) werden nachts an Steine geheftet und bis zum Schlüpfen vom Männchen bewacht. Die Geschlechtsreife tritt nach 2–3 Jahren ein.
Wissenswertes: In Deutschland ist diese Art gefährdet. Die Gewässerverschmutzung und die durch gewässerbauliche Maßnahmen verursachte Isolierung von Populationen in einzelnen Fließgewässern haben in der Vergangenheit zum Rückgang der Bestände geführt.

Schlammpeitzger

Misgurnus fossilis (LINNAEUS, 1758)
Familie: Cobitidae, Schmerlen

Merkmale: Langgestreckter, vorne drehrunder Körper mit engem, unterständigem Maul, das von 10 Barteln umgeben ist; 6 längere befinden sich am Oberkiefer, 4 kürzere am Unterkiefer. Die kleinen Schuppen sind tief in die schleimige Haut eingebettet. Röhrenförmige Nasenöffnung. Die Männchen haben schmale, spitz zulaufende Brustflossen und einen verdickten 2. Brustflossenstrahl. Färbung: Rücken und Flanken sind gelblich mit braunen Längsbinden und feiner, dunkler Punktierung; der Bauch ist orangefarben. Flossen: D III/5–6, A II–III/5, P I/10, V I/5–6. Länge: wird 20–30 cm lang.
Verbreitung: Binnengewässer in Mittel- und Osteuropa nördlich der Alpen und des Balkans. Fehlt auf den Britischen Inseln, in Skandinavien und auf der Iberischen Halbinsel.
Biologie: Bewohnt flache, stehende oder langsam fließende Gewässer mit schlammigem Grund und dichten Pflanzenbeständen. Stationärer Bodenfisch, der sich tagsüber zwischen Wasserpflanzen, Wurzeln oder im Schlamm verborgen hält. Nachts sucht er nach wirbellosen Kleintieren, wie Insektenlarven, kleinen Würmern, Schnecken und Muscheln. An die oft niedrigen Sauerstoffkonzentrationen in den von ihm besiedelten Gewässern ist er hervorragend angepasst. Er kann einen Teil seines Sauerstoffbedarfs über die Haut decken und ist in der Lage, zusätzlich (akzessorisch) über den Darm zu atmen. An der Wasseroberfläche geschluckte Luft wird in den mit zahlreichen Blutgefäßen ausgestatteten Darm gepresst und anschließend über den After abgegeben. Den Winter und das Austrocknen des Gewässers überdauern Schlammpeitzger tief eingegraben im Schlamm.
Fortpflanzung: Laichzeit von April und Juni. Bis 15 000 Eier (1,5 mm Ø) werden über mehrere Wochen hinweg portionsweise an Wasserpflanzen und Wurzeln abgelegt. Der nur schwach klebrige Laich sinkt nach der Ablage zu Boden. Die nach etwa 10 Tagen schlüpfenden Larven haben fadenförmige Außenkiemen. Durch Vernichtung geeigneter Gewässer ist die Art heute stark gefährdet.

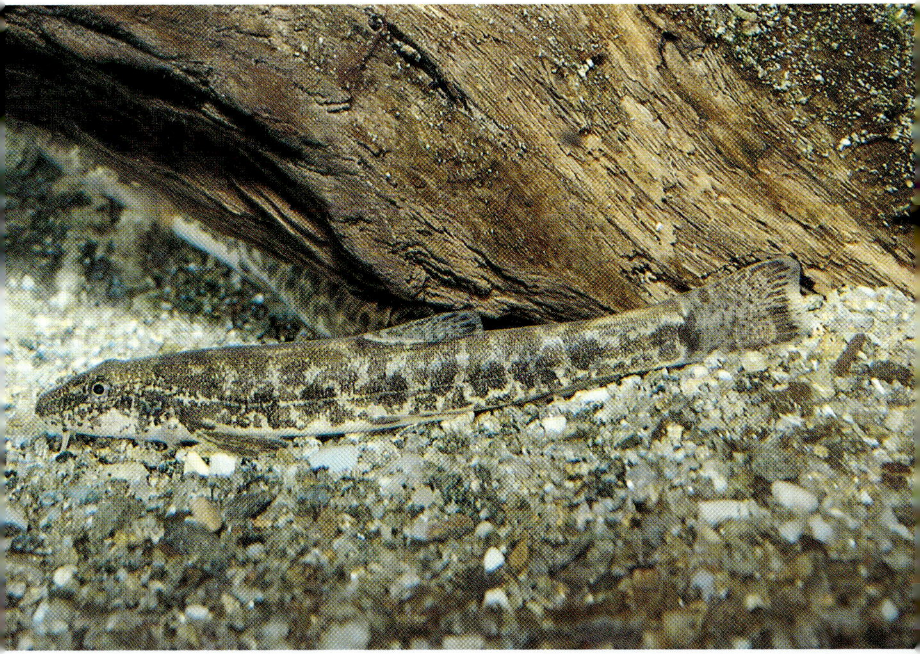

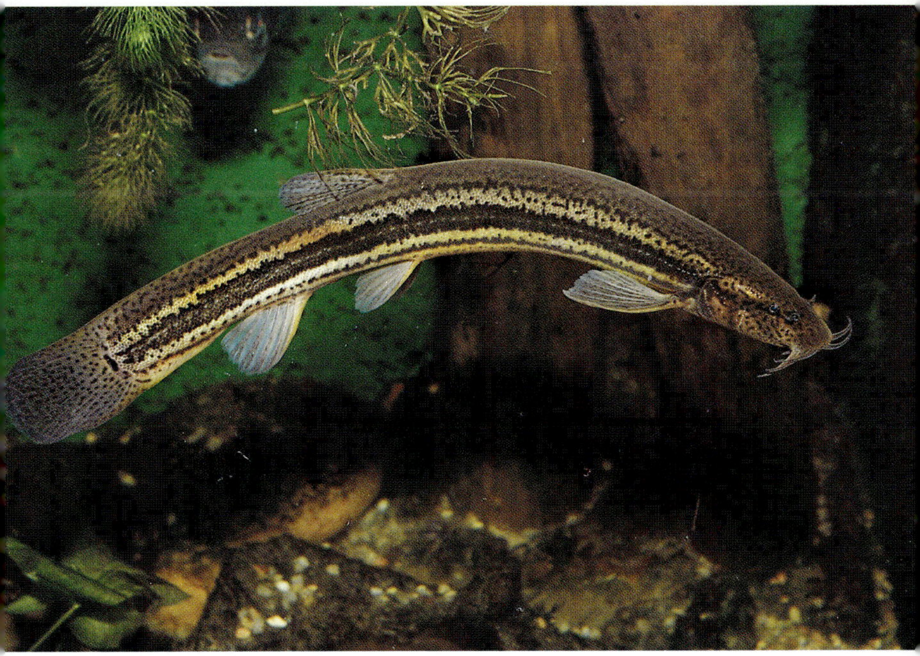

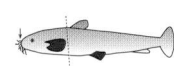

Steinbeißer, Dorngrundel

Cobitis taenia LINNAEUS, 1758
Familie: Cobitidae, Schmerlen

Merkmale: Der Kopf und der langgestreckte, zierliche Körper sind seitlich abgeflacht. Unterhalb der kleinen Augen befindet sich ein aufrichtbarer, 2spitziger Dorn. Das unterständige Maul trägt am Oberkiefer 6 kurze Barteln. Schuppen sehr klein. Grundfärbung gelblich, mit dunklen Flecken und Marmorierungen. Unterhalb der Seitenlinie ist eine Reihe großer, dunkler Flecken; darüber befinden sich mehrere Reihen kleiner Flecken und Striche. Flossen: D III/7, A III/5, P I/6–8, V I/5. Länge: bis 12 cm.
Vorkommen: Binnengewässer Mittel- und Osteuropas.

Biologie: Überwiegend dämmerungs- und nachtaktiver Bodenfisch, der bevorzugt klare Fließgewässer und Seen mit sandigem Grund bewohnt. Tagsüber bis zum Kopf im Sand verborgen. Bei der Nahrungsaufnahme durchkauen Steinbeißer den Sand nach Rädertierchen, Kleinkrebsen, Würmern und abgestorbenem organischen Material und stoßen ihn durch die Kiemenöffnungen wieder aus.
Fortpflanzung: Laichzeit von April bis Juli. Bis 200 klebrige Eier werden vom Weibchen an Wasserpflanzen und Steine gelegt. Bei Sauerstoffmangel im besiedelten Gewässer können Steinbeißer zusätzlich (akzessorisch) über den Darm atmen.
Wissenswertes: In Deutschland ist die Art stark gefährdet.

Katzenwels, Zwergwels

Ictalurus nebulosus (LE SUEUR, 1809)
Familie: Ictaluridae, Katzenwelse

Merkmale: Der Katzenwels hat einen gestreckten, besonders im hinteren Bereich seitlich abgeflachten Körper. Sein horizontal abgeflachter Kopf trägt 8 Barteln, davon 4 lange am Oberkiefer und 4 kurze am Unterkiefer. Seine Haut trägt keine Schuppen. Gegenüber der Afterflosse befindet sich eine strahlenlose Fettflosse. Der 1. Strahl der Rückenflosse ist als Stachel ausgebildet. Flossen: D I/6, A I/20–23, P I/8, V 8. Färbung: dunkelgrau bis braun. Länge: kann 25–45 cm lang werden.
Verbreitung: Aus Nordamerika stammend, seit Ende des vorigen Jahrhunderts in Mitteleuropa ausgesetzt und eingebürgert.
Biologie: Nachtaktiver Grundfisch, der ste-

hende und langsam fließende Gewässer mit weichem Grund bevorzugt. Nahrung: Jungtiere ernähren sich überwiegend von am Boden lebenden Insektenlarven, Kleinkrebsen, Würmern und Mollusken, erwachsene Tiere (ab 10 cm Länge) darüber hinaus auch von Fischlaich und -brut, kleinen Fischen und Amphibienlarven.
Fortpflanzung: Zur Laichzeit von Mai bis Juli bauen Katzenwelse in flachen Mulden Nester aus Pflanzenmaterial, in die sie (je nach Größe des Weibchens) 500–4000 Eier (3 mm Ø) legen. Das Männchen bewacht sowohl den Laich als auch die nach 4–6 Tagen schlüpfenden Larven.
Wissenswertes: Katzenwelse können sich als Neozoen in heimischen Binnengewässern reproduzieren und einen Fraßdruck auf heimische Kleinfischarten ausüben. Aus ökologischen Gründe sollten diese Arten nicht in heimische Gewässer eingesetzt werden.

Schwarzer Katzenwels, Schwarzer Zwergwels

Ictalurus melas (LE SUEUR, 1809)
Familie: Ictaluridae, Katzenwelse

Merkmale: *Ictalurus melas* unterscheidet sich von *I. nebulosus* durch die geringere Anzahl der

Afterflossenstrahlen (A I/16–20), die schwarze Färbung und die schwarz gefärbten Flossenhäute. Länge: bis 30 cm.
Verbreitung: Aus Nordamerika stammend; in Mitteleuropa eingebürgert.
Biologie: Ernährung und Fortpflanzung wie bei *I. nebulosus*.

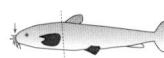

Wels, Waller

Silurus glanis LINNAEUS, 1758
Familie: Siluridae, Welse

Merkmale: Der Wels hat einen langgestreckten, schuppenlosen Körper, der hinten seitlich abgeflacht ist. Markant sind der große, horizontal abgeflachte Kopf sowie die 2 langen Barteln am Oberkiefer und die 4 kürzeren am Unterkiefer. Im Maul befinden sich zahlreiche, in mehreren Reihen angeordnete und nach hinten gerichtete Zähne, die als Hechelzähne bezeichnet werden. Welse haben relativ kleine Augen. Färbung: Der Rücken ist dunkelbraun oder schwarz und mit bläulichem Schimmer, die Flanken sind hell und dunkel marmoriert. Die Rückenflosse ist auffällig klein, die Afterflosse dagegen sehr lang und reicht bis zur Schwanzflosse. Flossen: D I/4, A 90–92, P I/14–17, V 11–13. Länge: bis über 2 m (in seltenen Fällen bis 3 m lang und bis 150 kg schwer).

Verbreitung: Der Wels besiedelte ursprünglich Binnengewässer in Mittel- und Osteuropa bis zum Einzugsgebiet der Elbe. Er fehlte in West- und Südeuropa. Durch Besatz ist er inzwischen weit verbreitet. Dringt auch bis ins Brackwasser der Ostsee vor.

Biologie: Welse besiedeln als standorttreue Einzelgänger mit bodenorientierter Lebensweise Flüsse (Bleiregion) und Seen. Sie sind überwiegend dämmerungs- und nachtaktiv und halten sich tagsüber in Einständen versteckt. Dabei nutzen sie im Wasser befindliche Baumstämme ebenso wie Kolke. Jungfische fressen Insektenlarven, Schnecken und Muscheln; ältere Exemplare dagegen ernähren sich von Fischen und Amphibien. In seltenen Fällen erbeuten sie auch wasserlebende Vögel und Säugetiere.

Fortpflanzung: Von der Wassertemperatur abhängig (mindestens 18–20 °C) beginnt die Laichzeit im Mai und erstreckt sich bis in den Juli. Die gelben, klebrigen Eier (ca. 30 000 je kg Körpergewicht) werden an verkrauteten Uferstellen in eine nestähnliche Mulde gelegt und vom Männchen bis zum Schlüpfen der Brut (3–10 Tage) bewacht. Die Larven ähneln Kaulquappen und haben Haftorgane, mit denen sie sich an das Substrat heften, bis der Dottervorrat aufgebraucht ist. Danach ernähren sie sich zunächst von Plankton. Bei entsprechendem Nahrungsangebot und hohen Temperaturen wachsen Welse sehr schnell (nach 1 Jahr bis 50 g schwer). Welse können wahrscheinlich über 80 Jahre alt werden.

Wissenswertes: In der Roten Liste Deutschlands wird der Wels den stark gefährdeten Fischarten zugeordnet. Der Uferverbau an Flüssen und Seen verursacht einen Mangel an geeigneten Laichplätzen mit seichten und verkrauteten Stellen. Querverbauungen behindern zusätzlich stromaufwärts gerichtete Wanderungen, was u. a. in der Donau seinen Rückgang bedingte. Der Bestand wird vielerorts durch Besatz gestützt. In Griechenland lebt eine verwandte Art (*Silurus aristotelis* AGASSIZ), die nur 2 Barteln an der Kopfunterseite trägt und deren interessantes Brutpflegeverhalten bereits von Aristoteles beschrieben wurde.

Zur Gruppe der »Welsartigen« (Siluriformes) gehören weltweit etwa 2000 Arten, die überwiegend in tropischen und subtropischen Binnengewässern beheimatet sind. Sie sind primäre Süßwasserfische, d. h., sie stammen nicht von im Meer lebenden Vorfahren ab. Innerhalb der Knochenfische gehören die Welse und die Karpfenfische zu den so genannten Ostariophysen. Diese haben ein ausgezeichnetes Hörvermögen, wobei die Schallschwingungen über die Schwimmblase wahrgenommen und über abgewandelte Wirbel bis ins Innenohr geleitet werden. Diese abgewandelten Wirbel wurden nach ihrem Entdecker als Webersche Knöchelchen bzw. als Weberscher Apparat bezeichnet.

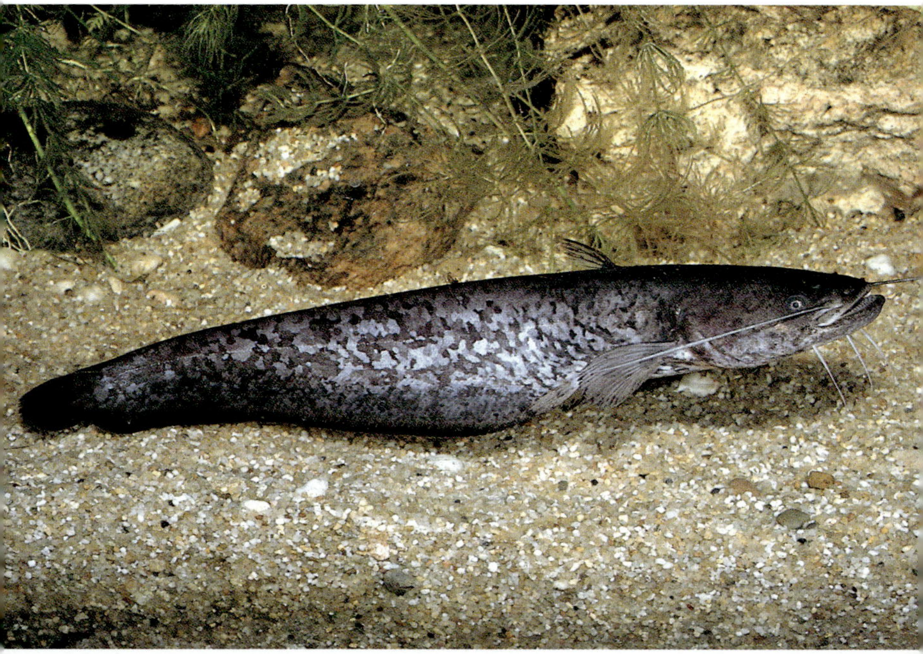

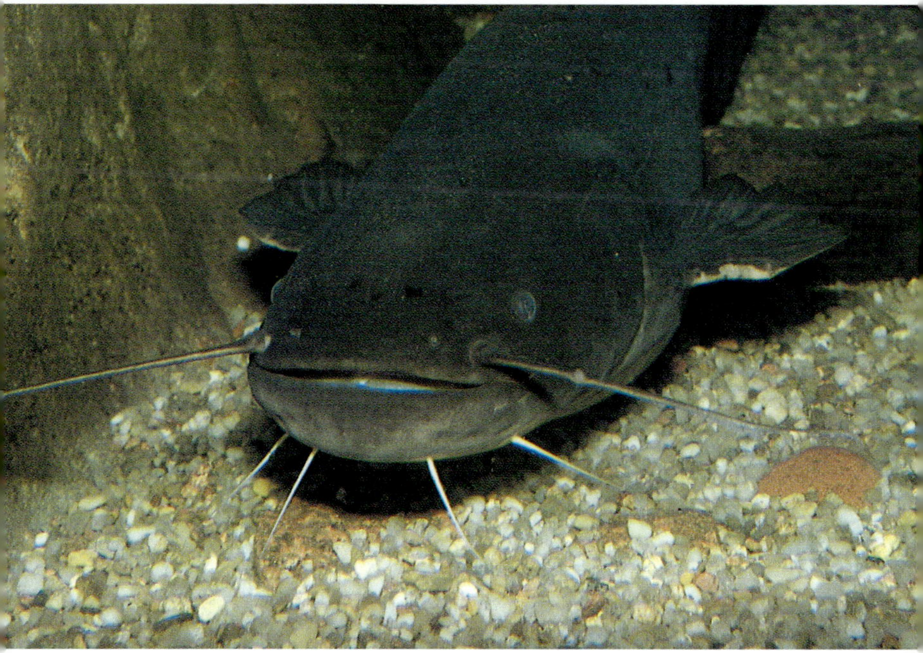

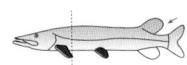

Hecht

Esox lucius LINNAEUS, 1758
Familie: Esocidae, Hechte

Merkmale: Der Hecht hat einen markanten, langgestreckten, seitlich abgeflachten Körper mit großer, entenschnabelförmiger Schnauze. Sein weites Maul ist mit nach hinten gebogenen Zähnen besetzt. Die Bauchflossen befinden sich etwa in der Körpermitte, d. h. weit hinter den Brustflossen. Die Rückenflosse ist weit nach hinten verschoben, ihr Ansatz liegt gegenüber der Afterflosse. Junge Hechte sind meist grünlich gefärbt (Grashechte). Bei älteren Hechten können auch gelbliche bzw. bräunliche Farbtöne dominieren. Flossen: D VII–VIII/13–15, A IV–V/12–14, Pl/3, VI/18. Die Seitenlinie erstreckt sich über 110–130 Schuppen. Während die Männchen 90–100 cm lang und bis 8 kg schwer werden, können die Weibchen bis 1,5 m und ein Gewicht von über 20 kg erreichen.

Verbreitung: Binnengewässer in Europa, Nordasien und Nordamerika. Fehlt in Spanien, Süditalien und Nordskandinavien. Kommt auch in der Ostsee vor. Gehört zu den am weitesten verbreiteten Süßwasserfischarten.

Biologie: Der Hecht besiedelt langsam fließende und stehende Gewässer. Er ist standorttreu und lebt bevorzugt in ufernahen Bereichen, wo er farblich angepasst zwischen Wasserpflanzen bzw. unter überhängenden Bäumen o. Ä. auf seine Beute lauert. Erwachsene Hechte ernähren sich vor allem von Fischen, wobei auch Artgenossen nicht verschmäht werden. Daneben erbeuten sie auch Frösche sowie gelegentlich junge Wasservögel. Als angepasster Stoßjäger ist der Hecht mit seinem torpedoförmigen Körper weder ein besonders wendiger noch ausdauernder Schwimmer, der seine Beute verfolgen kann. Er orientiert sich hauptsächlich mit seinen Augen und mit seinem gut entwickelten Seitenlinienorgan. Zu Letzterem gehören auch die zahlreichen Poren am Kopf. Mit dem Seitenlinienorgan kann der Hecht die Schwimmbewegungen seiner Beutefische orten. Hechte jagen überwiegend tagaktiv. Sie schnappen ihre Beute im schnellen Vorstoß von der Seite und verschlucken sie mit dem Kopf voran. Die Beutefische können so groß sein, dass sie nicht auf einmal verschluckt werden können.

Fortpflanzung: Der Hecht laicht von Februar bis Mai in flachen, verkrauteten Uferbereichen sowie auf überschwemmten Wiesen. Das Laichen erfolgt paarweise oder in Gruppen. Das Weibchen legt dabei je nach Größe bis 100 000 gelbliche Eier, die einen Durchmesser von 3 mm haben. Der klebrige Laich haftet an Wasserpflanzen. Die Larven schlüpfen nach 10–30 Tagen und ernähren sich zunächst von ihrem Dottervorrat. Mit Hilfe einer am Kopf befindlichen Drüse, die ein klebriges Sekret abscheidet, können sie sich an Substrate heften, bis sie zur freischwimmenden Lebensphase übergehen. Zunächst ernähren sich die Jungfische von im Plankton lebenden Krebsen. Sie können relativ rasch wachsen und packen dann zunehmend größere Beute. Die Geschlechtsreife erreichen Hechte meist im Alter von 3–4 Jahren, gelegentlich auch früher.

Wissenswertes: Das Stauhaltung von Flüssen verursachte das Ausbleiben der jährlichen Hochwasser in vielen Flüssen. Dadurch und durch das Trockenlegen von Gräben und ufernahen Feuchtwiesen wurden zahlreiche Laichplätze vernichtet. Infolgedessen entwickelt sich der Hechtbestand vielerorts rückläufig und muss durch Besatz gestützt werden. Durch seinen Fraßdruck auf umwelttolerante Fischarten wirkt er deren Massenentwicklung entgegen. Aus diesem Grund hat er in heimischen Binnengewässern eine wichtige regulierende Rolle. Der Hechtbestand in einem Gewässer wird von der Strukturvielfalt der Ufer beeinflusst. In deckungsreichen Gewässern mit ausgeprägter Ufervegetation können sich mehr Hechte entwickeln, da diese zu Kannibalismus neigen und sich sonst gegenseitig dezimieren. Zur Familie der Hechte gehören 6 Arten. Wie die Karpfenfische gehören Hechte zu den Physostomen, bei denen auch adulte Exemplare eine Verbindung zwischen dem Vorderdarm und der Schwimmblase haben.

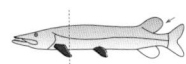

Hundsfisch

Umbra krameri WALBAUM, 1792
Familie: Umbridae, Hundsfische

Merkmale: Langgestreckter, hechtähnlicher Körper mit stumpfem Kopf. Die Rückenflosse setzt hinter den Bauchflossen an; die Schwanzflosse ist nach außen gerundet. Die relativ großen Schuppen bedecken auch die Kiemendeckel und Teile des Kopfes. Färbung: Rücken und Flanken braun mit unregelmäßigen dunklen Flecken, Unterseite gelblich bis weiß. Ein heller Streifen reicht vom Kiemendeckel bis zum Schwanzstiel. Flossen: D 15–16, A 7–8. Länge: Männchen können bis 8 cm, Weibchen bis 13 cm lang werden.

Verbreitung: Binnengewässer in Südosteuropa; im Einzugsgebiet der Donau. In Deutschland in einigen Gewässern eingebürgert.

Biologie: Bewohner pflanzenreicher, flacher Gewässer mit schlammigem Grund (Tümpel, Gräben, Sümpfe). Bei niedrigen Sauerstoffkonzentrationen im Wasser atmen Hundsfische zusätzlich über die Schwimmblase. Diese kann über eine Verbindung zum Darm Luft aufnehmen, die zuvor an der Wasseroberfläche geschluckt wurde. Die Nahrung besteht aus Kleinkrebsen, Insektenlarven und Fischbrut.

Fortpflanzung: Die Weibchen legen in der Laichzeit von Februar bis April bis 400 Eier auf pflanzliches Material, die sie bis zum Schlüpfen der Larven bewachen (6–10 Tage). Die Geschlechtsreife tritt nach 2 Jahren ein.

Wissenswertes: Weiträumige Trockenlegungen der von dieser Art besiedelten Gewässer haben zu einen Rückgang der Bestände geführt.

Hornhecht

Belone belone (LINNAEUS, 1761)
Familie: Belonidae, Hornhechte

Merkmale: Der Hornhecht hat einen extrem langgestreckten, schlanken, an beiden Enden spitz zulaufenden Körper mit schnabelartig verlängertem Maul. Letzteres ist mit zahlreichen kleinen, spitzen Zähnen versehen. Der Unterkiefer ist länger als der Oberkiefer. Die Bauchflossen sind bauchständig und setzen weit hinter den Brustflossen an. Die Rückenflosse sitzt am hinteren Körperende, gegenüber der Afterflosse. Die Schwanzflosse ist spitz eingekerbt. Flossen: D II/15–16, A II/18–21, P I/11–13, V 6–7. Färbung: Körper grau bis silbrig glänzend, Rippenbögen grün. Länge: kann 40–50 cm (max. 90 cm) lang werden und dabei ein Gewicht von 1 kg erreichen.

Verbreitung: Nordostatlantik von Island und Skandinavien bis Marokko; Nord- und Ostsee, Mittelmeer und Schwarzes Meer.

Biologie: Pelagischer Schwarmfisch, der sich meist an der Wasseroberfläche aufhält und sich überwiegend von kleinen Fischen ernährt. Er ist ein guter Schwimmer, der auf der Flucht vor Fressfeinden auch aus dem Wasser springt. Unternimmt innerhalb des Verbreitungsgebietes ausgedehnte Wanderungen. Jungfische bevorzugen Küstengewässer.

Fortpflanzung: In der Laichzeit wandern Hornhechte in großen Schwärmen zu den an seichten Küsten gelegenen Laichplätzen. Dort geben die Weibchen von Mai bis September jeweils 1000–35 000 Eier (3 mm Ø) ab, die mit ihren langen, klebrigen Fäden am Substrat (Tang oder Steine) haften. Die 13 mm langen Larven schlüpfen nach 5 Wochen und ernähren sich zunächst von Plankton. Mit 2 Jahren werden sie geschlechtsreif. Hornhechte können bis 18 Jahre alt werden.

Wissenswertes: Die Familie der Hornhechte umfasst weltweit 30 Arten, die in tropischen und gemäßigten Meeren verbreitet sind und vielerorts auch als Speisefische geschätzt werden. Beim Hornhecht sind die Knochen durch eingelagertes Vivianit grün gefärbt. Aufgrund dieser für manche unappetitlich wirkenden Skelettfarbe wird er nur in geringem Umfang als Speisefisch vermarktet.

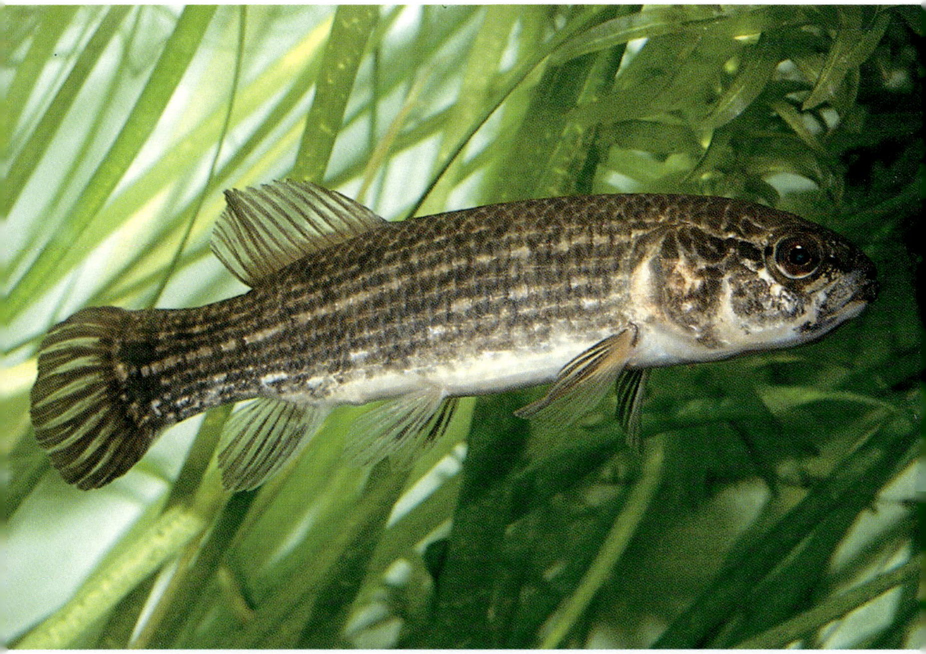

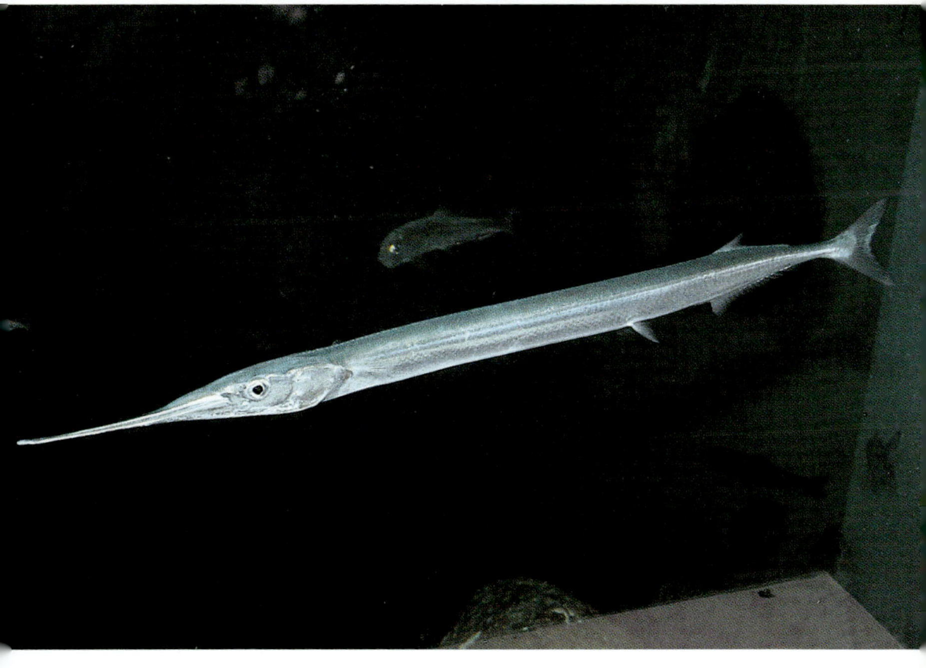

Zwergstichling, Neunstachliger Stichling

Pungitius pungitius LINNAEUS, 1758
Familie: Gasterosteidae, Stichlinge

Merkmale: Der Zwergstichling hat einen langgestreckten, schlanken, im Querschnitt hochovalen Körper. Sein Maul ist leicht oberständig und schräg nach oben gerichtet. Variable Anzahl gekielter Knochenschildchen auf dem Schwanzstiel. Die 8–11 auf dem Rücken befindlichen Stacheln stehen nicht genau auf der Mittellinie, sondern alternierend rechts und links versetzt, um sich beim Niederlegen nicht gegenseitig zu behindern. Färbung: variabel; Rücken dunkelgrau bis braun, Flanken gelblich oder olivfarben, Bauch weiß (Foto oben). Auf dem Körper befindet sich häufig ein Tarnmuster aus unregelmäßigen dunklen Bändern und Flecken. Zur Laichzeit färbt sich der Körper des Männchens schwarz, die Bauchstacheln werden weiß (Foto Mitte). Flossen: D1 VIII–XI, D2 9–11, A I/8–11, P 10, V I/1. Länge: bis 7 cm.

Verbreitung: Zirkumpolar; in Europa Binnengewässer nördlich der Pyrenäen, der Alpen und auf dem Balkan.

Biologie: Der Zwergstichling bevorzugt stehende und fließende Kleingewässer (Teiche, Tümpel, Bäche, Wiesengräben) mit dichtem Pflanzenbestand. In größeren Fließgewässern findet man ihn selten. Nahrung: Kleinkrebse, Würmer, Insektenlarven, Fischlaich, gelegentlich auch pflanzliches Material.

Fortpflanzung: Nach einer Wanderung aus den Überwinterungsquartieren laichen die Tiere in Europa von März bis September. Im Frühjahr, zu Beginn der Fortpflanzungszeit, färbt sich der Körper des Männchens schwarz und der erste Strahl der Bauchflossen weiß. Zwergstichlinge grenzen Reviere ab, die sie aggressiv gegen Artgenossen verteidigen. Im Gegensatz zu den 3stachligen Stichlingen bauen sie ihr röhrenförmiges Nest häufig zwischen Pflanzen. Dabei kann das Nest am Fuß von Pflanzen liegen oder in ihnen hängen. Es besteht aus pflanzlichem Material, welches mit einem Nierensekret verklebt wird. Hierfür umschwimmt das Männchen das Nest und gibt dabei das Sekret in Form eines Fadens ab. Ständig werden weitere Pflanzenteile herangetragen, mit dem Maul ins Nest gestopft und festgedrückt. Durch Stoßbewegungen formt es eine Röhre, deren Inneres ebenfalls mit dem Nierensekret ausgekleidet wird. In Aquarien wurde sogar beobachtet, dass die Männchen Material aus den fertigen Nestern von Artgenossen stehlen. Ist das Nest weitgehend vollendet, balzen die Männchen um laichbereite Weibchen. Diese sind heller gefärbt und zeigen in einer typischen Haltung (der Kopf wird nach oben gerichtet) ihren mit Eiern gefüllten Bauch (Foto unten links). Dieses Verhalten löst als Schlüsselreiz beim Männchen zickzackförmige, ruckartige Schwimmbewegungen aus. Danach beginnt das Männchen mit dem Führungsschwimmen, wobei es den Kopf meist nach unten richtet. Das Weibchen folgt ihm dicht über dem Boden schwimmend bis zum Nest. Dort zeigt ihm das Männchen den Eingang. Die Weibchen haben mit ihrem dicken Bauch oft Schwierigkeiten, in das Nest zu gelangen. Meistens sind sie erst nach mehreren Versuchen erfolgreich. Befindet sich das Weibchen im Nest, beginnt das Männchen durch Berührungen des Hinterleibes die Eiablage zu stimulieren (Schnauzentriller; Foto unten rechts). Die Anzahl der gelegten Eier ist von der Größe und dem Alter des Weibchens abhängig. Bei frei lebenden Tieren wurden bis über 200 Eier gezählt. Sobald das Weibchen nach der Eiablage das Nest verlassen hat, schlüpft das Männchen hinein, befruchtet die Eier und bettet sie so, dass sie nicht herausfallen. Der Laich wird vom Männchen bewacht. Die Larven schlüpfen nach 6–7 Tagen und füllen anschließend die Schwimmblase an der Wasseroberfläche. Sie werden bis zum Ausschwärmen vom Männchen beschützt und sind nach 1 Jahr geschlechtsreif.

Wissenswertes: Das Trockenlegen von Kleingewässern hat zu einem bedrohlichen Rückgang der Bestände geführt. In Deutschland ist diese Art gefährdet.

125

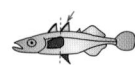

Bauchflossen bauchständig,
einzeln stehende Stachelstrahlen

Dreistachliger Stichling

Gasterosteus aculeatus LINNAEUS, 1758
Familie: Gasterosteidae, Stichlinge

Merkmale: Langgestreckter, seitlich abgeflachter Körper mit 3 aufrichtbaren Stacheln auf dem Rücken und je 1 an den Bauchflossen. Haut nackt oder mit reihenartig angeordneten Knochenplatten vor den Rückenflossen und an den Flanken bedeckt. Anhand der Knochenschilder werden verschiedene Formen unterschieden. Flossen: D III/8–14, A I/6–11, P 9–12, V I/1. Färbung: Rücken und Flanken grau und meist dunkel marmoriert, Bauch heller (Foto Mitte). Männchen tragen in der Laichzeit ein Hochzeitskleid (Foto oben): Ihr Rücken und die Flanken sind dann blau, die Kehle und der vordere Bauchbereich leuchtend rot gefärbt. Länge: in Binnengewässern bis 8 cm, im Meer bis 11 cm.

Verbreitung: Zirkumpolar von 35 bis 70° nördlicher Breite. Nord- und Ostsee, europäische Küsten des Mittelmeers und Schwarzes Meer.

Biologie: Der Dreistachlige Stichling besiedelt außerhalb der Laichzeit schwarmbildend Küsten- und Binnengewässer. Er kommt in stehenden und fließenden Gewässern vor und bildet sowohl anadrome marine als auch in Binnengewässern stationäre Populationen aus. Er ist bezüglich der Nahrung und der Wassergüte sehr anpassungsfähig und ernährt sich vom gesamten Spektrum an wirbellosen Kleintieren, das er mit seinem Maul bewältigen kann. Daneben frisst er auch Fischlaich und -brut.

Fortpflanzung: Die marinen Formen ziehen im Frühjahr in die Binnengewässer. Die Männchen bilden ein Revier, in dessen Zentrum sie am Grund ein Nest aus pflanzlichem Material bauen, das mit einem Nierensekret verklebt wird. In dieses lockt das Männchen mehrere laichbereite Weibchen, die jeweils einen Teil des pro Jahr ca. 100–800 Eier umfassenden Laichs ablegen. Das Nest und die nach 4–27 Tagen schlüpfende Brut werden vom Männchen bewacht und mit den Brustflossen befächelt. Nach etwa 1 Woche verlassen die Jungfische das Nest und werden bereits im folgenden Jahr geschlechtsreif.

Seestichling

Spinachia spinachia (LINNAEUS, 1758)
Familie: Gasterosteidae, Stichlinge

Merkmale: Der Körper des Seestichlings (Foto unten) ist langgestreckt, spindelförmig im Querschnitt des vorderen Bereichs fünfkantig und läuft in einem dünnen Schwanzstiel aus. Am langen Kopf befindet sich ein kleines, oberständiges Maul. Der vordere Bereich der Rückenflosse besteht aus freien, aufrichtbaren Stacheln, der hintere von langen Strahlen getragene Teil, liegt gegenüber der Afterflosse. Flossen: D XIV-XVII/5–8, A I/5–8, P 9–11, V I/1–2. Färbung: variabel; Rücken und Flanken grün oder braun mit Messingglanz, oft mit zickzackförmigem, schwarzem Band auf den Flanken, Bauch weiß mit marmoriertem Übergang. Die Männchen haben längere Brustflossen und schimmern in der Laichzeit bläulich. Länge: bis 20 cm.

Verbreitung: Nordostatlantik von Nordskandinavien bis zur Biskaya; in Nord- und Ostsee.

Biologie: Der Seestichling besiedelt bevorzugt mit Seegras oder Algen bewachsene seichte Küstenbereiche bis 10 m Tiefe. Er kommt auch in Brackwasserbereichen und Gezeitentümpeln vor. Seine Nahrung besteht aus einem breiten Spektrum wirbelloser Kleintiere sowie Fischlaich und -brut.

Fortpflanzung: In der Laichzeit von April bis Juli werden die Männchen revierbildend und bauen in Seegras- oder Tangwiesen ein Nest aus Pflanzenstücken, die mit einem Nierensekret verklebt werden. In dieses legen die Weibchen von Mai bis Juni je 150–200 Eier (2 mm ⌀). Das Nest wird vom Männchen bewacht und verteidigt. Die 6 mm langen Larven schlüpfen nach ca. 20 Tagen. Die Jungfische wachsen relativ schnell und werden bereits im folgenden Jahr geschlechtsreif.

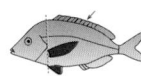
Goldbrassen

Sparus aurata LINNAEUS, 1758
Familie: Sparidae, Meerbrassen

Merkmale: Der Goldbrassen hat einen ovalen, seitlich abgeflachten Körper mit steil gewölbtem Stirnprofil, endständigem Maul, Kammschuppen und langer Rückenflosse. Sein Maul ist mit spitzen Fangzähnen und Mahlzähnen ausgestattet. Flossen: D XI/13, A III/11. 73–85 Schuppen entlang der Seitenlinie. Färbung: Der Rücken des Goldbrassens ist grau bis olivfarben, seine Flanken sind silbrig, und sein Bauch ist weiß gefärbt. Zwischen den Augen trägt er ein goldenes, meist dunkel umrandetes Band (Name). Am oberen Rand der Kiemendeckel, oberhalb der Brustflossen, hat er jeweils einen großen schwarzen Fleck, der bis auf die Flanken reicht; darunter befindet sich oft noch ein rötlich gefärbter Fleck. Entlang der Mittellinie der Rückenflosse erstreckt sich ein dunkles Band. Die Schwanzflosse ist dunkel gefärbt. Länge: bis 60 cm.

Verbreitung: Nordostatlantik vom Ärmelkanal bis Marokko, Mittelmeer, Kanarische und Kapverdische Inseln.

Biologie: Der Goldbrassen lebt sowohl über sandigem oder schlammigem Grund als auch in der Nähe von Felsen oder Posidoniawiesen. Er ist im Hinblick auf die Salzkonzentration des Wassers sehr anpassungsfähig und dringt regelmäßig in Brackwasserbereiche von Flussmündungen ein. Während sich die jüngeren Exemplare meist in Schwärmen in Tiefen bis 30 m aufhalten, werden ältere zunehmend zu Einzelgängern, die bis in 150 m Tiefe jagen. Ihre Nahrung besteht überwiegend aus Krebsen und Mollusken (z. B. Miesmuscheln), gelegentlich nimmt er auch vegetarische Kost zu sich.

Fortpflanzung: Der Goldbrassen laicht von Mai bis Juli. Er ist ein protandrischer Zwitter, der zunächst nach 1–2 Jahren und mit einer Länge von 20–30 cm als Männchen fortpflanzungsfähig wird und sich im 2.–3. Lebensjahr in ein Weibchen umwandelt.

Wissenswertes: Die Familie der Meerbrassen umfasst weltweit ca. 100 Arten. Der Goldbrassen ist ein geschätzter Speisefisch, der am Mittelmeer wirtschaftliche Bedeutung hat. In einigen Regionen (z. B. in Italien) wird er in Aquakulturen bzw. abgesperrten Lagunen vermehrt.

Rotbrassen

Pagellus erythrinus (LINNAEUS, 1758)
Familie: Sparidae, Meerbrassen

Merkmale: Der Rotbrassen hat einen länglichen, seitlich abgeflachten Körper mit geradem Kopfprofil, großen Augen, endständigem, bis an die Augen reichendem Maul und Kammschuppen. Die lange Rückenflosse wird im vorderen Bereich von Stachelstrahlen getragen. Flossen: D XII/10–11, A III/8–9. Färbung: Körper hellrosa mit blauem Schimmer, auf der Oberseite kleine blaue Punkte. Länge: bis 30 cm, in seltenen Fällen bis 50 cm.

Verbreitung: Ostatlantik von den Britischen Inseln bis Nordafrika; Kanarische und Kapverdische Inseln, Mittelmeer und südliches Schwarzes Meer. In der Nordsee selten.

Biologie: Der gesellige Rotbrassen lebt bevorzugt über Sandgrund, kommt aber auch an Schlick- und Felsküsten vor. Am häufigsten ist er in Tiefen von 20–100 m. Im Winter zieht er in tieferes Wasser. Er wandert größere Strecken innerhalb seines Verbreitungsgebietes. Die Jungfische halten sich in küstennahen Bereichen auf. Die Nahrung besteht aus wirbellosen Kleintieren und kleinen Fischen.

Fortpflanzung: Die Laichzeit kann im Sommer oder Herbst liegen. Nördlich der Britischen Inseln und im Schwarzen Meer bildet er keine reproduktiven Bestände. Der Rotbrassen ist ein protogyner Zwitter, d. h., er wird erst als Weibchen geschlechtsreif und wandelt sich später in ein Männchen um. Der Laich umfasst pro Tier 30 000–150 000 Eier. Die Geschlechtsreife tritt nach 1–2 Jahren ein.

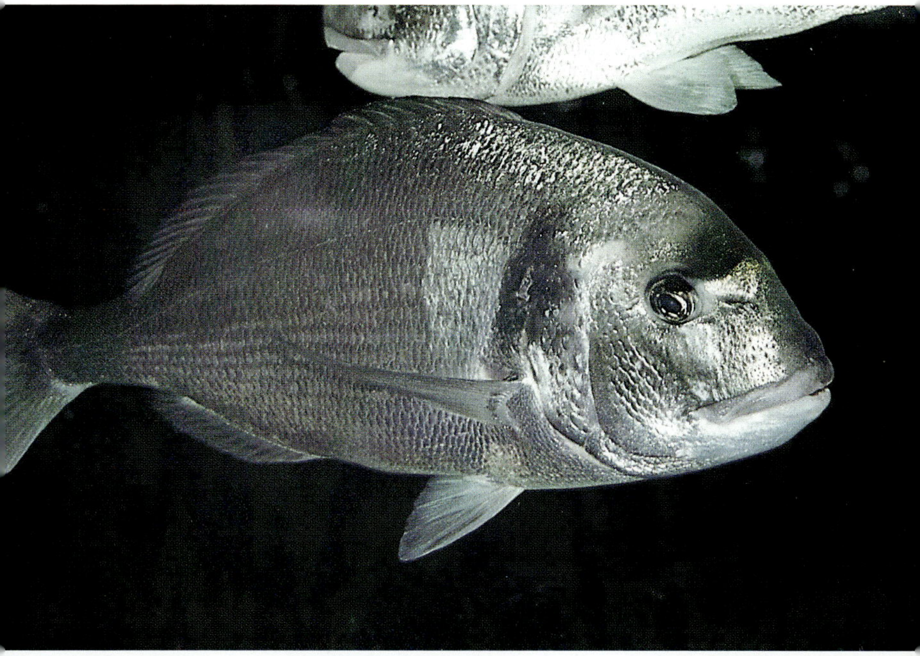

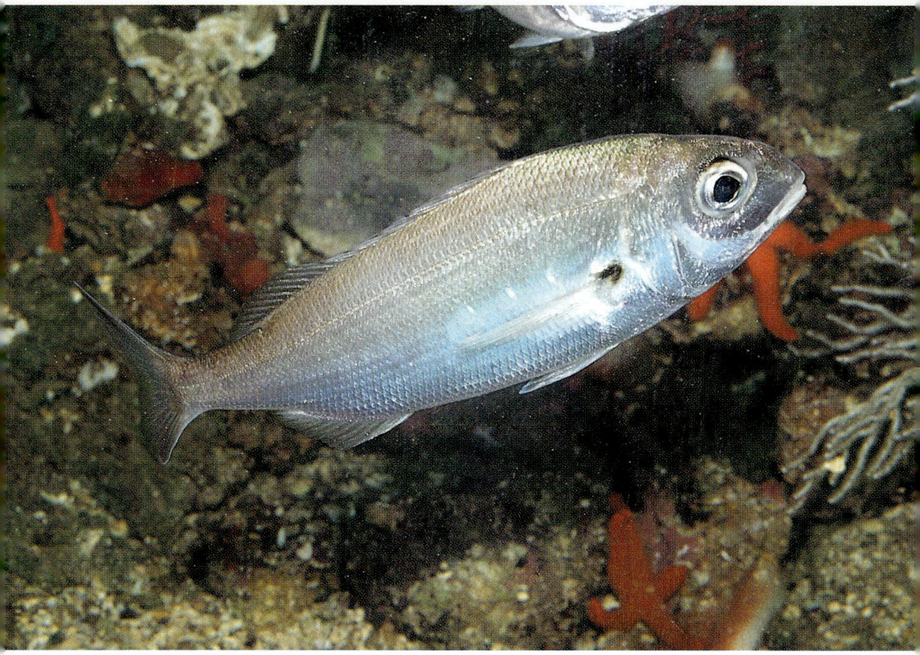

Gemeiner Meerbrassen

Pagrus pagrus (Linnaeus, 1758)
Familie: Sparidae, Meerbrassen

Merkmale: Seitlich abgeflachter Körper mit gewölbter Stirn und endständigem Maul. Der Körper ist mit Kammschuppen bedeckt. Die lange Rückenflosse wird im vorderen Bereich von Stachelstrahlen getragen. Flossen: D XI-XIII/9–10, A III/7–8. Färbung: Körper silbrig bis lachsfarben, der Kopf ist dunkler und schimmert bläulich. Auf den oberen Flanken tragen insbesondere juvenile Exemplare kleine

dunkle Punkte. Die Schwanzflossenspitzen sind hell. Länge: bis 75 cm.

Verbreitung: Ostatlantik von den Britischen Inseln bis Nordafrika; Kanarische und Kapverdische Inseln sowie Mittelmeer. In der Nordsee selten.

Biologie: Lebt bevorzugt über Sandgrund, kommt aber auch an Schlick- und Felsküsten sowie Seegraswiesen vor. Besiedelt Wassertiefen bis über 200 m. Die Nahrung besteht aus wirbellosen Kleintieren und kleinen Fischen.

Fortpflanzung: Die Laichzeit erstreckt sich von April bis Juni.

Streifenbrassen

Spondyliosoma cantharus (Linnaeus, 1758)
Familie: Sparidae, Meerbrassen

Merkmale: Ovaler, seitlich abgeflachter, hochrückiger Körper mit spitzer Schnauze, endständigem Maul und Kammschuppen. Flossen: D XI/11–13, A III/9–11, P I/5. 66–75 Schuppen entlang der Seitenlinie. Färbung: Rücken und Flanken gelbgrau mit metallischem Glanz, zahlreiche, teilweise unterbrochene helle Längslinien und 6–9 verwaschene, dunkle Querbinden. Schwanzflosse dunkelgrau. Die Männchen in der Laichzeit fast schwarz. Länge: wird bis 30 cm, maximal 60 cm lang.

Verbreitung: Ostatlantik von Südnorwegen bis Nordafrika, Kanarische und Kapverdische In-

seln, Mittelmeer. Im Schwarzen Meer nur selten.

Biologie: Streifenbrassen bilden zeitweilig große, umherwandernde Schwärme. Sie leben über Sand- oder Felsgrund und an Posidoniawiesen in Tiefen von 15–50 m (häufig), selten bis 300 m. Die Nahrung besteht aus Kleinkrebsen, aber auch anderen wirbellosen Kleintieren und Algen.

Fortpflanzung: Die Laichzeit reicht von Februar bis Mai. Die Milchner schlagen mit der Schwanzflosse kleine Gruben in den Sand, in welche die Rogener ihre klebrigen Eier (1 mm Ø) legen. Diese flachen sich ab und bilden eine einlagige Schicht. Das Gelege wird vom Männchen bewacht und befächelt (Brutpflege). Die Larven schlüpfen nach ca. 9 Tagen. Protogyner Zwitter.

Zweibindenbrassen

Diplodus vulgaris (Geoffroy, Saint-Hilaire, 1817)
Familie: Sparidae, Meerbrassen

Merkmale: Ovaler, hochrückiger, seitlich abgeflachter Körper mit großen Augen, Kammschuppen und kleinem, endständigem Maul. Flossen: D XI–XII/13–16, A III/12–15, P I/5. 51–61 Schuppen entlang der Seitenlinie. Färbung: Körper silbriggrau mit gelben Längslinien (je 1 Schuppenreihe), vor und hinter der Rückenflosse je 1 breite, schwarze Querbinde (Name), Bauchflossen dunkel. Länge: bis 30 cm.

Verbreitung: Ostatlantik von der Bretagne bis Nordafrika, Mittelmeer, Kanarische und Kapverdische Inseln.

Biologie: Lebt schwarmbildend an Sand- und Felsküsten mit Tang- oder Posidoniawiesen in Tiefen bis 90 m (Atlantik) bzw. 70 m (Mittelmeer). Die Nahrung besteht aus einem breiten Spektrum wirbelloser Kleintiere.

Fortpflanzung: Die Laichzeit ist innerhalb des Verbreitungsgebietes variabel, im westlichen Mittelmeer Oktober bis Januar, im östlichen Mittelmeer Dezember bis Januar.

Großer Geißbrassen

Diplodus sargus (LINNAEUS, 1758)
Familie: Sparidae, Meerbrassen

Merkmale: Ovaler, hochrückiger, seitlich abgeflachter Körper mit steilem Kopfprofil, spitzer Schnauze, endständigem Maul und Kammschuppen. Flossen: D XI–XIII/12–14, A III/12–14, V I/5. Färbung: Körper silbergrau bis gelbgrau, vom Rücken bis zur Körpermitte ziehen 9 z.T. undeutliche dunkle Binden. Schwarzer Sattelfleck auf der Schwanzwurzel. Der hintere Teil der Rückenflosse, die After- und die Schwanzflosse sind dunkel gesäumt, die äußeren Strahlen der Schwanzflosse weiß. Länge: wird bis 25 cm, maximal 45 cm lang.

Verbreitung: Ostatlantik von der Bretagne bis Nordafrika sowie im Mittelmeer und im Schwarzen Meer.

Biologie: Standorttreuer Schwarmfisch, der hauptsächlich in der Nähe von Felsen oder Seegraswiesen in Tiefen bis 50 m vorkommt. Die Nahrung besteht aus einem breiten Spektrum verschiedener wirbelloser Kleintiere. Jungtiere fressen auch Algen.

Fortpflanzung: Im westlichen Mittelmeer laichen sie von März bis Juni, im östlichen von Januar bis März. Die Eier (1 mm Ø) und die Brut treiben pelagisch im Meer.

Wissenswertes: Geißbrassen sind geschätzte Speisefische, die lokal wirtschaftliche Bedeutung haben.

Gelbstriemen, Ulvenfresser

Sarpa salpa (LINNAEUS, 1758)
Familie: Sparidae, Meerbrassen

Merkmale: Der Gelbstriemen hat einen länglich-ovalen, seitlich abgeflachten Körper mit großen Augen, endständigem Maul und Kammschuppen. Flossen: D XI–XIII/13–15, A III/14–15, P I/5. 68–78 Schuppen entlang der Seitenlinie. Färbung: Rücken und Flanken silbriggrau mit 10–12 gelben oder goldfarbenen Längslinien (Name), über dem Brustflossenansatz ein schwarzer Fleck; Iris goldfarben. Länge: wird bis 50 cm lang.

Verbreitung: Ostatlantik von der Biskaya im Norden bis Südafrika im Süden; Mittelmeer und Schwarzes Meer.

Biologie: Siedelt in Schwärmen an algenbewachsenen Felsen oder Seegraswiesen in Tiefen bis 100 m. Zieht auch in Brackwasserbereiche und Flussmündungen. Jungfische fressen hauptsächlich planktische Kleinkrebse; erwachsene Tiere ernähren sich überwiegend vegetarisch (z. B. Meersalat).

Fortpflanzung: Protandrischer Zwitter. Im Mittelmeer laichen sie von März bis April und von September bis Oktober. Die Eier und die geschlüpften Larven leben pelagisch.

Goldstriemen

Boops boops (LINNAEUS, 1758)
Familie: Sparidae, Meerbrassen

Merkmale: Langgestreckter, schlanker Körper mit großen Augen, endständigem Maul und Kammschuppen. Flossen: D XIII–XV/15–16, A III/15–16, P I/5. 70–78 Schuppen entlang der Seitenlinie. Färbung: Rücken und Flanken graublau, dunkle Seitenlinie und goldfarbene Längslinien, Bauch weiß. Länge: bis 30 cm.

Verbreitung: Ostatlantik von der Nordsee bis Angola; Kanarische Inseln und Mittelmeer.

Biologie: Schwarmfische, die küstennahe Gewässer in Tiefen bis 150 m besiedeln. Häufig trifft man sie an mit Algen überwachsenen Felsen. Die Jungfische ernähren sich von planktischen Kleinkrebsen, Erwachsene von Krebsen, Schwämmen und Algen.

Fortpflanzung: Laichzeit im Mittelmeer von März bis April. Die abgelegten Eier (ca. 0,9 mm Ø) sowie die beim Schlüpfen ca. 3 mm langen Larven treiben pelagisch im Meer. Die Geschlechtsreife tritt bei einer Länge von 16 cm ein. Die Jungfische halten sich häufig unter den Schirmen großer Quallen (Scyphozoen) auf.

Streifenlippfisch, Kuckucks-Lippfisch

Labrus bimaculatus LINNAEUS, 1758
Familie: Labridae, Lippfische

Merkmale: Langgestreckter Körper mit einem langen, spitzen Kopf. Am endständigen Maul befinden sich dicke, fleischige Lippen (Name). Die lange Rückenflosse wird im vorderen Bereich von Stachelstrahlen getragen. Flossen: D XVI–XVIII/11–14, A III/10–12, P 16. 45–48 Schuppen entlang der Seitenlinie. Färbung: Geschlechtsreife Männchen und Weibchen sind unterschiedlich gefärbt (Geschlechtsdimorphismus). Die Männchen (Foto oben) sind braun oder gelb gefärbt, mit blauen Längslinien auf den Flanken, am Kopf und auf den Flossen. In der Laichzeit haben sie einen weißen Fleck auf der Stirn. Die Weibchen (Foto darunter) sind rot oder orange gefärbt. Am hinteren Rückenflossenansatz befinden sich bei ihnen 3 schwarze und 4 weiße Flecken, die in einer Reihe angeordnet sind. Länge: Weibchen bis 30 cm, Männchen bis 40 cm.

Verbreitung: Nordostatlantik von Skandinavien und Schottland im Norden bis zum Senegal im Süden sowie im Mittelmeer.

Biologie: Streifenlippfische leben einzeln oder paarweise an algenbewachsenen Felsen oder Posidoniawiesen in Tiefen von 2–200 m. Sie sind tagaktiv und verstecken sich nachts in Felsspalten oder Höhlen. Ihre Nahrung besteht überwiegend aus Krebsen, sie fressen aber auch Würmer, Mollusken und kleine Fische.

Fortpflanzung: Die Laichzeit erstreckt sich im Nordostatlantik von Mai bis Juli und im Mittelmeer von März bis Juni. Streifenlippfische sind protogyne Zwitter, bei denen erst die weiblichen und später die männlichen Geschlechtsprodukte reifen. Die Männchen grenzen in der Laichzeit Reviere ab und bauen in flachen Mulden ein Nest aus Algen, das sie aggressiv bewachen. Die geschlüpften Jungfische leben pelagisch und ziehen mit 5 cm Länge an die Küsten. Mit 2 Jahren werden sie geschlechtsreif. Sie können bis 17 Jahre alt werden.

Gefleckter Lippfisch

Labrus bergylta ASCANIUS, 1767
Familie: Labridae, Lippfische

Merkmale: Der Körper des Gefleckten Lippfischs ist langgestreckt, hochrückig und seitlich abgeflacht. Spitzer Kopf sowie endständiges Maul mit dicken, bei älteren Exemplaren wulstigen Lippen (Name). Die Körperhöhe ist größer als die Kopflänge. Flossen: D XIX–XXI/10–11, A III/8–10, P 14–15. 41–47 Schuppen entlang der Seitenlinie. Färbung: Zwischen den Geschlechtern gibt es keine Unterschiede. Die Färbung ist je nach Gewässer und Alter extrem unterschiedlich (untere 2 Fotos): Der Körper ist braun, rot oder grün gefärbt. Auf den Schuppen und den Flossen helle Flecken. Bei einigen Formen ziehen sich unregelmäßige dunkle Bänder und Flecken über die Flanken und dunkle Linien über den Kopf. Jungfische sind meist smaragdgrün gefärbt. Länge: bis 60 cm.

Verbreitung: Nordostatlantik von Norwegen und Schottland im Norden bis Marokko im Süden; Kanarische Inseln und westliches Mittelmeer.

Biologie: Gefleckte Lippfische besiedeln einzeln oder paarweise seichte Küsten mit algenbewachsenen Felsen oder Seegraswiesen in Tiefen von 2–20 m. Man findet sie auch in Gezeitentümpeln. Nachts verstecken sie sich in Felsspalten oder Höhlen. Sie fressen überwiegend Krebse und Mollusken.

Fortpflanzung: Die Laichzeit erstreckt sich von April bis August. Die Männchen werden dann revierbildend und bauen in flachen Mulden ein Nest aus pflanzlichem Material. Die Larven schlüpfen mit einer Länge von 4 mm aus den gelben Eiern (1,1 mm Ø) und leben zunächst pelagisch. Im Herbst ziehen sie an die Küsten, wo sie sich meist in der Gezeitenzone aufhalten. Sie werden nach 2 Jahren geschlechtsreif und bis 18 Jahre alt.

Bauchflossen brustständig, 1 lange Rückenflosse

Goldmaid

Symphodus melops (LINNAEUS, 1758)
Familie: Labridae, Lippfische

Merkmale: Ovaler, hochrückiger Körper. Die Schnauze ist spitz, das mit dicken Lippen versehene Maul endständig. Flossen: D XIV–XVII/ 8–10, A III/8–11, P 15. 31–37 Schuppen entlang der Seitenlinie: Färbung: variabel; die Männchen sind braun, rötlich oder grün gefärbt, mit undeutlichen dunklen Flecken versehen und haben hellblaue Linien am Kopf. Die Weibchen sind dunkelbraun. Beide Geschlechter haben hinter dem Auge einen blauschwarzen, halbmondförmigen Fleck und am Schwanzstiel einen dunklen Fleck. Länge: wird bis 16 cm, max. 28 cm lang.

Verbreitung: Nordostatlantik von Norwegen über die Britischen Inseln bis Nordafrika; Nord- und Ostsee, westliches Mittelmeer und Adria.
Biologie: Lebt an algenbewachsenen Felsenküsten oder Seegraswiesen in Tiefen von 1–30 m und kommt auch in Lagunen und Gezeitentümpeln vor. Man trifft Goldmaiden einzeln oder in kleinen Trupps an. Sie fressen verschiedene wirbellose Kleintiere.
Fortpflanzung: Die Männchen werden in der Laichzeit von April bis Juli revierbildend und bauen aus Algen ein Nest in flachen Felsmulden. Die Jungfische leben zunächst pelagisch und ziehen mit einer Länge von 2 cm an die Küsten, wo sie sich häufig in der Gezeitenzone aufhalten. Sie werden nach 2–3 Jahren geschlechtsreif und bis 9 Jahre alt.

Schuppenwangen-Lippfisch

Symphodus bailloni (VALENCIENNES, 1839)
Familie: Labridae, Lippfische

Merkmale: Länglich-ovaler, seitlich abgeflachter Körper mit spitzer Schnauze und vorstreckbarem, endständigem Maul. Flossen: D XIV–XV/9–11, A III/9–11. Entlang der Seitenlinie 33–38 Schuppen. Färbung: Männchen und Weibchen sind unterschiedlich gefärbt. Beide mit balkenartigem braunem Fleck zwischen Auge und Schnauze sowie 1 oder 2 dunklen Flecken am hinteren Rand der Rückenflosse. Die Flanken sind hellbraun gefärbt, auf jeder

Seite ziehen 3 dunkelbraune Streifen vom Kopf bis zur Schwanzwurzel. Iris meist orange oder rot gefärbt. Weibchen in der Laichzeit mit schwarzer Genitalpapille. Länge: bis 18 cm.
Verbreitung: Nordostatlantik von der Nordsee bis Mauretanien sowie im Mittelmeer.
Biologie: Lebt einzeln oder paarweise in küstennahen Gewässern mit algenbewachsenen Felsen oder Seegraswiesen in Tiefen von 1–50 m. Die Nahrung besteht aus Moostierchen, Röhrenwürmern, Mollusken und Stachelhäutern.
Fortpflanzung: Protogyner Zwitter. Die Laichzeit erstreckt sich von April bis Juni. Die Männchen bauen Nester.

Kleinmäuliger Lippfisch

Centrolabrus exoletus (LINNAEUS, 1758)
Familie: Labridae, Lippfische

Merkmale: Ovaler, seitlich abgeflachter Körper mit endständigem Maul. Flossen: D XVIII bis XX/5–7, A IV/6–8. 33–37 Schuppen entlang der Seitenlinie. Färbung: Rücken und Flanken braun oder rötlich; Kopf orange bis gelb, mit feinen blauen Streifen, die nicht wie bei der ähnlichen Goldmaid (Verwechslungsgefahr) bis auf die Kiemendeckel reichen. Auf der

Schwanzflosse 1 oder 2 verwaschene, dunkle Binden. Männchen in der Laichzeit mit 2 leuchtend blauen Binden, die vom Maul bis zu den Augen reichen. Länge: bis 18 cm.
Verbreitung: Nordostatlantik von Grönland und Norwegen bis Portugal.
Biologie: Besiedelt bevorzugt mit Algen bewachsene Felsküsten oder Seegraswiesen. Ernährt sich von kleinen Invertebraten.
Fortpflanzung: Laichzeit von Mai bis Juli. Der Laich wird auf Algen abgelegt. Protogyner Zwitter.

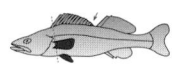
Klippenbarsch

Ctenolabrus rupestris (LINNAEUS, 1758)
Familie: Labridae, Lippfische

Merkmale: Länglicher, schlanker Körper mit spitzer Schnauze und einem kleinen endständigen Maul. Am Hinterrand der Vorkiemendeckel befinden sich kleine spitze Dornen. Flossen: D XVI-XVII/8–10, A III/7–8, P15. 35–39 Schuppen entlang der Seitenlinie. Färbung: Rücken und Flanken braun oder rötlich mit dunklen Punktreihen, Bauch hell. Am oberen Ansatz der Schwanzflosse und an den vorderen Strahlen der Rückenflosse je ein schwarzer Fleck. Länge: wird bis 12 cm, max. 18 cm lang.

Verbreitung: Nordostatlantik von Norwegen über die Britischen Inseln bis Marokko; Nordsee, westliche Ostsee, Mittelmeer und Schwarzes Meer.

Biologie: Lebt an algenbewachsenen Felsen, Tang- oder Seegraswiesen in Tiefen von 1–20 m, ältere Exemplare selten bis 50 m. Frisst Moostierchen, Schnecken und Krebse.

Fortpflanzung: Im nördlichen Verbreitungsgebiet reicht die Laichzeit von Juli bis August, in der Nordsee von April bis August und im Mittelmeer von Januar bis Juli. Die Männchen grenzen in dieser Zeit Reviere (bis 2 m²) ab. Die Eier (1mm Ø) und die nach 2 Tagen schlüpfende Brut treiben pelagisch im Meer. Wird nach 2 Jahren und mit einer Länge von 8 cm geschlechtsreif und kann bis 8 Jahre alt werden.

Schuppenflossen-Lippfisch

Acantholabrus palloni (RISSO, 1810)
Familie: Labridae, Lippfische

Merkmale: Länglicher, seitlich abgeflachten Körper mit spitzem Kopf und einem relativ großen, endständigen Maul. Die Rückenflosse reicht vom Ansatz der Brustflossen bis zum Hinterrand der Afterflosse. Flossen: D XIX-XXI/7–10, A IV-VI/5–8. 39–45 Schuppen entlang der Seitenlinie. Färbung: Beide Geschlechter sind auf der Oberseite hellbraun bis rötlich und auf der Unterseite weißlich gefärbt.

Schwarzer Sattelfleck am oberen Übergang von der Schwanzwurzel zur Schwanzflosse. Länge: bis 25 cm.

Verbreitung: Ostatlantik von Südnorwegen bis Westafrika, Azoren, Madeira, Kanarische Inseln; Mittelmeer. Relativ seltene Art.

Biologie:. Besiedelt als Einzelgänger das Litoral felsiger oder sandiger Küsten. Er kommt in Tiefen bis 60 m, im Mittelmeer bis 250 m vor. Seine Nahrung besteht aus kleinen Krebsen, Schnecken und Würmern.

Fortpflanzung: Über seine Fortpflanzung ist kaum etwas bekannt.

Meerjunker

Coris julis (LINNAEUS, 1758)
Familie: Labridae, Lippfische

Merkmale: Langgestreckter, schlanker Körper mit spitzer Schnauze und kleinem, endständigen Maul. Männchen mit 3 verlängerten Stachelstrahlen im vorderen Bereich der Rückenflosse. Flossen: D VIII-X/11–12, A III/11–12. 73–80 Schuppen entlang der Seitenlinie. Färbung: Rücken braun, Bauch weiß. Flanken der Weibchen mit braunem Längsstreifen. Die Männchen haben einen schwarzen Fleck am Vorderrand der Rückenflosse und hinter den Brustflossen sowie ein orangefarbenes, zickzackförmiges, blau gesäumtes Band. Länge: Weibchen bis 18 cm, Männchen bis 25 cm.

Verbreitung: Ostatlantik von der Biskaya bis Nordafrika; Kanarische Inseln, Mittelmeer und Schwarzes Meer. In der Nordsee nur selten.

Biologie: Häufiger und geselliger Bewohner von Felsküsten und Seegraswiesen in Tiefen von 1–120 m. Nachts und bei Gefahr graben sie sich im Sand ein. Nahrung: wirbellose Kleintiere; gelegentlich als Putzerfische tätig.

Fortpflanzung: Laichzeit von April bis August. Die pelagischen Eier (0,6 mm Ø) besitzen einen Öltropfen für den Auftrieb. Protogyner Zwitter.

Ährenfisch, Streifenfisch

Atherina presbyter CUVIER, 1829
Familie: Atherinidae, Ährenfische

Merkmale: Ährenfische haben einen langgestreckten Körper mit leicht oberständigem,
schräg nach oben gerichtetem Maul. Der Körper ist mehr als 4mal so lang wie der Körper.
2 getrennte Rückenflossen, wobei die hintere
über der Afterflosse liegt. Flossen: D1 VII–VIII,
D2 I/12–14, A I/14–16. 52–57 Schuppen entlang der Seitenlinie. Färbung: Körper durchscheinend, Rücken graublau, Flanken und
Bauch silbrigweiß. Entlang der Flanken ein
grauer Längsstreifen. Länge: bis 16 cm.

Verbreitung: Ostatlantik vom Kattegat bis Marokko; Nordsee und westliches Mittelmeer.

Biologie: Ährenfische sind schwarmbildende
Bewohner küstennaher Gewässer in Tiefen bis
20 m. Sie wandern gelegentlich in Lagunen
oder Flussmündungen ein. Jungfische kommen
auch in Gezeitentümpeln vor. Sie halten sich
meist in der Nähe der Wasseroberfläche auf
und ernähren sich von Zooplankton und Fischlarven.

Fortpflanzung: Die Laichzeit erstreckt sich von
April bis Juli. Die Eier (1,8–2 mm Ø) sind mit
feinen Fäden versehen und haften an Algen
oder Steinen. Die Larven schlüpfen mit einer
Länge von 7 mm. Ährenfische können bis 4
Jahre alt werden.

Wissenswertes: Zur Familie der Ährenfische
gehören über 160 Arten, die überwiegend tropische und gemäßigte Meere besiedeln.

Kleiner Ährenfisch

Atherina boyeri RISSO, 1810
Familie: Atherinidae, Ährenfische

Merkmale: Der kleine Ährenfisch hat einen
langgestreckten, schlanken Körper mit 2 Rückenflossen und stumpfer Schnauze. Das oberständige Maul ist schräg nach oben gerichtet,
der Kopf weniger als 4mal so lang wie der Körper. Flossen: D1 VII–VIII, D2 I/11, A I/11–15.
44–48 Schuppen entlang der Seitenlinie. Färbung: Körper durchscheinend, Rücken blaugrau oder braun, Flanken und Bauch silbrigweiß. Ein grauer Längsstreifen und eine
Punktreihe ziehen entlang der Flanken. Länge:
bis 10 cm.

Verbreitung: Ostatlantik von Portugal bis Marokko; Mittelmeer und Schwarzes Meer. Einzelne Populationen auch in der Nordsee.

Biologie: Der Kleine Ährenfisch lebt an der
Küste in Tiefen bis 10 m. Er bildet Schwärme,
hält sich meist nahe der Wasseroberfläche auf
und kommt auch in Gezeitentümpeln vor. Er ist
hinsichtlich der Salzkonzentration des Wasser
sehr anpassungsfähig (euryhalin) und wandert
auch in Lagunen oder Flussmündungen ein.
Seine Nahrung besteht aus Zooplankton, kleinen benthischen Organismen und Fischlarven.

Fortpflanzung: In der von April bis Juli reichenden Laichzeit legen die Rogener ihre klebrigen, mit Fäden versehen Eier (3,5 mm Ø) an
Algen ab. Der Kleine Ährenfisch wird nach 1
Jahr geschlechtsreif und bis 3 Jahre alt.

Wissenswertes: Ährenfische sind wie viele andere Fischarten der Freiwasserregion Schwarmfische. Bei Arten, die auch außerhalb der Laichzeit Schwärme bilden, dient dieses Verhalten
meist dem Schutz vor Fressfeinden. Innerhalb
eines Schwarmes können einzelne Beutefische
nur schwer von Räubern fixiert und verfolgt
werden. In der Regel schließen sich deshalb alle nicht räuberisch lebenden Fischarten, die das
freie Wasser bewohnen, in Schwärmen zusammen. Die Individuen sind dabei meistens unge-
fähr gleich groß. Sie fressen, wandern und ruhen zur gleichen Zeit. Man bezeichnet solche
Schwärme als anonyme Verbände, da sich die
Mitglieder nicht individuell kennen und sozial
gleichgestellt sind, d. h., es gibt keine »Leittiere«
oder Rangordnungen.

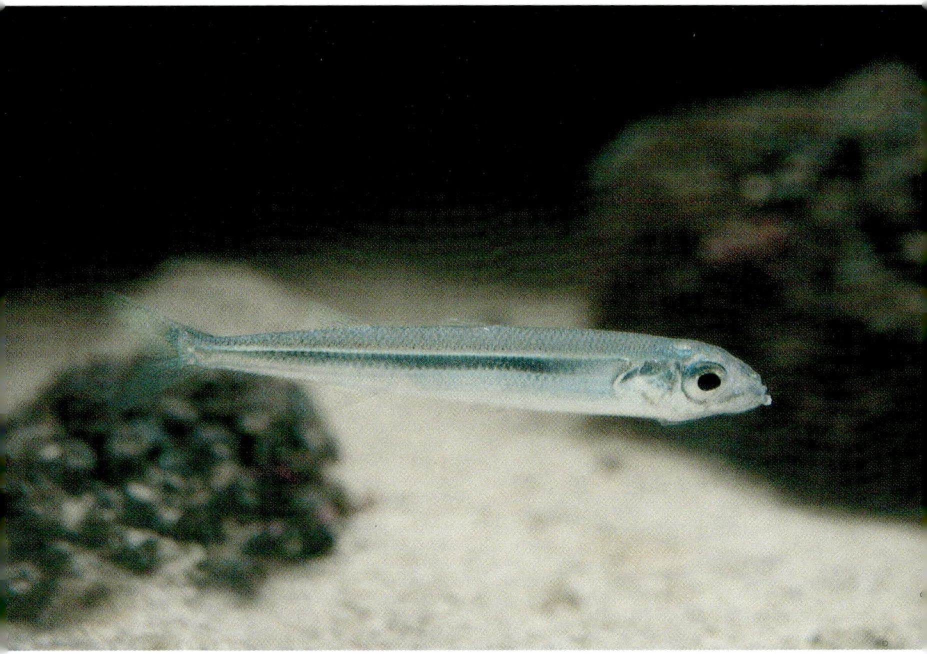

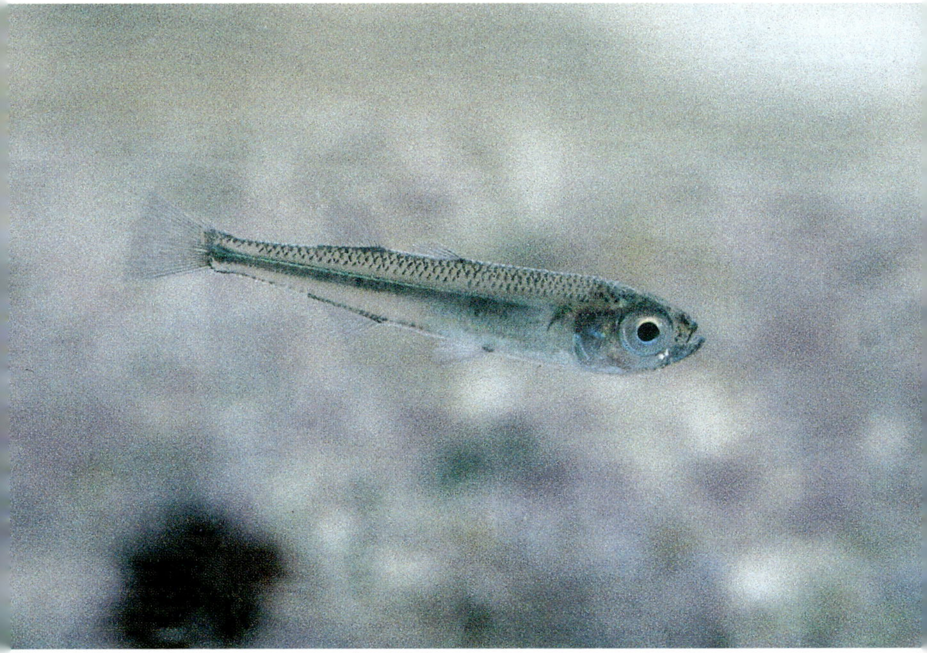

Dicklippige Meeräsche

Chelon labrosus (Risso, 1826)
Familie: Mugilidae, Meeräschen

Merkmale: Die Dicklippige Meeräsche lässt sich durch die wulstartig vergrößerte und mit kleinen Papillen versehene Oberlippe leicht von den anderen Meeräschen (Verwechslungsgefahr) unterscheiden. Meeräschen haben einen charakteristischen langgestreckten, spindelförmigen Körper mit abgeflachtem Kopf und 2 Rückenflossen. Flossen: D1 IV, D2 I/8–9, A III/9–10. Färbung: Rücken dunkelgrau bis blau, Flanken silbriggrau mit 4–5 dunklen Längsstreifen. Länge: bis 60 cm.

Verbreitung: Nordostatlantik von Norwegen bis zum Senegal; Kanarische und Kapverdische Inseln, Nordsee und Mittelmeer.

Biologie: Meeräschen sind ausgesprochene Schwarmfische, welche die Küsten entlangwandern, auch in Lagunen eindringen oder in Gezeitentümpeln vorkommen. Den Winter über stellen sie die Nahrungsaufnahme ein und ruhen in tieferem Wasser. Sie weiden Aufwuchsalgen und kleine Organismen (z. B. kleine Schnecken) von unterschiedlichen Substraten.

Fortpflanzung: Die Laichzeit liegt im Mittelmeer im Winter und weiter nördlich im Frühjahr. Meeräschen legen Eier, die mit Hilfe eines Öltropfens im Wasser treiben. Sie können über 9 Jahre alt werden.

Wissenswertes: Es gibt weltweit ca. 80 Meeräschen-Arten. Sie sind geschätzte Speisefische, die fischereiwirtschaftlich von Bedeutung sind, auch in Aquakulturen vermehrt und häufig auf Fischmärkten angeboten werden.

Dünnlippige Meeräsche

Liza ramada (Risso, 1826)
Familie: Mugilidae, Meeräschen

Merkmale: Langgestreckter, spindelförmiger Körper mit 2 Rückenflossen, abgerundetem Kopf und endständigem Maul. Die Oberlippe ist nicht so stark geschwollen wie bei der Dicklippigen Meeräsche (Verwechslungsgefahr) und hat keine Papillen. Flossen: D1 IV, D2 I/7–8 A III/9. Färbung: Rücken graublau, Flanken und Bauch silbrig. Auf den Seiten feine dunkle Linien entlang der Schuppenreihen. Länge: bis 40 cm.

Verbreitung: Nordostatlantik von Norwegen bis zum Senegal; Kanarische und Kapverdische Inseln, Nordsee, westliche Ostsee, Mittelmeer und Schwarzes Meer.

Biologie: Die Dünnlippige Meeräsche bewohnt als Schwarmfisch küstennahe Gewässer, Lagunen und Flussmündungen. Im nördlichen Verbreitungsgebiet zieht sie im Winter in tiefere Wasserschichten. Ansonsten hält sie sich bevorzugt nahe der Wasseroberfläche auf. Die Nahrung besteht aus Algen und kleinen Benthonorganismen. Fortpflanzung: Die Laichzeit erstreckt sich im Mittelmeer von Oktober bis Dezember und in der Nordsee von März bis April.

Gold-Meeräsche

Liza aurata (Risso, 1826)
Familie: Mugilidae, Meeräschen

Merkmale: Körperform und Färbung wie bei den oben beschriebenen Meeräschen. Unterscheidet sich durch den markanten goldfarbenen Fleck auf den Kiemendeckeln von diesen. Länge: bis 50 cm.

Verbreitung: Nordostatlantik von Norwegen bis zum Senegal; Kanarische und Kapverdische Inseln sowie Nordsee, Mittelmeer und Schwarzes Meer. Fehlt in der Ostsee.

Biologie: Besiedelt als Schwarmfisch küstennahe Gewässer, Lagunen und Flussmündungen. Schwimmt meist nahe der Wasseroberfläche. Die Nahrung besteht aus Algen und kleinen Benthonorganismen.

Fortpflanzung: Die Laichzeit erstreckt sich von Juli bis November.

Wissenswertes: Zur Familie der Meeräschen gehören weltweit 80 Arten.

Makrele

Scomber scombrus LINNAEUS, 1758
Familie: Scombridae, Makrelen

Merkmale: Langgestreckter, torpedoförmiger Körper mit endständigem, bis unter die Augen reichendem Maul und 2 getrennten Rückenflossen. Die hintere steht über der Afterflosse. Zwischen diesen und der Schwanzflosse befinden sich jeweils 5 kleine Flösselchen. Flossen: D1 X–XV, D2 I/10–13, A II/8–13. Die Schwimmblase fehlt. Färbung: Oberseite blau oder grün mit dunklen welligen Querlinien, Unterseite silbrigweiß. Länge: bis 50 cm; Gewicht: bis 1,8 kg.

Verbreitung: Im Ostatlantik von Nordnorwegen bis Marokko; Kanarische Inseln, Nordsee, Ostsee, Mittelmeer und Schwarzes Meer.

Biologie: Schwarmfisch, der als schneller und ausdauernder Schwimmer meist nahe der Wasseroberfläche Zooplankton und kleine Fische jagt.

Fortpflanzung: In der Nordsee laichen Makrelen von April bis Mai, im Mittelmeer von April bis Juli. Die Rogener legen 200 000–450 000 pelagische Eier (0,9–1,4 mm Ø) in küstennahen Gewässern nahe der Wasseroberfläche ab. Die 4 mm langen Larven schlüpfen nach ca. 6 Tagen. Wird nach 2–3 Jahren geschlechtsreif und kann bis 20 Jahre alt werden.

Wissenswertes: Makrelen sind hochwertige und wirtschaftlich bedeutende Speisefische. Weltweit liegt die Menge an gefangenen Makrelen bei mehreren hunderttausend Tonnen. Zur Familie der Makrelen gehören etwa 50 Arten.

Seriola, Bernsteinmakrele

Seriola dumerili (RISSO, 1810)
Familie: Carangidae, Stachelmakrelen

Merkmale: Länglicher, schlanker und seitlich abgeflachter Körper. 2 Rückenflossen, wobei die hintere relativ lang ist. Flossen: D1 VI–VIII, D2 34–39, A II/18–20. Färbung: Rücken und Flanken braun bis bernsteinfarben mit Messingglanz, Bauch weiß. Länge: bis 1,1 m, max. bis 1,9 m; Gewicht: bis 80 kg.

Verbreitung: Im Ostatlantik von der Biskaya bis Marokko und im gesamten Mittelmeer.

Biologie: Lebt als Schwarmfisch im freien Wasser in Tiefen von 20–70 m, selten auch tiefer als 300 m. Frisst hauptsächlich kleine Fische, die im Schwarm gejagt werden.

Fortpflanzung: Laicht in Schwärmen dicht gedrängt an der Wasseroberfläche. Pro Rogener werden wahrscheinlich bis 3 Millionen Eier (1 mm Ø) abgegeben. Die Jungfische halten sich zeitweise unter den Schirmen von Quallen auf.

Stöcker, Bastardmakrele

Trachurus trachurus (LINNAEUS, 1758)
Familie: Carangidae, Stachelmakrelen

Merkmale: Länglicher, seitlich abgeflachter Körper mit großen Augen. 2 Rücken- und 2 Afterflossen. Das leicht oberständige, weite Maul reicht bis an die Augen. Die Seitenlinie ist s-förmig hinter der 1. Rückenflossen gebogen und mit 69–79 gekielten Knochenschuppen versehen. Flossen: D1 VIII, D2 I/28–34, A1 II, A2 I/23–33, P 20–21, V/5. Färbung: Rücken blau bis grünlich, Flanken silbrig glänzend und Bauch weiß. Auf dem oberen Rand des Kiemendeckels ist ein schwarzer Fleck. Länge: 30–40 cm.

Verbreitung: Westatlantik von Brasilien bis Argentinien, Ostatlantik von Island bis zu den Kapverdischen Inseln; Nordsee, westliche Ostsee, Mittelmeer und Schwarzes Meer.

Biologie: Schwarmfisch, der überwiegend über sandigem Grund in Tiefen von 10–100 m vorkommt. Frisst Plankton, Tintenfische und kleine Schwarmfische.

Fortpflanzung: Laichzeit von November bis März bzw. Mai bis Juni (Nordsee). Pro Rogener werden bis über 100 000 pelagische Eier (1 mm Ø) abgegeben. Die Jungfische halten sich unter den Schirmen von Quallen auf.

Wissenswertes: Zur Familie der Stachelmakrelen gehören weltweit ca. 140 Arten.

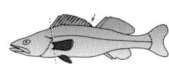

Barsch, Flussbarsch

Perca fluviatilis LINNAEUS, 1758
Familie: Percidae, Barsche

Merkmale: Der Barsch hat 2 voneinander getrennte Rückenflossen, wobei die vordere mit Stachelstrahlen und einem schwarzen Fleck am Hinterrand versehen ist. Seine Körperform ist variabel, meist gedrungen, seitlich abgeflacht und leicht hochrückig. Sein endständiges Maul reicht bis unter die Augen. Der freie Rand des Kiemendeckels endet in einem spitzen Dorn. Die Haut wird von Kammschuppen bedeckt.
Färbung: Die olivgrüne Rückenfärbung wechselt zum Bauch hin über ein helles Graugrün ins Messinggelbe. Vom Rücken über die Flanken erstrecken sich 6–9 dunkle Querbinden. Die Brust-, die After- und die Schwanzflosse sind meist orange bis rot gefärbt. Flossen: D1 XIII bis XV, D2 I/14–15, A II/8–9, P 14, V I/5. Seitenlinie: 54–68 Schuppen. Länge: wird bis 40 cm (selten bis 50 cm) lang.
Verbreitung: Binnengewässer von Mitteleuropa bis Asien. Fehlt südlich der Pyrenäen, in Italien und in Nordskandinavien. In Deutschland weit verbreitet und häufig. Gehört in Kanälen und Stauseen zu den Hauptfischarten.
Biologie: Junge Barsche jagen in kleinen Schwärmen, ältere Exemplare dagegen zunehmend in kleinen Trupps, oder sie entwickeln sich zu Einzelgängern. Barsche leben sowohl in stehenden als auch in fließenden Gewässern. Sie sind im Hinblick auf die Wassergüte, die Strömungsverhältnisse, das Nahrungsangebot und das Laichsubstrat sehr anpassungsfähig. Nahrung: Bis zu einer Länge von ca. 15 cm ernähren sich Barsche von wirbellosen Bodenorganismen. Größere Tiere fressen hauptsächlich Fische, wobei sie auch zu Kannibalismus neigen. Es ist erstaunlich, wie groß die Beutefische im Vergleich zur Körpergröße der Barsche sein können. Junge Barsche treiben oft in Gruppen kleinere Fische in seichte Uferbereiche. Dabei kreisen sie diese langsam ein und stoßen blitzschnell auf die eingekesselten Beutefische zu.
Fortpflanzung: Die Männchen werden früher geschlechtsreif als die Weibchen. Die Laichzeit erstreckt sich, von der Witterung abhängig, von März bis Juni. Die Weibchen legen je nach Körpergewicht bis 300 000 Eier in Form von 1–2 cm breiten Laichbändern an ufernahe Pflanzen, Wurzeln und Steine (phyto-lithophil). Barsche sind im Hinblick auf das Laichsubstrat sehr anpassungsfähig. Die Larven schlüpfen nach etwa 3 Wochen und leben zunächst von ihrem Dottervorrat. Die Geschlechtsreife tritt bei den Milchnern im 2. oder 3. und bei den Rogenern im 4. Lebensjahr ein.
Wissenswertes: Beim Barsch lassen sich 3 Ökoformen unterscheiden: 1. der intensiv gefärbte »Krautbarsch« (oben) der Uferregion, 2. der helle »Jagebarsch« der Freiwasserzone und 3. der dunkle »Tiefenbarsch« (unten). Das Anpassungsvermögen des Barsches begünstigt in anthropogen beeinträchtigten Gewässern seine Massenentwicklung. Neuere Untersuchungen an Wasserstraßen zeigen, dass seine Häufigkeit von dem Anteil der künstlich angelegten, d. h. mit Spundwänden oder Steinschüttungen befestigten Uferabschnitte beeinflusst wird. Je monotoner und strukturärmer ein Gewässer ausgebaut ist, desto häufiger ist dort der Barsch. Der Barsch kann deshalb als Indikatorart für den Strukturverlust in Binnengewässern aufgefasst werden. In Gewässern, in denen sich der Barsch in Massen entwickelt, kann sich dessen Wachstum infolge des Nahrungsmangels verlangsamen. Dann können Barsche bereits mit einer Länge von 10 cm geschlechtsreif werden. Tritt die Geschlechtsreife bei zwergwüchsigen Beständen ein, spricht man von deren Verbuttung.
Die Ordnung der Barschartigen (Perciformes) umfasst weltweit mehr als 8000 Arten. Sie werden als die am höchsten entwickelten Knochenfische aufgefasst. Die meisten haben 2 oder 1 Rückenflosse, die im vorderen Bereich durch Stachelstrahlen gestützt wird. Charakteristisch sind die mit kleinen Zähnchen versehenen Schuppen, die als Kamm- oder Ctenoidschuppen bezeichnet werden. Barsche sind beliebte Angelfische. Ihr schmackhaftes Fleisch ist jedoch grätenreich.

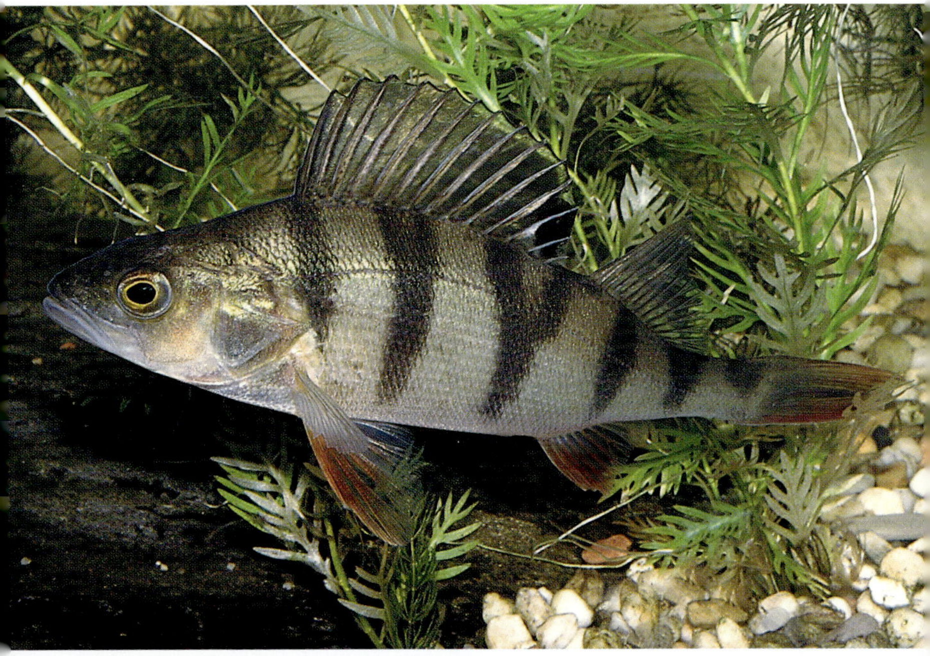

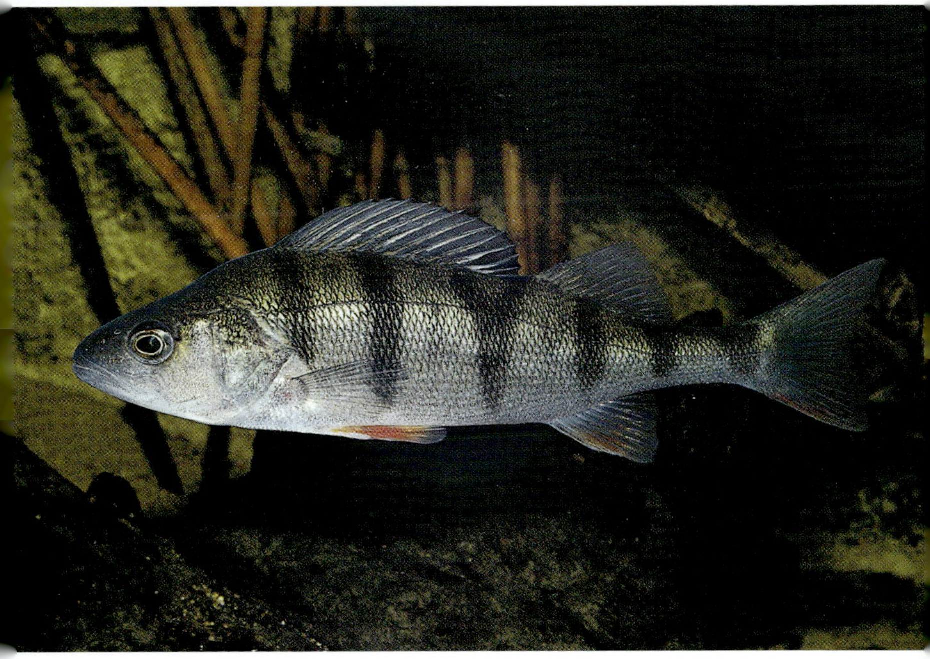

Bauchflossen brustständig, 2 oder 1 deutlich gekerbte Rückenflosse

Zander

Sander lucioperca (LINNAEUS, 1758)
Familie: Percidae, Barsche

Merkmale: Der Zander hat einen langgestreckten, spindelförmigen Körper mit 2 getrennten Rückenflossen (vordere mit dunklen Punktreihen) und Kammschuppen. Das endständige Maul reicht bis hinter die Augen und ist mit großen Fangzähnen versehen. Der Körper ist silbriggrau bis graugrün gefärbt. Auf den Flanken befinden sich dunkle Binden (im Alter meist verwaschen). Der freie Rand des Kiemendeckels endet in einem spitzen Dorn. Flossen: D1 XIV, D2 I/19–23, A II/11–13, P 15–16, V I/5. Seitenlinie: 75–100 Schuppen. Mit einer Länge von 40–50 cm (selten bis 1,3 m) größte Barschart in europäischen Binnengewässern.

Verbreitung: Binnengewässer in Mittel- und Nordosteuropa. Westlich der Elbe ausgesetzt und eingebürgert.

Biologie: Bewohner größerer Fließ- und Stillgewässer. Bevorzugt trübes, eutrophes Wasser und harten Bodengrund. Jagt einzeln oder in kleinen Gruppen in der Freiwasserzone. Nahrung: Im ersten Lebensjahr hauptsächlich Planktonkrebse. Erwachsene Zander ernähren sich von Fischen (Barsch, Plötze, Stint, Ukelei).

Fortpflanzung: Laichzeit von April bis Juni (ab 12 °C Wassertemperatur). In 1–3 m Wassertiefe schlagen Zander Laichgruben an Stellen, an denen sich Wurzelwerk oder versunkenes Astwerk befindet (Hartsubstratlaicher). Die bis 300 000 klebrigen Eier (1–1,5 mm ⌀) werden einzeln abgelegt und haften am Substrat. Das Männchen betreibt Brutpflege. Die 5–6 mm langen Larven schlüpfen nach etwa 1 Woche und leben zunächst von ihrem Dottervorrat.

Wissenswertes: Wirtschaftlich genutzte Art, deren Bestände vielerorts durch Besatz und Schaffung von Laichsubstrat (versenktes Ast- und Wurzelwerk) gestützt werden.

Kaulbarsch

Gymnocephalus cernuus (LINNAEUS, 1758)
Familie: Percidae, Barsche

Merkmale: Gedrungener, leicht hochrückiger Körper. Stumpfe Schnauze, Mundspalte relativ klein, Augen hoch liegend. An der Unterseite des Kopfes befinden sich flache Schleimgruben. Der freie Rand des Kiemendeckels trägt einen spitzen Dorn. Zwischen den miteinander verbundenen Rückenflossen befindet sich ein Einschnitt. Grundfärbung olivgrün bis braungelb mit leichtem Messingglanz. Aufgrund der zahlreichen, unregelmäßigen Flecken erscheint der Körper dunkel. Flossen: D XII–XV/11–15, A II/5–6, P 13, V I/5. Seitenlinie 35–40 Schuppen. Länge: wird 15–25 cm lang.

Verbreitung: Von Mittel-, Nord- und Osteuropa bis nach Sibirien. Fehlt in Irland, Schottland und Nordskandinavien. In Deutschland besonders in Küstennähe weit verbreitete Art.

Biologie: Bewohner größerer Fließgewässer (Kaulbarsch-Flunder- bzw. Bleiregion), Seen sowie im Brackwasser von Flussmündungen und Haffen. Lebt in Schwärmen auf sandigem bis weichem Grund. Nahrung: Insektenlarven (Chironomiden), Flohkrebse, Würmer (Tubifex), Mollusken und Fischlaich.

Fortpflanzung: Laichzeit von März bis Mai (ab einer Wassertemperatur von 10–15 °C). Die Weibchen legen 50 000–100 000 bis 1 mm große Eier in Form von Gallertbändern oder -klumpen auf Steine, Kies oder Sand (Hartsubstratlaicher), seltener an Wasserpflanzen. Die 3–4 mm langen Larven schlüpfen nach 8–12 Tagen und ernähren sich zunächst von ihrem Dottervorrat. Nach 2 Jahren werden Kaulbarsche geschlechtsreif.

Wissenswertes: In Osteuropa beliebter Speisefisch (Kaulbarschsuppe). Aufgrund des massenhaften Auftretens wurden gefangene Kaulbarsche in Norddeutschland früher zur Düngung von Ackerflächen verwendet.

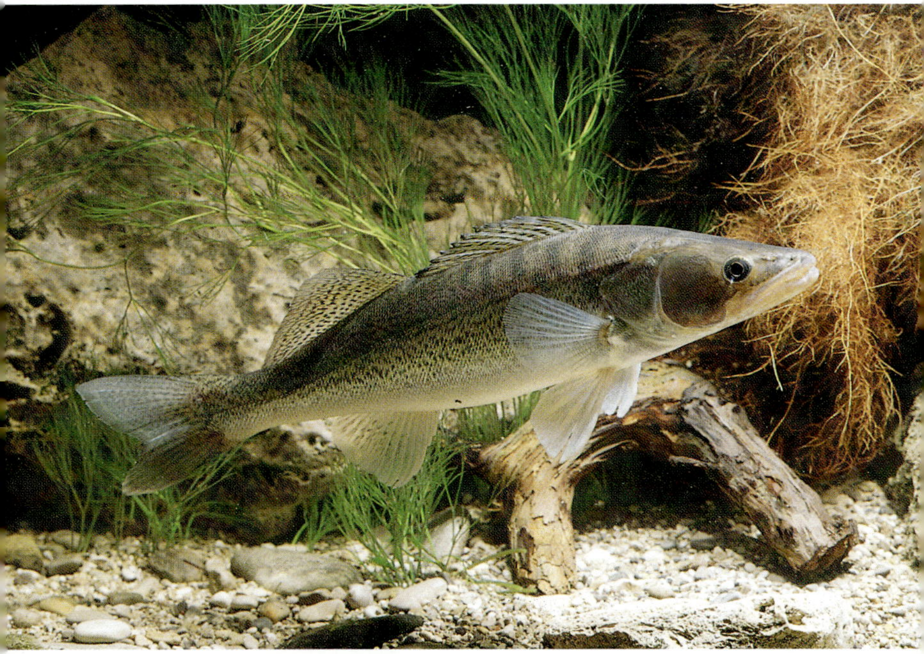

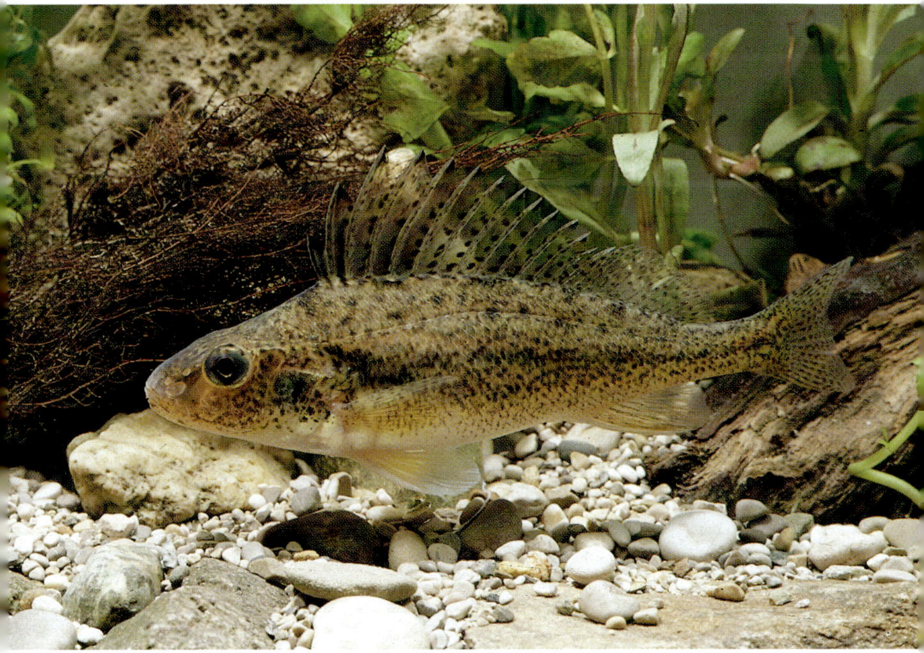

Donaukaulbarsch

Gymnocephalus baloni Holcik & Hensel 1974
Familie: Percidae, Barsche

Merkmale: Der Donaukaulbarsch ähnelt dem Kaulbarsch (Verwechslungsgefahr), sein Körper ist jedoch deutlich hochrückiger und gedrungener. Die Grundfärbung ist grau; die unregelmäßigen Flecken sind größer als beim Kaulbarsch und eher senkrecht orientiert. Am freien Rand des Kiemendeckels befinden sich 1 bis 4 Dornen (meistens 2). Der vordere Teil der Rückenflosse ist bläulich mit dunklen Flecken. Der 1. Strahl der Afterflosse endet meistens in einer frei stehenden Spitze. Länge: bis 21 cm.

Verbreitung: Endemisch in der mittleren und unteren Donau und deren Nebengewässern.

Biologie: Über die Lebensweise dieser erst 1974 beschriebenen Art ist noch sehr wenig bekannt. In der deutschsprachigen Bestimmungsliteratur wurde sie bisher kaum erwähnt. Der Donaukaulbarsch lebt in fließenden Gewässern, kommt aber auch in Stauseen und Altarmen vor. Er hält sich offenbar bevorzugt an der Sohle der besiedelten Gewässer auf.

Obwohl beide Kaulbarscharten oft gemeinsam in einem Gewässer vorkommen, ist *Gymnocephalus baloni* wahrscheinlich weniger anpassungsfähig. Man geht davon aus, dass gewässerbauliche Maßnahmen und die Gewässerverschmutzung bereits zum Rückgang der Bestände geführt haben. In der Roten Liste Deutschlands wird der Donaukaulbarsch den potenziell gefährdeten Fischarten zugeordnet.

Schrätzer

Gymnocephalus schraetser (Linnaeus, 1758)
Familie: Percidae, Barsche

Merkmale: Der Schrätzer hat einen schlanken, seitlich abgeflachten Körper mit gerader Bauchlinie, Kammschuppen (Ctenoidschuppen) und einer kegelförmig gestreckten Schnauze. Das ständige Maul ist relativ klein. Der freie Rand des Kiemendeckels endet in einem spitzen Dorn. Zwischen den zusammenhängenden Rückenflossen befindet sich ein leichter Einschnitt. Färbung: Rücken und Flanken hellbraun bis gelb mit 4 teilweise unterbrochenen Längsstreifen. Am Kopf befinden sich flache Schleimgruben. Flossen: D XVII bis XIX/12–14, A II/6–7, P 13–14, V I/5. Länge: 15–25 cm (max. 30 cm).

Verbreitung: Kommt als endemische Art in der mittleren und unteren Donau sowie in deren Nebenflüssen vor.

Biologie: In der Barbenregion der Donau und deren Nebenflüssen lebender Bodenfisch, der besonders häufig im Mündungsbereich von Nebenflüssen vorkommt. Bevorzugt tiefe Stellen mit Sand- bzw. Kiesgrund. Während er sich tagsüber meist an der Sohle größerer Fließgewässer aufhält, kommt er nachts auch an seichte Uferbereiche. Seine Nahrung besteht aus Insektenlarven, Flohkrebsen, Mollusken und Fischlaich.

Fortpflanzung: Die Laichzeit erstreckt sich von April bis Mai. Die klebrigen Eier werden nach einer kurzen Laichwanderung in Form von Gallertbändern an Steinen, Kies und Wurzeln abgelegt (Hartsubstratlaicher).

Wissenswertes: Der Schrätzer gehört gemäß der Roten Liste von Deutschland zu den vom Aussterben bedrohten Fischarten. Die Gewässereutrophierung sowie die durch den Bau von Staustufen und Wehren veränderte Gewässerdynamik der Donau und ihrer Nebenflüsse begünstigten die Verschlammung ursprünglicher Laichplätze. Die Abwasserbelastung und der hohe Aalbestand im ehemaligen Lebensraum des Schrätzers haben wahrscheinlich ebenfalls zum Rückgang dieser Art beigetragen. Offensichtlich wirkt sich der durch Besatz erhöhte Aalbestand negativ auf bodenorientiert lebende Kleinfische aus. Um das Aussterben des Schrätzers und der anderen im Einzugsgebiet der Donau endemischen Barscharten wie Zingel und Streber zu verhindern, sind gezielte Schutzmaßnahmen erforderlich.

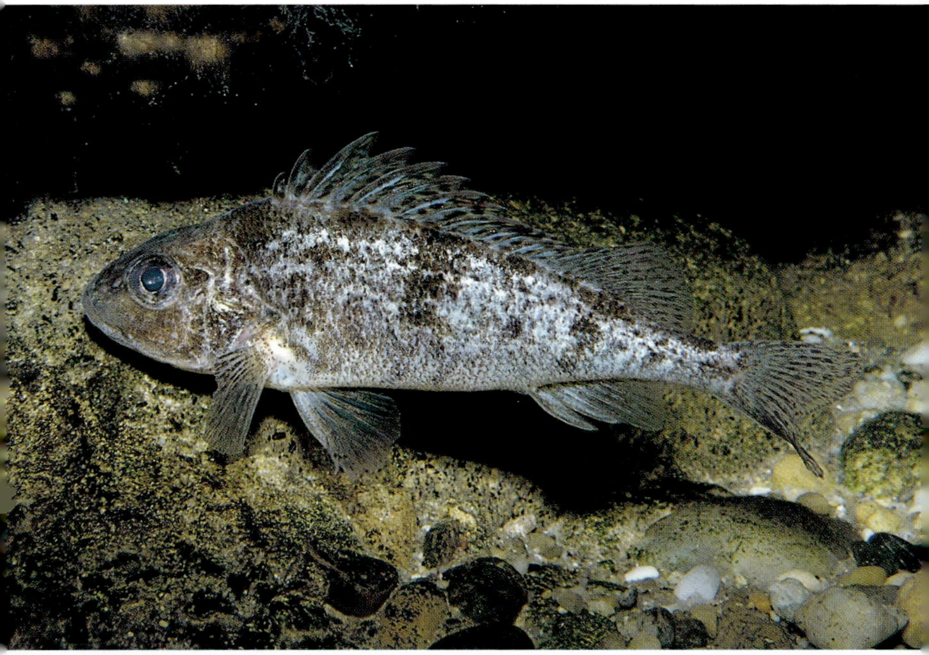

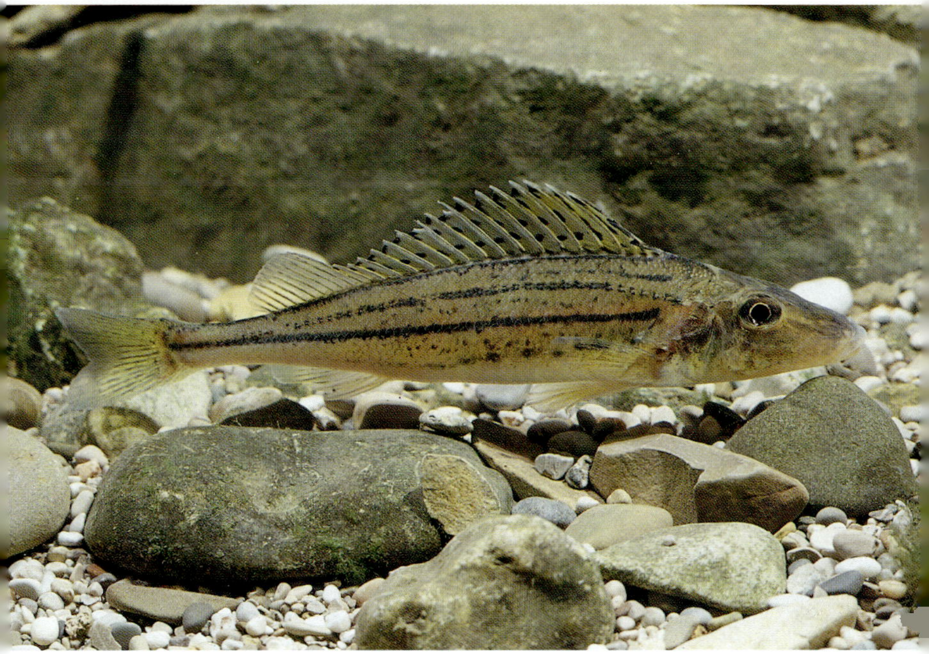

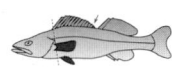

Streber

Zingel streber (SIEBOLD, 1863)
Familie: Percidae, Barsche

Merkmale: Langgestreckter, spindelförmiger Körper mit 2 getrennten Rückenflossen. Der dünne Schwanzstiel ist so lang wie der Ansatz der 2. Rückenflosse. Färbung: gelbbraun bis graubraun mit 4–5 dunklen Querbinden. In der Laichzeit mit Bronzeglanz. Flossen: D1 VIII–IX/0, D2 I/12–13, A I/12, P 14, V I/5. Seitenlinie: 70–80 Schuppen. Länge: 12–18 cm (max. 22 cm).
Verbreitung: In Binnengewässern im Einzugsgebiet der Donau endemisch.

Biologie: Nachtaktiver Bodenfisch. Hält sich bevorzugt in tiefen Flussabschnitten mit Sand- oder Kiesboden auf. Zur Nahrungssuche und zum Ablaichen wandert er in flache und stark strömende Bereiche. Nahrung: Kleinkrebse, Insektenlarven und Fischbrut.
Fortpflanzung: Laichzeit: von März bis April. Die 2 mm großen, klebrigen Eier werden an seichten, überströmten Kiesbänken abgelegt. Sie haften an Steinen, Wurzeln und gelegentlich auch an Wasserpflanzen.
Wissenswertes: In Deutschland vom Aussterben bedroht. Der Rückgang dieser Art hat wahrscheinlich mehrere Ursachen.

Zingel, Spindelbarsch

Zingel zingel LINNAEUS, 1766
Familie: Percidae, Barsche

Merkmale: Langgestreckter, spindelförmiger Körper mit unterständigem Maul. Der freie Rand des Kiemendeckels mündet in einen spitzen Dorn. 2 Rückenflossen. Der Schwanzstiel ist kürzer als der Ansatz der 2. Rückenflosse. Färbung: Rücken und Flanken sind hellbraun bis ockergelb gefärbt und mit verwaschenen dunklen Flecken versehen. Flossen: D1 XIII–XIV, D2 I/18–20, A I/12–13, P 14, V I/5. Seitenlinie: 83–92 Schuppen. Länge: 20–30 cm.

Verbreitung: Im Einzugsgebiet von Donau und Dnjestr endemisch.
Biologie: Nachtaktiver Bodenfisch, der sich tagsüber versteckt hält. Bevorzugt wahrscheinlich tiefere Flussabschnitte der Barbenregion. Nahrung: Kleinkrebse, Insektenlarven, Würmer, Fischlaich und -brut.
Fortpflanzung: Laichzeit von März bis Mai. Das Weibchen legt ca. 5000 klebrige Eier (1,5 mm ⌀) auf überströmte Kiesbänke.
Wissenswertes: In Baden-Württemberg sind die Bestände erloschen. Im restlichen Verbreitungsgebiet Deutschlands ist die Art vom Aussterben bedroht.

Sonnenbarsch

Lepomis gibbosus (LINNAEUS, 1758)
Familie: Centrarchidae, Sonnenbarsche

Merkmale: Körper seitlich stark abgeflacht, wirkt besonders bei großen Tieren scheibenförmig. 2 miteinander verbundene Rückenflossen. Kiemendeckel mit 1 schwarzen und (nicht immer) 1 roten Fleck. Färbung: Grundfärbung grünbraun mit unregelmäßigen Querbinden. Bei Sonnenlicht schillern die Fische bläulichgrün. Das kleine Maul reicht nicht bis an die Augen. Flossen: D X/10–12, A III/8–12, P 11–14, Seitenlinie 35–45 Schuppen. Länge: bis 15 cm (max. 30 cm); Gewicht: bis 300 g.

Verbreitung: Ursprünglich aus dem östlichen Nordamerika stammend, wurde diese Art bereits im letzten Jahrhundert in Europa eingeführt und bildet in einigen Gebieten sich selbst erhaltende Bestände.
Biologie: Besiedelt bevorzugt langsam fließende Gewässer mit sandigem Grund.
Fortpflanzung: Während der Laichzeit von Mai bis Juni graben Sonnenbarsche an seichten Stellen flache Mulden, in welche die Weibchen bis zu 5000 Eier legen. Beide Elternteile bewachen sowohl die Eier als auch die Brut. Die Nahrung besteht aus Krebsen und Insektenlarven. Gelegentlich betätigen sie sich aber auch als Laichräuber.

Wolfsbarsch

Dicentrarchus labrax (LINNAEUS, 1758)
Familie: Moronidae, Wolfsbarsche

Merkmale: Langgestreckter, spindelförmiger Körper mit 2 etwa gleich langen Rückenflossen und gegabelter Schwanzflosse. Die Bauchflossen stehen brustständig. Die Afterflosse liegt unterhalb der 2. Rückenflosse. Das oberständige, weite Maul reicht bis an die Augen. Flossen: D1 IX, D2 I/12–13, A III/8–11, P 17, VI/5. Färbung: Rücken dunkelgrün oder bläulich, Flanken silbrig, Bauch weiß, großer schwarzer Fleck auf den Kiemendeckeln. Kann bis 1 m lang und bis 7 kg schwer werden.

Verbreitung: Ostatlantik von Norwegen im Norden bis zum Senegal im Süden; bei den Kanarische Inseln sowie im Mittelmeer und im Schwarzen Meer.

Biologie: Besiedelt häufig in kleinen Trupps Schlick-, Sand- und Felsküsten. Er dingt auch ins Brackwasser, gelegentlich sogar in Flüsse (z. B. die Elbe) vor. Sein Nahrungsspektrum reicht von Krebsen und Mollusken bis hin zu Fischen (z. B. Hering). Größere Exemplare ernähren sich ausschließlich von Fischen.

Fortpflanzung: Laichzeit im Nordostatlantik von Mai bis August. Die pelagischen Eier werden im Süß- oder im Salzwasser abgelegt. Die Larven schlüpfen nach 6 Tagen.

Brauner Zackenbarsch

Epinephelus marginatus (LINNAEUS, 1758)
Familie: Serranidae, Zackenbarsche

Merkmale: Der Braune Zackenbarsch hat einen hochrückigen, seitlich abgeflachten Körper mit großem Kopf und weitem, oberständigem, bis unter die Augen reichendem Maul. Der freie Rand des Kiemendeckels ist gezackt (Name), der Körper mit kleinen Kammschuppen bedeckt. Die Bauchflossen stehen brustständig. Die Rückenflosse ist lang und in der Mitte eingekerbt. Flossen: D XI/15–16, A III/8–9, P 16–18. Färbung: Rücken und Flanken braun bis dunkelgrün mit gelber Marmorierung, Bauch gelb. Bis 1,5 m lang (meist unter 1 m) und bis 12 kg schwer.

Verbreitung: Atlantik, im Westen von den Bermudas bis Brasilien, im Osten von den Britischen Inseln bis Südafrika; Mittelmeer.

Biologie: Revierbildender Einzelgänger, der an Felsen und Riffen in Tiefen von 8–200 m vorkommt. Hält sich standorttreu bevorzugt in der Nähe von Felsspalten oder Höhlen auf. Sein Nahrungsspektrum besteht aus Mollusken (z.B. Kraken), Krebsen und Fischen.

Fortpflanzung: Laichzeit im Nordostatlantik von März bis Juni. Die Eier treiben pelagisch mit der Strömung. Protogyner Zwitter. Bei einer Länge von 40–80 cm wandeln sie sich in Männchen um. Sie können bis 50 Jahre alt werden.

Wissenswertes: Zur Familie der Zackenbarsche gehören weltweit etwa 450 Arten.

Wrackbarsch

Polyprion americanus (SCHNEIDER, 1801)
Familie: Serranidae, Zackenbarsche

Merkmale: Gedrungener, hochrückiger und seitlich abgeflachter Körper mit großem Kopf. Das oberständige, weite Maul reicht bis unter die großen Augen. Am freien Rand des Kiemendeckels befindet sich ein spitzer Dorn. Die Rückenflosse ist hinter den Stachelstrahlen eingekerbt. Flossen: D XI/11–12, A III/8–10. Färbung: Rücken und Flanken braun bis blaugrau.

Jungfische mit unregelmäßig verteilten, dunklen Flecken. Kann bis 2 m lang und bis 45 kg schwer werden.

Verbreitung: Ostatlantikküste von Norwegen bis Angola; Kanarische und Kapverdische Inseln, Mittelmeer und Westatlantik.

Biologie: Erwachsene leben als Einzelgänger auf felsigem und sandigem Grund in Tiefen bis 1000 m. Gelegentlich wandern sie auch in küstennahe Bereiche. Ernährt sich überwiegend von Krebsen, Tintenfischen und Fischen.

Sägebarsch

Serranus cabrilla (LINNAEUS, 1758)
Familie: Serranidae, Zackenbarsche

Merkmale: Der Sägebarsch hat einen länglichen, leicht hochrückigen Körper mit oberständigem, hervorstülpbarem Maul. Der Hinterrand des Vorkiemendeckels ist sägenartig bedornt (Name). Auf dem Kiemendeckel befinden sich weitere kleine Dornen. Flossen: D X/13–15, A III/7–8. Färbung: Rücken und Flanken sind rötlich, grau oder braun gefärbt. 7–9 dunkle Binden ziehen sich vom Rücken bis zur Körpermitte und werden von einem hellen Streifen entlang des Körpers unterbrochen. Auf dem Kiemendeckel befinden sich mehrere rötliche und helle Steifen. Länge: wird bis 20 cm, maximal 40 cm lang.

Verbreitung: Ostatlantik vom Ärmelkanal bis Angola und zu den Kanarischen Inseln; weiterhin im Mittelmeer und im Schwarzen Meer.

Biologie: Revierbildender Einzelgänger mit bodenorientierter Lebensweise, der an Fels-, Sand- und Schlickküsten bis in 500 m Wassertiefe vorkommt. Frisst wirbellose Kleintiere und Fische. Er ist ein Lauerjäger, der sich häufig in der Nähe eines Verstecks aufhält.

Fortpflanzung: Laichzeit im Mittelmeer von April bis Juli, im Ostatlantik von Juli bis August. Simultanzwitter, der Spermien und Eier gleichzeitig produzieren kann.

Eberfisch

Capros aper (LINNAEUS, 1758)
Familie: Caproidae, Eberfische

Merkmale: Der Eberfisch hat einen hohen, seitlich abgeflachten Körper, der mit Kammschuppen bedeckt ist. Die oben konkav gebogene Schnauze trägt ein oberständiges Maul. Er hat miteinander verbundene Rückenflossen, wobei die vordere durch Stachelstrahlen gestützt wird. Flossen: D1 IX, D2 23, A III–IV/23. Färbung: rot bis braunrot, Rücken manchmal marmoriert. Länge: bis 16 cm.

Verbreitung: Nordostatlantik von den Britischen Inseln im Norden bis zum Senegal im Süden sowie im Mittelmeer. Gelegentlich auch in der Nordsee.

Biologie: Bevorzugt felsigen Grund, kommt in Tiefen von 40–600 m vor und hält sich meist in der Nähe von Korallen auf. Ernährt sich überwiegend von Kleinkrebsen.

Fortpflanzung: Laichzeit im Nordostatlantik von Juni bis August; im Mittelmeer beginnt sie bereits im Frühjahr. Die Eier haben einen Durchmesser von 1 mm. Wahrscheinlich zieht er zum Laichen in größere Tiefen.

Heringskönig, Petersfisch

Zeus faber LINNAEUS, 1758
Familie: Zeidae, Heringskönige

Merkmale: Hochrückiger, seitlich stark abgeflachter Körper mit Kammschuppen, großen Augen und einem weit hervorstreckbaren, schräg nach oben gerichteten Maul. Die vordere der beiden Rückenflossen wird von Stachelstrahlen gestützt, deren Häute fadenartig verlängert sein können. An den Ansätzen der Rücken- und Afterflossen befinden sich spitze Knochenhöcker. Flossen: D1 IX–X, D2 21–25, A III–IV/20–23. Färbung: Rücken und Flanken gelb bis grau und dunkel marmoriert, in der Mitte ein schwarzer, hell gerandeter Fleck. Länge: wird 30–40 cm, selten bis 70 cm lang.

Verbreitung: Ostatlantik von Skandinavien bis Südafrika; Nordsee und Mittelmeer.

Biologie: Einzeln oder in kleinen Gruppen auftretende Art, die sowohl im Freiwasser als auch über Sandboden in Tiefen bis 200 m vorkommt. Der Heringskönig ist ein ausdauernder Schwimmer, der sich von kleineren Schwarmfischen (z.B. Heringe, Sardinen und Sandaale) und Krebsen ernährt.

Fortpflanzung: Laichzeit im Nordostatlantik von Juni bis August. Die pelagischen Eier (ca. 2 mm ∅) werden in Tiefen bis 100 m abgegeben.

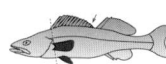

**Bauchflossen brustständig,
2 oder 1 deutlich gekerbte Rückenflosse**

Großer Rotbarsch

Sebastes marinus (LINNAEUS, 1758)
Familie: Scorpaenidae, Drachenköpfe

Merkmale: Hochrückiger, längsovaler Körper
mit Kammschuppen, großem Kopf und weitem,
bis unter die Augen reichendem, leicht oberständigem Maul. Der hintere, von Gliederstrahlen gestützte Teil der langen Rückenflosse ist
höher als der vordere, von Stachelstrahlen getragene. Die Bauchflossen liegen unter den
Brustflossen (brustständig). Flossen: D XV/
13–16, A III/7–10, P 18–21. 31–39 Schuppen
entlang der Seitenlinie. Färbung: Körper hellrot, am freien Rand des Kiemendeckels oft ein
dunkler Fleck. Länge: bis 60 cm, max. 1 m; Gewicht: bis 15 kg.

Verbreitung: Nordatlantik; im Osten von Is-
land und dem Weißen Meer bis zur nördlichen
Nordsee und dem Kattegat; im Westen von
Grönland über die Ostküste Amerikas bis zum
Golf von St. Lorenz.

Biologie: Schwarmfisch, der ausgedehnte
Wanderungen unternimmt. Die Jungfische leben in Fjorden und Buchten, ältere Exemplare
halten sich meist in Tiefen von 100–1000 m
auf. Ihr Nahrungsspektrum besteht überwiegend aus planktischen Krebsen, Rippenquallen
und Fischen (z. B. Heringe).

Fortpflanzung: Lebendgebärend; die Larven
schlüpfen bereits in der Mutter aus den Eiern
(Ovoviviparie). Paarung von Oktober bis November. Die Weibchen gebären je nach Größe
von April bis Juli 35 000–350 000 Larven mit einer Länge von jeweils 5–7 mm in Tiefen von
200–500 m. Diese leben pelagisch. Die Geschlechtsreife tritt nach 10 Jahren ein. Der
Große Rotbarsch kann bis 60 Jahre alt werden.

Wissenswertes: Der Rotbarsch gehört zur Familie der Drachenköpfe oder Panzerwangen.
Die Drachenköpfe umfassen weltweit ca. 400
Arten. Wie bei den Sägebarschen haben sie eine
Rückenflosse, die im vorderen Bereich von Stachelstrahlen und im hinteren von Weichstrahlen gestützt wird. Rotbarsche gehören zu den
fischereiwirtschaftlich wichtigsten Arten. Jährlich werden mehrere 100 000 Tonnen angelandet.

Blaumaul

Helicolenus dactylopterus (DELAROCHE, 1809)
Familie: Scorpaenidae, Drachenköpfe

Merkmale: Längsovaler, hochrückiger Körper
mit Kammschuppen, weitem, bis unter die
Augen reichendem Maul und brustständigen
Bauchflossen. Am freien Rand des Vorkiemendeckels befinden sich mehrere spitze Dornen.
Der hintere, von Gliederstrahlen getragene Teil
der langen Rückenflosse ist höher als der von
Stachelstrahlen gestützte vordere Bereich.
Flossen: D XI–XIII/10–14, A III/5, P 17–20.
26–30 Schuppen entlang der Seitenlinie. Färbung: Rücken und Flanken rot bis rosa mit 5–6
braunen Querbändern, Bauch weiß, Mundhöh-
le und Bauchfell dunkelblau (Name). Länge: bis
45 cm.

Verbreitung: Nordostatlantik von Norwegen
über die Nordsee, die Britischen und Kapverdischen Inseln bis Marokko; Mittelmeer.

Biologie: Das Blaumaul ist ein Schwarmfisch
mit bodenorientierter Lebensweise, der den
Kontinentalschelf in Tiefen von 100–1000 m
besiedelt. Er ernährt sich von einem breiten
Spektrum wirbelloser Plankton- und Benthonorganismen sowie Fischen.

Fortpflanzung: Das Blaumaul laicht im Winter.
Die Eier (1 mm ⌀) werden in Gallertklumpen
abgelegt. Die Larven und die Jungfische leben
im Freiwasser von Plankton.

Wissenswertes: Das Blaumaul und der Große
Rotbarsch sind geschätzte Speisefische, die
häufig auf Fischmärkten angeboten werden.
Letzterer hat sogar wirtschaftliche Bedeutung.
1992 wurden in Deutschland 19 000 Tonnen
Rotbarsch im Inland angelandet. Sein Markt-
anteil bei den Seefischen lag im gleichen Jahr
bei 8 %.

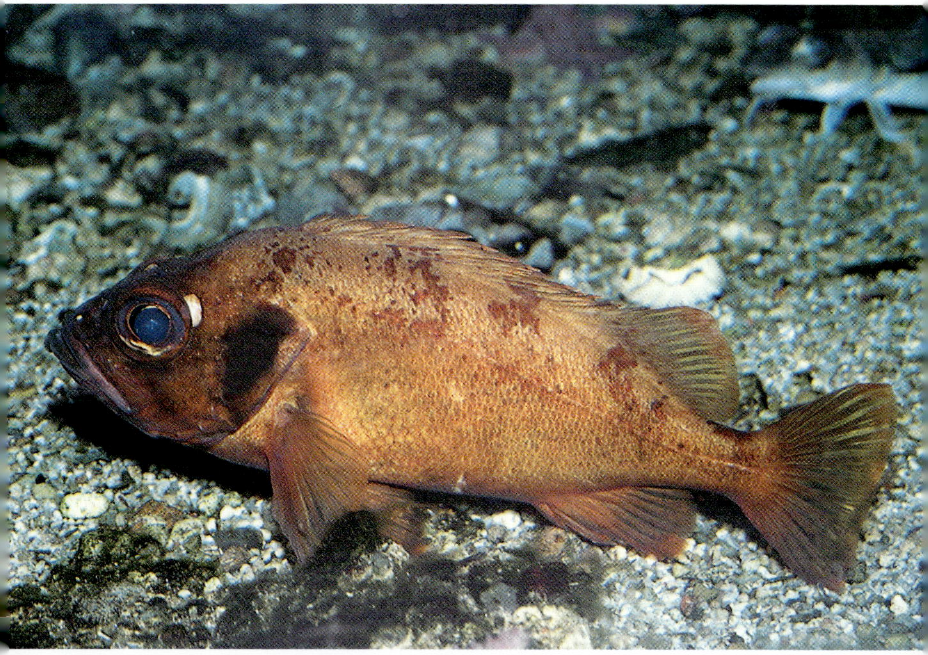

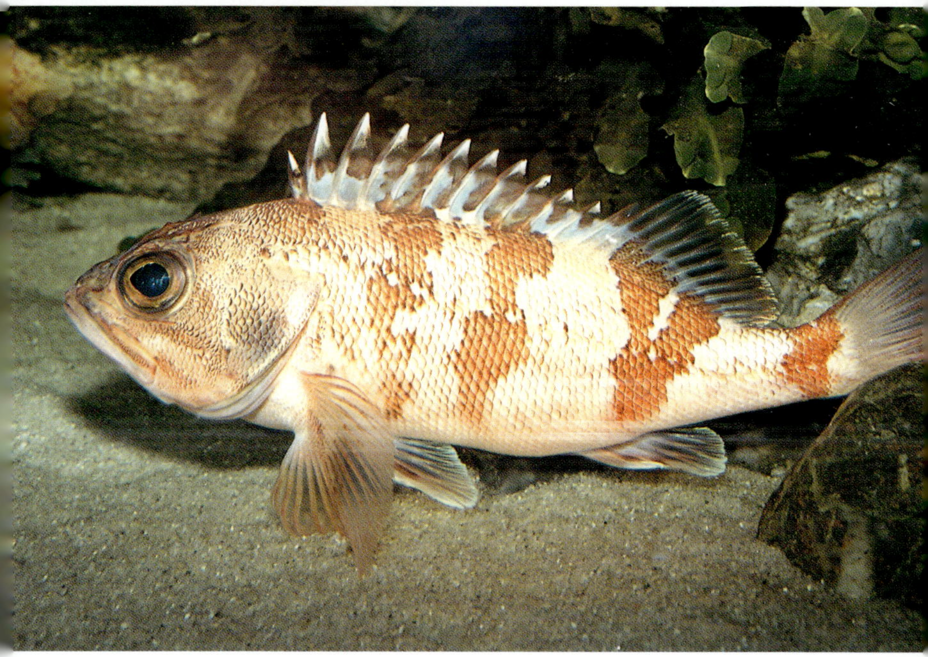

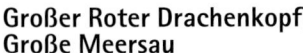

Großer Roter Drachenkopf, Große Meersau

Scorpaena scrofa LINNAEUS, 1758
Familie: Scorpaenidae, Drachenköpfe

Merkmale: Längsovaler, hochrückiger, seitlich leicht abgeflachter Körper mit großem, gepanzertem und mit zahlreichen Stacheln und Tentakeln versehenem Kopf und brustständigen Bauchflossen. Das weite, bis unter die Augen reichende Maul ist schräg nach oben gerichtet. Am Kopf befinden sich Rund-, am Rumpf Kammschuppen. Die Stachelstrahlen der Rückenflosse stehen mit Giftdrüsen in Verbindung. Flossen: D XII/9, A III/5–6, P 18–20. 35–45 Schuppen entlang der Seitenlinie. Färbung: variabel; Körper rot bis rotbraun mit unregelmäßig verteilten braunen Flecken und Marmorierungen. Länge: bis 50 cm.

Verbreitung: Ostatlantik vom Ärmelkanal bis zum Senegal; Kanarische und Kapverdische Inseln, Azoren und Mittelmeer.

Biologie: Der Große Rote Drachenkopf lebt als solitärer Lauerjäger mit bodenorientierter und nachtaktiver Lebensweise bevorzugt auf felsigem Grund und in Tiefen von 20–200 m. Da der rote Anteil des Lichtes bereits in geringen Tiefen vom Wasser absorbiert wird, ist er durch seine Körperfärbung auf dem Untergrund gut getarnt. Zusätzlich werden seine Körperkonturen durch die Hauttentakel aufgelöst (Somatolyse). Er frisst überwiegend Krebse, Mollusken und Fische.

Fortpflanzung: Der Große Rote Drachenkopf laicht von Mai bis August. Die Eier (1,2 x 0,8 mm) werden in gallertigen Klumpen abgelegt.

Wissenswertes: Da der Große Drachenkopf gut getarnt am Grund lauert, können sich unachtsame Taucher, die zu dicht über dem Grund schwimmen, an den giftigen Stacheln verletzen.

Großer Brauner Drachenkopf

Scorpaena porcus LINNAEUS, 1758
Familie: Scorpaenidae, Drachenköpfe

Merkmale: Längsovaler, seitlich leicht abgeflachter, hochrückiger Körper mit großem Kopf und weitem bis unter die Augen reichendem, schräg nach oben gerichtetem Maul. Der Kopf ist mit Hautknochen gepanzert und mit zahlreichen Dornen und Hauttentakeln (nicht am Kinn) versehen. Über den Augen befinden sich große, gefiederte Tentakel. Die Stachelstrahlen im vorderen Bereich der langen Rückenflosse sind am Ansatz mit Giftdrüsen verbunden. Bauchflossen brustständig. Flossen: D XII/9, A III/5, P I/15–17, V I/5. 55–60 Schuppen entlang der Seitenlinie. Länge: bis 25 cm.

Verbreitung: Ostatlantik von den Britischen Inseln bis Marokko; Kanarische und Kapverdische Inseln, Mittelmeer und Schwarzes Meer.

Biologie: Der Braune Drachenkopf ist ein bodenorientierter und dämmerungsaktiver Lauerjäger, der bevorzugt auf felsigem oder mit Algen bewachsenem Grund in Tiefen von 3 bis 800 m lebt. Seine Nahrung besteht hauptsächlich aus Krebsen und Fischen (z. B. Grundeln oder Schleimfische).

Fortpflanzung: Der Braune Drachenkopf laicht von Juni bis August. Die ellipsoiden Eier (1 x 0,75 mm) werden in Gallertklumpen oder -bändern abgelegt. Die Larven leben pelagisch und gehen mit einer Länge von 3 cm zur bodenorientierten Lebensweise über. Im Verlauf seiner Entwicklung häutet sich der Braune Drachenkopf etwa einmal im Monat. Dabei wird die alte, z. T. mit Aufwuchs bewachsene Haut abgestoßen.

Wissenswertes: Wie der Rotbarsch gehören auch die Drachenköpfe zur artenreichen Ordnung der Drachenkopfartigen, die mit über 1000 Arten weltweit vertreten sind. Kennzeichnend ist eine massive Knochenplatte unter den Augen, die mit dem Kiemendeckel verwachsen ist.

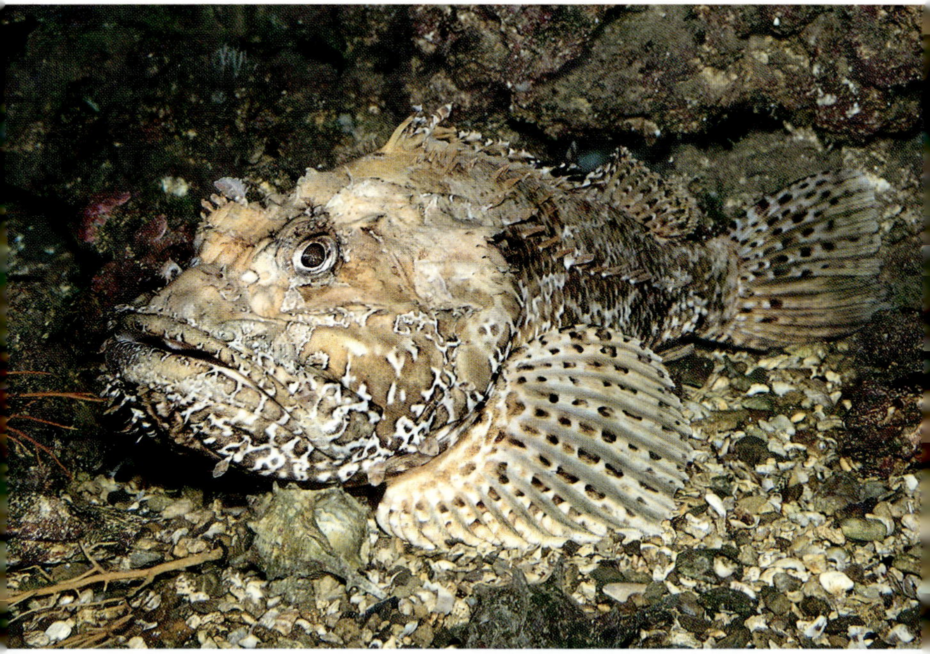

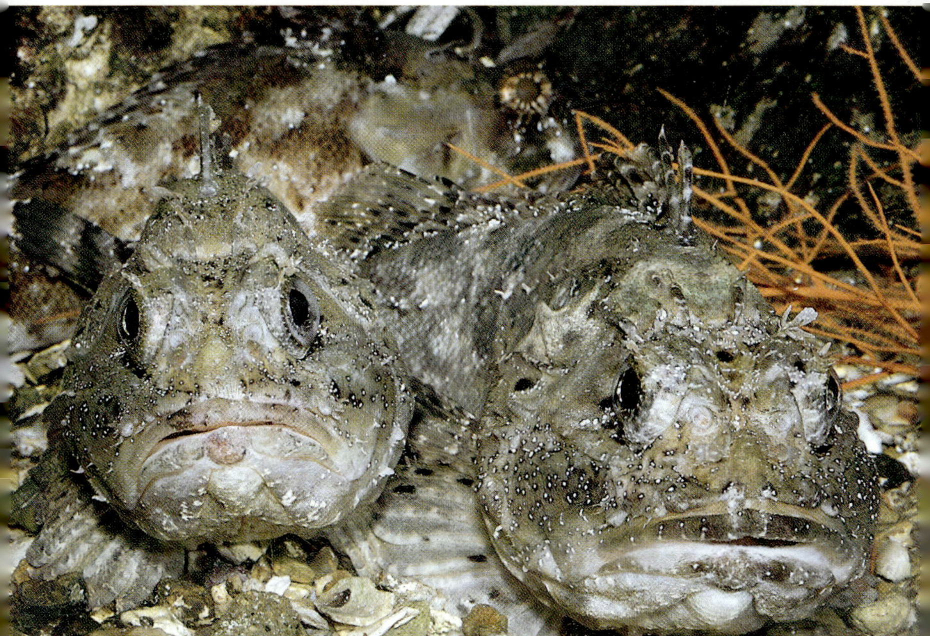

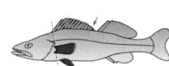

Seeskorpion

Myoxocephalus scorpius (LINNAEUS, 1758)
Familie: Cottidae, Groppen

Merkmale: Keulenförmiger, hochrückiger Körper mit 2 Rückenflossen und bruststständigen Bauchflossen. Am Vorkiemendeckel befinden sich 3–4 Stacheln. Flossen: D1 VII–XI, D2 14–17, A 10–15, P 16–17, V I/5. Färbung: variabel; Rücken und Flanken grau oder braun mit dunklen Flecken im oberen und weißen Flecken im unteren Bereich. Der Bauch ist bei den Männchen in der Laichzeit rot gefärbt und mit weißen Flecken versehen, bei den Weibchen orangefarben. Länge: bis 30 cm, max. 60 cm.

Verbreitung: Nordatlantik bis zur Biskaya sowie in der Nord- und Ostsee.
Biologie: Lebt auf Sand- oder Schlickgrund in der Nähe von Felsen oder an Tang- und Seegraswiesen. Am häufigsten ist er in Tiefen von 20–50 m. Solitärer Lauerjäger, der sich von Krebsen, Fischen sowie Fischlaich und -brut ernährt.
Fortpflanzung: Laichzeit von November bis März. Die rötlichen Eier (ca. 2 mm Ø) werden in Klumpen an Steinen, Seegras oder in Felsspalten abgelegt. Die Larven schlüpfen nach 4 bis 12 Wochen und leben pelagisch. Mit einer Länge von 2 cm gehen sie zum Bodenleben über und sind nach 2 Jahren fortpflanzungsfähig.

Seebull, Langstacheliger Seeskorpion

Taurulus bubalis (EUPHRASEN, 1786)
Familie: Cottidae, Groppen

Merkmale: Gestreckter, hochrückiger, mit Knochenplatten gepanzerter Körper. Am Vorkiemendeckel befinden sich mehrere kleine und 1 langer kräftiger Stachel. Das weite, endständige Maul reicht bis unter die Augen. 2 Rückenflossen, bruststständige Bauchflossen. Flossen: D1 VII–X, D2 10–14, A 8–10, P 14–16, V I/3. Färbung: variabel; Rücken und Flanken braun mit unregelmäßigen dunklen, grünlichen oder rötlichen Flecken, Bauch weiß. Länge: Männchen bis 12 cm, Weibchen bis 25 cm.

Verbreitung: Nordostatlantik von Island bis zur Biskaya; Nordsee und Ostsee.
Biologie: Bodenorientierte Lebensweise; kommt an algenbewachsenen Felsen oder Seegraswiesen und in Gezeitentümpeln vor. Man findet ihn selten tiefer als 30 m. Ernährt sich als Lauerjäger von einem breiten Spektrum wirbelloser Kleintiere und Fischen.
Fortpflanzung: Laichzeit von Februar bis Mai. Die gelblichen Eier (1,5–1,8 m Ø) werden in Klumpen an Steinen, zwischen Algen oder in Felsspalten abgelegt und vom Männchen bewacht. Die Larven schlüpfen nach ca. 6 Wochen mit einer Länge von 5–6 mm und leben zunächst im Plankton. Wird nach 2 Jahren geschlechtsreif.

Zwergseeskorpion

Micrenophrys lilljeborgi (COLLETT, 1875)
Familie: Cottidae, Groppen

Merkmale: Keulenförmiger, hochrückiger Körper mit großem, gepanzertem Kopf, 2 Rückenflossen und bruststständigen Bauchflossen. Der Vorkiemendeckel ist nach hinten in einen langen spitzen Stachel ausgezogen. Flossen: D1 VIII–IX, D2 11–12, A 6–9, P 15–16, V 2. Färbung: Rücken und Flanken braun bis olivfarben mit 4 dunklen Querbinden, Kopf grau bis gelb.

Männchen in der Laichzeit mit roten Flecken auf den Flanken. Länge: bis 7 cm.
Verbreitung: Nordostatlantik vom Weißen Meer und Island im Norden bis zum Ärmelkanal im Süden; Nordsee, Skagerrak und Kattegat.
Biologie: Lebt bodenorientiert auf Sand- oder Geröllgrund und zwischen Algen in Tiefen von 20–100 m. Gelegentlich zieht er auch ins Brackwasser. Er frisst überwiegend Kleinkrebse.
Fortpflanzung: Laicht von März bis April am Grund. Die Eier (2 mm Ø) haben im Inneren eine Ölkugel und werden in Klumpen abgelegt.

Steinpicker

Agonus cataphractus (LINNAEUS, 1758)
Familie: Agonidae, Panzergroppen

Merkmale: Der Steinpicker hat einen langgestreckten, abgeflachten Körper, der mit kantigen Hautknochenplatten gepanzert ist. Sein breiter und flacher Kopf trägt zahlreiche Barteln am unterständigen Maul und 4 Stacheln auf der Schnauzenspitze. Er hat 2 Rückenflossen und brustständige Bauchflossen. Flossen: D1 IV-VI, D2 6–8, A 5–7, P 15–17, V I/2. Färbung: Rücken und Flanken dunkelgrau oder braun bis rötlich mit 4–5 dunklen Sattelflecken, Bauch grau bis weiß. Länge: bis 20 cm.

Verbreitung: Nordostatlantik von Weißem Meer, der Barentssee und Island bis zum Ärmelkanal; Nord- und Ostsee.

Biologie: Steinpicker leben ausgesprochen bodenorientiert auf Sand-, Schlamm- oder Geröllgrund in Tiefen von 5–200 m. Im Wattenmeer sind sie besonders häufig. Im Winter ziehen en sie in tieferes Wasser (bis 500 m), im Sommer gelegentlich in den Mündungsbereich von Flüssen. Sie fressen wirbellose Bodentiere (z. B. Garnelen), kleine Fische und Fischlaich.

Fortpflanzung: Steinpicker laichen von Februar bis April. Pro Rogener werden bis 2700 klebrige, gelbe oder orangefarbene Eier (ca. 2 mm Ø) in Klumpen an den Haftwurzeln von Tangen abgelegt. Sie sind hartschalig und haben einen Öltropfen im Inneren. Die Larven schlüpfen nach 10–11 Monaten mit einer Länge 6–8 mm, leben pelagisch und ernähren sich von Zooplankton. Mit einer Länge von 2 cm gehen sie zum Bodenleben über.

Groppe, Koppe, Westgroppe

Cottus gobio LINNAEUS, 1758
Familie: Cottidae, Groppen

Merkmale: Körper keulenförmig und schuppenlos (Foto Mitte). Die Augen liegen hoch auf dem großen, abgeflachten Kopf. Breite, endständige Mundspalte. Der freie Rand der Kiemendeckel endet in einem spitzen Dorn. Die vordere der 2 voneinander getrennten Rückenflossen ist kürzer und stachelstrahlig. Die Bauchflossen liegen brustständig unter den relativ großen Brustflossen. Flossen: D1 V–IX, D2 13–19, A 10–15, P 12–16, V I/4. Mit Ausnahme der weißlichen Bauchflossen sind die Flossen braun gefleckt. Färbung: variabel; Rücken und Flanken sind braun bis grau mit dunkler Marmorierung; der Bauch ist weißlich. Eine Schwimmblase fehlt. Länge: 10–18 cm.

Verbreitung: Vom Norden der Iberischen Halbinsel über West-, Mittel- und Osteuropa bis Sibirien; England und Südskandinavien.

Biologie: Die Groppe lebt dämmerungs- und nachtaktiv am Grund klarer, sauerstoffreicher Fließgewässer und Seen (Uferregion) mit sandigem oder kiesigem Grund. Sie ist ein typischer Begleitfisch der Forellenregion. In der Ostsee kommt sie auch im Brackwasser vor. Tagsüber hält sie sich meistens unter Steinen oder Wurzeln verborgen. Aufgeschreckt, robbt sie nur kurze Strecken mit den kräftigen Brustflossen über den Boden. Sie ernährt sich von Bachflohkrebsen und Insektenlarven, gelegentlich auch von Fischlaich und -brut.

Fortpflanzung: Das Männchen bereitet in der Laichzeit (je nach Gebiet von Februar bis Mai) zwischen oder unter Steinen eine Grube vor, in die das Weibchen bis zu 1000 rötlichgelbe Eier legt (2–2,5 mm Ø). Das klumpenförmige Gelege wird vom Männchen bewacht und befächelt. Die Brut schlüpft nach 4–6 Wochen und ernährt sich zunächst von dem Dottervorrat. Bei entsprechendem Nahrungsangebot wachsen die Jungfische schnell heran und werden nach 2 Sommern geschlechtsreif.

Wissenswertes: Groppen reagieren sehr sensibel auf Beeinträchtigungen der Wassergüte und gewässerbauliche Maßnahmen. In größeren Flüssen sind die Bestände meistens erloschen. Die in die Oberläufe zurückgedrängten Teilpopulationen leben oft voneinander isoliert, da selbst kleine Sohlenschwellen für Groppen ein unüberwindbares Hindernis darstellen.

Streifenmeerbarbe

Mullus surmuletus LINNAEUS, 1758
Familie: Mullidae, Meerbarben

Merkmale: Länglich, seitlich abgeflacht. Stirn und Rückenlinie konvex gewölbt, Bauchlinie gerade. Am Unterkiefer befinden sich 2 vorstreckbare, muskulöse Barteln. 2 Rückenflossen. Flossen: D1 VII–VIII, D2 I/8, A II/5–6, P 17–18. Färbung: variabel; Körper gelb, braun oder rötlich gefärbt, von der Stirn über die Augen bis zur Schwanzflossenwurzel zieht sich eine dunkelrote oder braune Linie (Foto oben). Die Rückenflossen haben dunkle Streifen (Foto Mitte). Länge: bis 30 cm.

Verbreitung: Im Ostatlantik von den Britischen Inseln bis Marokko; Kanarische Inseln und Mittelmeer. In der Nordsee und der westlichen Ostsee selten.

Biologie: Die einzeln oder in kleinen Trupps auftretenden Streifenmeerbarben leben bodenorientiert an seichten Küsten mit Sand- oder Schlickgrund in Tiefen von 5–100 m. Man kann sie oft dabei beobachten, wie sie mit dem Kopf im weichen Sediment wühlen und dabei mit den Barteln nach benthischen wirbellosen Kleintieren suchen, von denen sie sich ernähren. Die Nahrung suchenden Tiere werden oft von anderen Fischen begleitet, welche die durch das Wühlen aufgescheuchten oder freigelegten Organismen fressen (Kommensalen).

Fortpflanzung: In der Laichzeit von Juni bis September werden die pelagischen Eier (ca. 1 mm ⌀) ufernah in 25–40 m Tiefe über Sandgrund abgelegt. Die nach 3–4 Tagen schlüpfenden Larven leben planktisch, gehen mit einer Länge von 3 cm zur bodenorientierten Lebensweise über und werden nach 2 Jahren geschlechtsreif.

Rote Meerbarbe, Rotbarbe

Mullus barbatus LINNAEUS, 1758
Familie: Mullidae, Meerbarben

Merkmale: Die Rote Meerbarbe (Foto unten) hat einen länglichen, seitlich abgeflachten Körper mit 2 Rückenflossen, gewölbtem Rücken und gerader Bauchlinie. Ihr Stirnprofil ist steiler als das der Streifenmeerbarbe. Am Unterkiefer sitzen 2 vorstreckbare, muskulöse Barteln. Flossen: D1 XII–XIII, D2 I/7–8, A II/5–7. Färbung: variabel; Rücken rot mit grünem Schimmer, Flanken und Bauch rot bis rosa, dunkel marmoriert. Im Unterschied zur Streifenmeerbarbe fehlen der Rotbarbe ein vollständiger, den Körper entlangziehender roter Streifen und die dunklen Streifen an den Flossen. Länge: bis 30 cm.

Verbreitung: Im Ostatlantik; von den Britischen Inseln im Norden bis zum Senegal im Süden; Kanarische Inseln, Azoren und Mittelmeer. In der Nordsee selten.

Biologie: Die Rote Meerbarbe lebt bodenorientiert auf Sand- oder Schlickgrund. Im Winter hält sie sich in Tiefen bis 300 m auf, im Sommer zieht sie in seichtere Gewässer. Einzeln oder in kleinen Trupps wühlen sie mit dem Kopf im weichen Sediment und suchen mit den beweglichen Barteln nach Nahrung (wirbellose Kleintiere).

Fortpflanzung: Laichzeit von April bis August. Die pelagischen Eier werden in 10–60 m Tiefe über Sand- oder Schlickgrund abgegeben. Die geschlüpften Larven leben pelagisch und gehen mit einer Länge von 3 cm zur bodenorientierten Lebensweise über.

Wissenswertes: Meerbarben sind geschätzte Speisefische mit geringer wirtschaftlicher Bedeutung. Insgesamt gehören 55 Arten zu dieser Familie, von denen die meisten tropische und subtropische Meere besiedeln. Die Bezeichnung Barbe ist irreführend, da sie nicht mit der im Süßwasser vorkommenden und zu den Karpfenfischen gehörenden Barbe verwandt sind, sondern zur großen Gruppe der Barschartigen gehören, was an den beiden Rückenflossen und an den Kammschuppen erkennbar ist. Die vordere Rückenflosse wird von Stachelstrahlen gestützt, die hintere von Weichstrahlen.

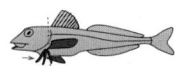

Petermännchen

Trachinus draco LINNAEUS, 1758
Familie: Trachinidae, Drachenfische

Merkmale: Langgestreckter, seitlich abgeflachter Körper mit großem Kopf und weitem, schräg nach oben geöffnetem Maul. Die Augen liegen hoch am Kopf. Die Haut am Kiemendeckelstachel und an den Stachelstrahlen der 1. Rückenflosse ist gefurcht und mit Drüsen versehen, die ein hämolytisches Gift abgeben. Brustständige Bauchflossen und 2 Rückenflossen. Flossen: D1 V–VII, D2 29–32, A II/30–34, P 15–17. Rücken und Flanken braun bis graugrün mit dunklen Querlinien, Bauch weiß. Länge: bis 40 cm.

Verbreitung: Nordostatlantik von Norwegen bis Marokko; Nordsee, Kattegat, Mittelmeer.

Biologie: Petermännchen leben an Sandküsten in Tiefen von 5–15 m, im Winter bis 150 m. Tagsüber graben sie sich oft bis zu den Augen in den Sand ein, nachts jagen sie auch im freien Wasser. Nahrung: bodenlebende Krebse und Fische (Grundeln, Sandaale).

Fortpflanzung: Laicht paarweise von Juni bis August. Die pelagischen Eier (1 mm Ø) haben für den Auftrieb im Inneren einen Öltropfen.

Roter Knurrhahn

Trigla lucerna LINNAEUS, 1758
Familie: Triglidae, Knurrhähne

Merkmale: Länglicher, nach hinten schmaler werdender Körper mit großem Kopf und 2 Rückenflossen. Die vorderen 3 Brustflossenstrahlen haben keine Flossenhaut und sind frei beweglich. 24–25 reihenartig angeordnete Knochenstachel am Ansatz der Rückenflosse. Kehlständige Bauchflossen. Flossen: D1 IX–X, D2 16, A 14–16, P III+10–11, V I/5. Färbung: Kopf rot, Rücken und Flanken rötlich oder braun mit dunklen Querbinden oder Flecken, Bauch rosa oder weiß. Die Oberseite der Brustflosse mit blauen Flecken und einem blauen Saum. Länge: bis 50 cm, max. 70 cm.

Verbreitung: Nordostatlantik von Norwegen bis Westafrika; Nordsee, Mittelmeer und Schwarzes Meer.

Biologie: Bewohner von Sand-, Schlick- oder Geröllgrund in 20–300 m Tiefe. Er jagt aber auch in der Freiwasserregion. Ernährt sich von Mollusken, Krebsen und Fischen. Knurrhähne können ihre Schwimmblase mit bestimmten Muskeln in Schwingungen versetzen und dadurch Geräusche erzeugen.

Fortpflanzung: Laichzeit in der Nordsee von Mai bis Juli. Die Eier (2,3 mm Ø) treiben mit Hilfe eines Öltropfens pelagisch im Meer.

Wissenswertes: Knurrhähne sind qualitativ hochwertige Speisefische.

Seekuckuck

Aspitrigla cuculus (LINNAEUS, 1758)
Familie: Triglidae, Knurrhähne

Merkmale: Langgestreckter, kegelförmiger Körper mit großen Augen und steilem, leicht nach innen gewölbtem Kopfprofil. Auf dem Oberkiefer trägt er 4 kleine Stacheln. Die vorderen 3 Strahlen der Brustflossen sind nicht durch einen Flossensaum miteinander verbunden und frei beweglich. Flossen: D1 IX–X, D2 17–18, A 16–18. Färbung: Oberseite rötlich mit dunklen Querbinden, Unterseite weiß; Brustflossen grau, gelblich oder rötlich. Länge: bis 40 cm; Gewicht bis über 1 kg.

Verbreitung: Im Nordostatlantik von den Britischen Inseln und der Nordsee im Norden bis Westafrika im Süden; Mittelmeer, Azoren und Kanarische Inseln.

Biologie: Lebt bodenorientiert sowohl über weichem als auch über hartem Grund in Tiefen von 20–250 m. Er frisst überwiegend bodenlebende Krebse und Fische.

Fortpflanzung: Laichzeit von April bis August. Die Eier und die geschlüpften Jungfische treiben pelagisch im Meer.

Grauer Knurrhahn

Eutrigla gurnadus (LINNAEUS, 1758)
Familie: Triglidae, Knurrhähne

Merkmale: Langgestreckter, sich nach hinten verjüngender Körper mit großem Kopf, 2 Rückenflossen und 3 frei beweglichen vorderen Brustflossenstrahlen. Kehlständige Bauchflossen. Flossen: D1 VIII–IX, D2 19–20, A 17–21 P III+10–11, V I/5. Färbung: dunkelgrau mit gelber oder weißer Seitenlinie. Im Mittelmeer rötlich oder braun. Länge: bis 30 cm, max. 50 cm.

Verbreitung: Nordostatlantik von Norwegen und Island bis Marokko; Nordsee, westliche Ostsee, Mittelmeer und Schwarzes Meer.

Biologie: Kommt bevorzugt auf Sand- oder Schlickgrund in Tiefen von 5–200 m vor, jagt aber nachts auch im freien Wasser. Im Sommer zieht er in flachere, küstennahe Bereiche oder bis in das Brackwasser von Flussmündungen. Mit seiner 2kammerigen Schwimmblase kann er knurrende Laute erzeugen (Name).

Fortpflanzung: Laichzeit von Januar bis Juni. Die Rogener legen in 25–50 m Tiefe jeweils 200 000–300 000 Eier (1,4 mm Ø), die pelagisch im Wasser treiben. Die nach 5 Tagen schlüpfende Brut lebt im Plankton und geht mit einer Länge von 3 cm zur bodenorientierten Lebensweise über.

Gestreifter Knurrhahn

Trigloporus lastoviza (BRÜNNICH, 1768)
Familie: Triglidae, Knurrhähne

Merkmale: Länglicher, sich zum Schwanz hin verjüngender Körper mit großem Kopf, 2 Rückenflossen und steilem Kopfprofil. Die vorderen 3 Brustflossenstrahlen sind frei beweglich und dienen als Tast- und Schreitorgane. Die Brustflossen sind relativ groß und reichen angelegt deutlich hinter den vorderen Ansatz der Afterflosse. Flossen: D1 IX–XI, D2 16–17, A 14–16, P III+10–11, V I/5. Färbung: rot mit dunklen Flecken oder undeutlichen Querbändern. Afterflosse rot mit gelbem Saum, Brust-

flossen leuchtend blaugesäumt (Foto mitte links) mit dunklen und blauen Flecken. Länge: bis 40 cm.

Verbreitung: Ostatlantik von den Britischen Inseln bis Südafrika; Nordsee (selten) und Mittelmeer.

Biologie: Bevorzugt sandigen oder schlammigen Grund in der Nähe von Felsen. Lebt in Tiefen von 30–150 m und ernährt sich überwiegend von Krebsen. Er kann mit seinen beweglichen Brustflossenstrahlen über den Grund laufen und nach Nahrung tasten.

Fortpflanzung: Die Laichzeit liegt in den Sommermonaten. Die Eier (1,3 mm Ø) und die geschlüpfte Brut treiben pelagisch mit der Strömung.

Flughahn

Dactylopterus volitans (LINNAEUS, 1758)
Familie: Dactylopteridae, Flughähne

Merkmale: Langgestreckter, im Querschnitt fast vierkantiger, sich nach hinten verjüngender Körper mit großem Kopf, 2 Rückenflossen und extrem vergrößerten, fächerartigen Brustflossen. Der Kopf hat ein steiles Profil und ist mit helmartigen Hautknochenplatten gepanzert, die in 2 große, nach hinten gerichtete Stacheln auslaufen. Flossen: D1 VIII, D2 I/8, A 6. 60–62 Schuppen entlang der Mittellinie der

Flanken. Färbung: Rücken und Flanken grau oder braun mit hellen und dunklen Flecken, Bauch weiß bis rosa. Auf den Brustflossen befinden sich zahlreiche musterartig angeordnete blaue Punkte und Linien. Länge: bis 50 cm.

Verbreitung: Ostatlantik vom Ärmelkanal bis Angola sowie Mittelmeer. Weiterhin im Westatlantik von Virginia bis Argentinien.

Biologie: Besiedelt Sand- oder Schlammgrund in Tiefen von 10–30 m (selten bis 80 m). Seine Nahrung besteht aus wirbellosen Bodentieren.

Fortpflanzung: Die Laichzeit liegt im Sommer; die elliptischen Eier treiben pelagisch.

Strandgrundel

Pomatoschistus microps (Kroyer, 1838)
Familie: Gobiidae, Grundeln

Merkmale: Die Strandgrundel hat einen länglichen, keulenförmigen Körper mit rundem Kopf und 2 Rückenflossen. Ihr Schwanzstiel ist lang und ihr dicklippiges Maul leicht oberständig. Schuppen fehlen am Rücken bis zum Hinterrand der 1. Rückenflosse und auf der Unterseite bis zu den Bauchflossen. Die miteinander verwachsenen Bauchflossen liegen brustständig und bilden eine Saugscheibe. Flossen: D1 V–VI, D2 I/8–10, A I/7–10, P 17–19. 39–52 Schuppen entlang der Flanken. Färbung: Körper grau bis braun mit dunklen, reihenartig angeordneten Flecken und dunkel gesäumten Schuppen. Länge: bis 7 cm.

Verbreitung: Nordostatlantik von Norwegen bis Portugal (Algarve); Nord- und Ostsee sowie nordwestliches Mittelmeer.

Biologie: Die Strandgrundel besiedelt häufig Sand- und Schlickstrände bis in 10 m Tiefe. Sie ist hinsichtlich der Salzkonzentration des Wassers anpassungsfähig (euryhalin) und kommt auch in Gezeitentümpeln oder im Brackwasser vor. Im Winter ziehen Strandgrundeln in tieferes Wasser. Sie leben bodenorientiert und ernähren sich hauptsächlich von Kleinkrebsen.

Fortpflanzung: Die Männchen sind revierbildend. Strandgrundeln laichen in mehreren Perioden von April bis September. Der Laich umfasst 650–3400 Eier pro Rogener. Die birnenförmigen Eier (0,7–0,9 mm Länge) werden an leeren Muschelschalen oder Steinen abgelegt und vom Männchen bewacht (Foto Mitte). Von der Wassertemperatur abhängig schlüpfen die 3–4,5 mm langen Larven nach 1–3 Wochen. Strandgrundeln werden nach 1 Jahr geschlechtsreif und sterben meist am Ende des 2. Lebensjahres.

Sandgrundel

Pomatoschistus minutus (Pallas, 1770)
Familie: Gobiidae, Grundeln

Merkmale: Die Sandgrundel hat einen länglichen, keulenförmigen Körper mit länglichem Kopf, langem Schwanzstiel und 2 Rückenflossen. Ihr Maul ist schräg nach oben gerichtet. Die brustständigen Bauchflossen sind miteinander verwachsen und bilden eine Saugscheibe. Flossen: D1 VI–VII, D2 I/10–11, A I/9–12, P 18–21. 55–75 Schuppen entlang der Flanke. Färbung: Körper sandfarben mit unregelmäßig verteilten hellen und dunklen Punkten. Am Hinterrand der 1. Rückenflosse ein weiß gesäumter schwarzer Fleck. Länge: bis 11 cm.

Verbreitung: Innerhalb des Verbreitungsgebietes werden 2 Unterarten unterschieden: Nordostatlantik von Nordskandinavien bis Portugal sowie Nord- und Ostsee *(P. minutus minutus)*; nördliches Mittelmeer und Schwarzes Meer *(P. minutus elongatus)*.

Biologie: Sandgrundeln sind häufig vorkommende Bewohner von Sand- und Schlickstränden in Tiefen bis 20 m, selten bis 70 m. Die Jungfische wandern auch in das Brackwasser von Flussmündungen ein. Sie leben bodenorientiert und fressen überwiegend kleine Krebse (z. B. *Mysis*, Gammariden und Isopoden).

Fortpflanzung: Laichzeit von März bis September. Das Männchen grenzt ein Revier ab. Der pro Rogener bis 3000 Eier umfassende Laich wird in mehreren Perioden an der Unterseite von leeren Muschelschalen (z. B. *Ostrea* oder *Cyprina*) abgelegt. Hierfür benutzen die Männchen offene Schalen oder Schalenhälften, die mit der konkaven Seite nach unten gedreht werden. Anschließend graben sie darunter mit dem Maul eine Höhle. Das Gelege wird bis zum Schlüpfen der Brut vom Männchen bewacht (Foto Mitte). Die Eier sind birnenförmig und 0,9–1,4 mm lang. Die 3 mm langen Larven schlüpfen je nach Wassertemperatur nach 1 bis 3 Wochen und leben pelagisch. Mit einer Länge von 1,8 cm gehen sie zur bodenorientierten Lebensweise über. Sandgrundeln werden nach 1 Jahr geschlechtsreif und sterben meist am Ende des 2. Lebensjahres.

Bauchflossen brustständig und verwachsen, 2 Rückenflossen

Schwimmgrundel, Schnappkühling

Gobiusculus flavescens (FABRICIUS, 1779)
Familie: Gobiidae, Grundeln

Merkmale: Die Schwimmgrundel hat einen länglichen, seitlich abgeflachten Körper mit 2 Rückenflossen und langem Schwanzstiel. Ihr weites Maul ist schräg nach oben gerichtet. Die brustständigen Bauchflossen sind miteinander verwachsen und bilden eine Saugscheibe. Die Schwanzflosse ist am freien Rand gerade. Flossen: D1 VII–VIII, D2 I/9–10, A I/9–10, P 17–18. 35–40 Schuppen entlang der Flanken. Färbung: Körper olivfarben, braun oder rötlich mit dunklen Sattelflecken, dunkel umrandeten Schuppen (Netzzeichnung) und einem schwarzen, oft hell umrandeten Fleck am Ansatz der Schwanzflosse. Geschlechtsreife Männchen mit schwarzem Fleck an der Brustflossenbasis. Länge: bis 10 cm.

Verbreitung: Nordostatlantik von Norwegen bis Nordspanien; Nordsee und westliche Ostsee.

Biologie: Schwarmfische an algenbewachsenen Felsen, Tang- oder Seegraswiesen in Tiefen bis 20 m. Im Gegensatz zu anderen Grundeln triff man sie häufig freischwimmend und dicht unter der Wasseroberfläche an. Sie fressen Zooplankton.

Fortpflanzung: Schwimmgrundeln laichen von April bis August in mehreren Perioden an Algen oder Seegras, selten auch an Muschelschalen. Die birnenförmigen Eier (0,7–0,8 x 0,6 mm) haften am Substrat und werden vom Männchen bis zum Schlüpfen der Brut bewacht und befächelt. Die Jungfische schlüpfen nach ca. 10 Tagen mit einer Länge von 2,5 mm und leben zunächst pelagisch. Nach 1 Jahr und mit einer Länge von 3–4 cm werden sie geschlechtsreif. Sie werden selten über 2 Jahre alt.

Riesengrundel

Gobius cobitis PALLAS, 1811
Familie: Gobiidae, Grundeln

Merkmale: Die Riesengrundel hat einen länglichen, keulenförmigen, hinten seitlich abgeflachten Körper mit großem, rundem Kopf und 2 Rückenflossen. Ihr Schwanzstiel ist hoch. Endständiges Maul mit dicken Lippen. Die Bauchflossen liegen brustständig, sind miteinander verwachsen und bilden eine Saugscheibe. Flossen: D1 VI–VII, D2 I/12–14, A I/10–12, P 20–21. 59–67 Schuppen entlang der Flanken. Färbung: grau oder braun mit feiner Marmorierung und unregelmäßigen dunklen Flecken. Länge: bis 30 cm.

Verbreitung: Nordostatlantik von den Britischen Inseln bis Marokko; Mittelmeer und Schwarzes Meer.

Biologie: Die Riesengrundel lebt bodenorientiert an Felsen, Geröll oder Seegraswiesen und in Gezeitentümpeln in Tiefen bis 10 m. Gelegentlich kommt sie auch im Brackwasser vor. Obwohl sie relativ häufig ist, kann man sie nur selten beobachten, da sie eine große Fluchtdistanz hat. Ihre Nahrung setzt sich aus Algen (Enteromorpha), Krebsen, Gliederwürmern, Mollusken, Insekten und kleinen Fischen zusammen.

Fortpflanzung: Sie laicht z. T. in mehreren Perioden von März bis Juli. Die Männchen sind revierbildend und bauen unter Steinen ein Nest. Nach einem komplexen Balzspiel legen die Weibchen birnenförmige Eier (3,6–5,5 x 1,2–1,5 mm), die mit Haftfäden am Substrat hängen. Der Laich wird vom Männchen bis zum Schlüpfen der Brut bewacht und befächelt. Die Jungfische gehen mit einer Länge von 0,9 mm zur bodenorientierten Lebensweise über und werden nach 2–3 Jahren geschlechtsreif. Höchstalter: 10 Jahre.

Wissenswertes: Mit etwa 1500 beschriebenen Arten in 200 Gattungen gehören die Grundeln zu den artenreichsten Fischfamilien überhaupt.

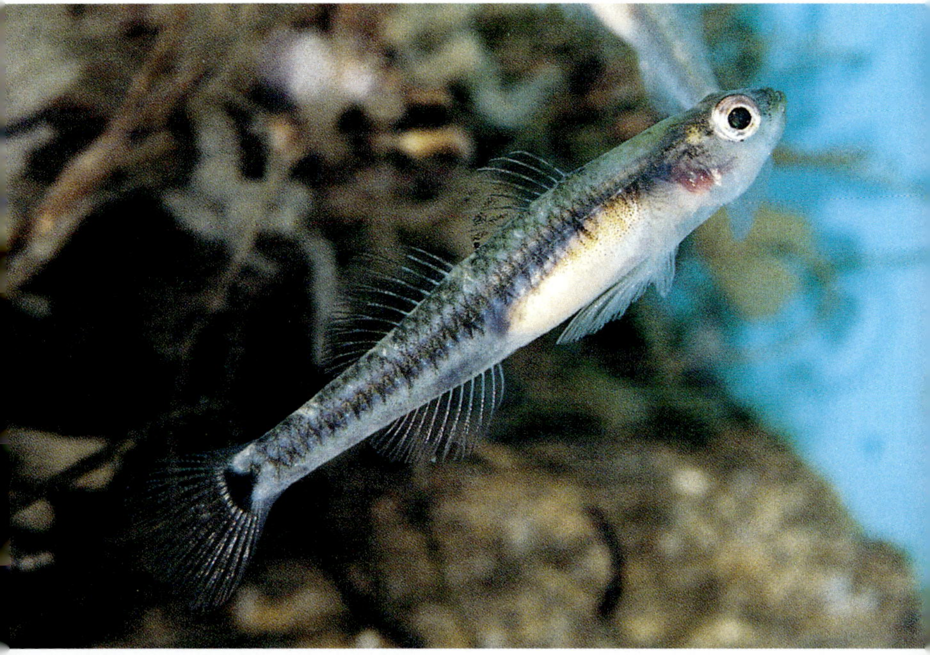

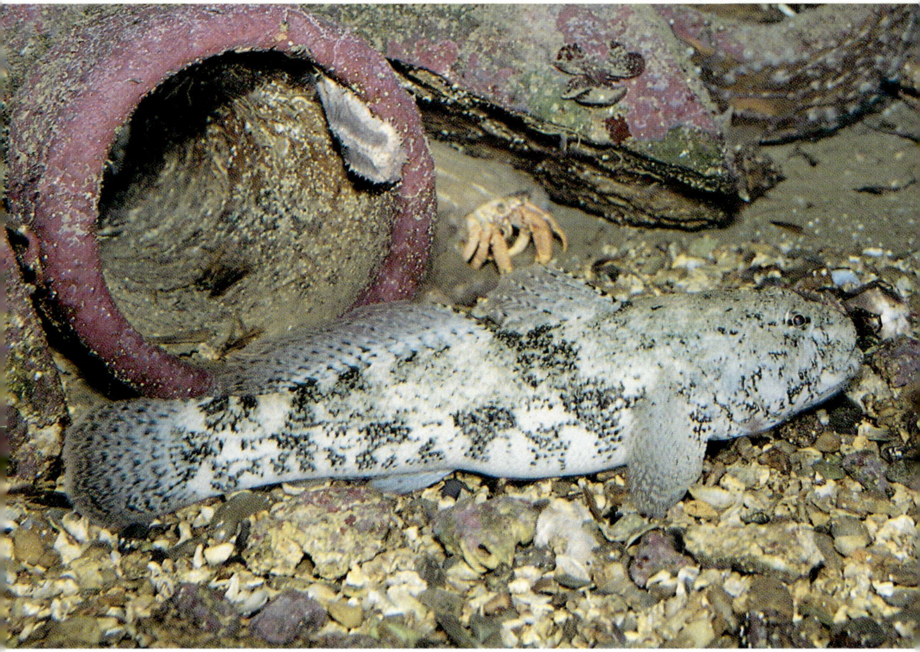

Felsengrundel

Gobius paganellus LINNAEUS, 1758
Familie: Gobiidae, Grundeln

Merkmale: Felsengrundeln haben einen länglichen, keulenförmigen Körper mit 2 Rückenflossen. Ihr abgeflachter Kopf hat ein endständiges Maul. Am vorderen Nasenloch befindet sich ein geteilter Tentakel. Die brustständigen Bauchflossen sind miteinander verwachsen und bilden eine Saugscheibe. Der freie Rand der Schwanzflosse ist abgerundet. Flossen: D1 VI, D2 I/13–14, A I/11–12, P 21–22. 50–55 Schuppen in einer Längsreihe. Färbung: Körper hellbraun mit dunkler Marmorierung und dunklen Flecken auf den Flanken. Die vordere Rückenflosse hat ein helles Längsband. Männchen in der Laichzeit purpurfarben bis dunkelbraun, mit gelbem Längsband auf der vorderen Rückenflosse. Länge: bis 12 cm.

Verbreitung: Ostatlantik von den Britischen Inseln bis Westafrika; Kanarische und Kapverdische Inseln, Mittelmeer und Schwarzes Meer.
Biologie: Die Felsengrundel ist ein bodenorientierter Bewohner von Fels- und Geröllküsten in Tiefen bis 10 m. Sie kommt auch in Gezeitentümpeln vor. Ihre Nahrung besteht überwiegend aus Kleinkrebsen. Fortpflanzung: Felsengrundeln laichen bei den Britischen Inseln von April bis Juni, im Mittelmeer von Januar bis Juli. Ein Rogener legt je nach Größe 1000–9000 klebrige Eier (3,6 x 4,8 mm) an Steinen, leeren Muschelschalen oder Tang ab. Der Laich wird vom Männchen bewacht und befächelt. Die Larven schlüpfen nach ca. 20 Tagen mit einer Länge von 4–5 mm und leben anschließend pelagisch. Felsengrundeln werden nach 2–4 Jahren mit einer Länge von ca. 6 cm geschlechtsreif. Sie können bis 10 Jahre alt werden.

Schwarzgrundel

Gobius niger LINNAEUS, 1758
Familie: Gobiidae, Grundeln

Merkmale: Schwarzgrundeln haben einen länglichen, keulenförmigen Körper mit großem Kopf und endständigem Maul. Die Stachelstrahlen der vorderen Rückenflosse sind ungleichmäßig, fadenartig verlängert und verleihen ihr eine sichelartige Form. Die brustständigen Bauchflossen sind miteinander verwachsen und bilden eine Saugscheibe. Flossen: D1 V–VII, D2 I/12–13, A I/11–12, P 17–19 (15–20). 35–41 Schuppen entlang der Flanken. Färbung: variabel; Körper gelbgrau oder braun mit dunkler Marmorierung oder unregelmäßig verteilten dunklen Flecken (Foto unten). Die Männchen sind in der Laichzeit fast schwarz (Foto Mitte). Länge: bis 15 cm.
Verbreitung: Nordostatlantik von Norwegen bis Nordafrika; Kanarische Inseln, Nord- und Ostsee, Mittelmeer und Schwarzes Meer.
Biologie: Schwarzgrundeln leben bodenorientiert, bevorzugt über weichem Grund in Tiefen von 1–75 m. Man trifft sie häufig an Tang- oder Seegraswiesen. Sie dringen auch in Lagunen und Brackwasserbereiche ein. Ihre Nahrung besteht aus einem breiten Spektrum an Gliederwürmern (z. B. *Arenicola* und *Nereis*), Krebsen, Schnecken, Muscheln und kleinen Fischen.
Fortpflanzung: Die Laichzeit erstreckt sich in der Nord- und Ostsee von Mai bis August, im Mittelmeer von März bis Mai und von April bis September im Schwarzen Meer. Meist laichen sie in mehreren Perioden. Die spindelförmigen Eier (1,5 x 0,45 mm) werden unter Steinen oder in leeren Muschelschalen abgelegt und bleiben mit Haftfäden am Substrat kleben. Der Laich wird vom Männchen bis zum Schlüpfen der Brut bewacht und mit den Brustflossen befächelt. Die Larven schlüpfen mit einer Länge von 3–4 mm und leben bis zu einer Länge von 10–12 mm im Plankton. Anschließend gehen sie zur bodenorientierten Lebensweise über. Die Geschlechtsreife tritt nach 2–3 Jahren ein. Schwarzgrundeln werden nur selten älter als 4 Jahre.

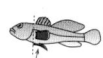 

Goldgrundel

Gobius auratus Risso, 1810
Familie: Gobiidae, Grundeln

Merkmale: Die Goldgrundel hat einen länglichen, gedrungenen, keulenförmigen Körper
mit 2 Rückenflossen und endständigem Maul.
Die Bauchflossen sind bruststständig und miteinander zu einer Saugscheibe verwachsen. D1
VI, D2 I/14–15, A I/14, P 18–20. 44–50 Schuppen entlang der Flanken. Färbung: Körper
braun mit netzartiger Zeichnung sowie hellen
und dunklen Flecken, Letztere verschmelzen oft
zu undeutlichen Querbändern. Kopf und
Augenränder gelb bis goldfarben. Über dem
Brustflossenansatz befindet sich ein schwarzer
Fleck mit hellem Oberrand. Länge: bis 12 cm.
Verbreitung: Ostatlantik; im Ärmelkanal und
von Nordspanien bis Portugal, Kanarische Inseln, Madeira und Mittelmeer.
Biologie: Die Goldgrundel lebt bodenorientiert
und meist einzeln an Geröllhalden oder Felsen
in Tiefen von über 10 m. Sie hält sich meist in
der Nähe von Verstecken auf und ist relativ
scheu. Ihre Nahrung besteht hauptsächlich aus
wirbellosen Kleintieren. Über ihre Fortpflanzung ist kaum etwas bekannt.

Rotmaulgrundel

Gobius cruentatus Gmelin, 1789
Familie: Gobiidae, Grundeln

Merkmale: Die Rotmaulgrundel hat einen
länglichen, kräftigen, keulenförmigen Körper
mit großem Kopf und 2 Rückenflossen. Die
miteinander verwachsenen Bauchflossen liegen bruststständig und bilden eine Saugscheibe.
Flossen: D1 VI, D2 I/14, A I/12–13, P 20–21.
52–58 Schuppen entlang der Flanken. Färbung:
Körper rotbraun marmoriert, mit hellen und
dunklen Flecken, die manchmal undeutliche
Querbinden bilden. Das Maul ist leuchtend rot
gefärbt (Name). Länge: bis 18 cm.
Verbreitung: Ostatlantik von den Britischen
Inseln (selten) bis Marokko; Mittelmeer (fehlt
im Süden des östlichen Beckens).
Biologie: Die Rotmaulgrundel hat eine bodenorientierte Lebensweise und kommt sowohl
über Sand- und Felsgrund als auch an Seegraswiesen in Tiefen von 15–50 m vor. In den Sommermonaten ist sie an den Küsten relativ häufig. Über ihre Ernährung und Fortpflanzung ist
kaum etwas bekannt.

Leopardengrundel

Thorogobius ephippiatus (Lowe, 1839)
Familie: Gobiidae, Grundeln

Merkmale: Die Leopardengrundel hat einen
langgestreckten, keulenförmigen, hinten seitlich abgeflachten Körper mit großem Kopf,
hoch liegenden Augen und 2 Rückenflossen.
Die Bauchflossen stehen bruststständig. Flossen:
D1 VI–VII, D2 I/10–12. Färbung: weiß bis sandfarben mit braunen oder rötlichen, jeweils in
einer Längsreihe angeordneten Flecken auf den
Flanken und entlang der Rückenlinie (erinnert
an die Musterung eines Leopardenfells). Weiterhin kleine braune oder rötliche Punkte auf
dem Kopf. Länge: bis 13 cm.
Verbreitung: Nordostatlantik von den Britischen Inseln im Norden bis Marokko im Süden;
europäische Küsten des Mittelmeers und Kana-
rische Inseln.
Biologie: Die Leopardengrundel besiedelt
Sand- und Felsküsten in Tiefen bis 40 m. Sie
hält sich meist standorttreu in der Nähe eines
Verstecks (Sandhöhle, Muschelschale oder
Felsüberhang) auf und ernährt sich von kleinen
Krebsen, Polychäten und Schnecken.
Fortpflanzung: Die Geschlechtsreife tritt im
Alter von 3–4 Jahren ein. Die Laichzeit erstreckt
sich von Mai bis Juli. Die Männchen betreiben
Brutpflege. Das Höchstalter liegt bei 9 Jahren.

Marmorgrundel, Marmorierte G.

Proterorhinus marmoratus (PALLAS, 1811)
Familie: Gobiidae, Grundeln

Merkmale: Die Marmorgrundel hat einen gedrungenen, keulenförmigen Körper mit relativ hohem Kopf und 2 voneinander getrennten Rückenflossen. Die Bauchflossen bilden eine Saugscheibe. Die enge Mundspalte ist endständig. Die Nasenöffnungen sind zu einer bartelähnlichen, 1–2 mm langen Röhre ausgezogen. Färbung: braun, gelb oder grau mit dunkler Marmorierung. Das Männchen ist zur Laichzeit schwarz. Flossen: D1 VI–VII, D2 I/14–18, A I/11–16. Länge: bis 12 cm.

Verbreitung: Binnengewässer und Küsten im Einzugsgebiet des Schwarzen, Asowschen und Kaspischen Meeres. In der Donau bis zur Marchmündung und im Neusiedler See.

Biologie: Die Marmorgrundel kommt im Salzwasser der Küstenregion, im Brackwasserbereich der Flussmündungen, in Flüssen (bis zum Mittellauf) und in Süßwasserseen vor. Sie ist eine bodenorientierte Art, die pflanzenreiche Uferstellen bevorzugt. Über ihre Ernährung und Fortpflanzung ist kaum etwas bekannt.

Flussgrundel

Neogobius fluviatilis PALLAS, 1811
Familie: Gobiidae, Grundeln

Merkmale: Gestreckter, keulenförmiger Körper mit leicht abgeflachtem Kopf und endständigem Maul. Die hintere der beiden voneinander getrennten Rückenflossen verjüngt sich zum Schwanz hin. Die bruststständigen Bauchflossen sind zu einem Saugorgan umgebildet und stehen bruststständig. Flossen: D1 VI, D2 I/15, A I/13–16. Färbung: Rücken und Flanken dunkelgrau bis braun mit unregelmäßigen, dunklen Flecken und Binden; Bauch weißlich; unpaare Flossen mit hellem Saum. Männchen sind zur Laichzeit schwarz. Ihre unpaaren Flossen tragen dann einen hellen Saum. Länge: 15–18 cm, selten bis 20 cm.

Verbreitung: An der Küste und in den Zuflüssen des Schwarzen, Asowschen und Kaspischen Meeres.

Biologie: Bodenorientierte Art, die den Mündungsbereich der Flüsse bewohnt. Von dort wandert sie bis in den Mittellauf. Die Nahrung besteht vor allem aus Kleinkrebsen.

Fortpflanzung: Die Männchen grenzen in der Laichzeit von Mai bis Juli Reviere ab, die sie aggressiv gegen Artgenossen verteidigen. Dabei präsentieren sie mit abgestellten Flossen ihre Flanken (Foto Mitte links). Die birnenförmigen, relativ großen Eier werden unter Steinen o. Ä. abgelegt. Die Männchen bewachen sowohl den Laich als auch die Brut (Foto Mitte rechts). Die Geschlechtsreife tritt nach dem 2. Lebensjahr ein.

Zweifleck-Ansauger

Diplecogaster bimaculata (BONNATERRE, 1788)
Familie: Gobiesocidae, Ansauger oder Schildbäuche

Merkmale: Ansauger haben eine charakteristische Körperform. Ihr Kopf ist abgeplattet und der hintere Bereich des Körpers seitlich abgeflacht. Beim Zweifleck-Ansauger ist das Kopfprofil abgerundet und das Maul relativ klein. Die Bauchflossen bilden ein kräftiges Ansaugorgan und stehen bruststständig. Die Rückenflosse liegt gegenüber der Afterflosse. Flossen: D 5–7, A 4–6, P 21–25, C 9–10. Färbung: sehr variabel; Grundfärbung grau bis gelblich, oft mit 2 roten Punkten auf dem unteren Bereich der Flanken. Länge: bis 5 cm.

Verbreitung: Nordostatlantik von Norwegen bis zur Algarve und im westlichen Mittelmeer.

Biologie: Diese Ansaugerart lebt in Seegraswiesen sowie auf Sand- und Geröllgrund in Tiefen bis 200 m. Aufgrund seiner Größe, der Körperform und -färbung ist er dort nur schwer zu erkennen. Er ernährt sich von kleinen Wirbellosen. Über seine Fortpflanzung ist kaum etwas bekannt.

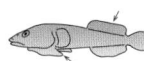
Blaufleckiger Ansauger

Lepadogaster lepadogaster (BONNATERRE, 1788)
Familie: Gobiesocidae, Ansauger oder Schildbäuche

Merkmale: Ansauger oder Schildbäuche haben einen charakteristischen Körperbau. Ihr Vorderkörper ist horizontal und ihr Hinterkörper seitlich abgeflacht. Die Haut ist schleimig und trägt keine Schuppen. Der relativ große, abgeplattete Kopf hat eine dreieckige Form. Das Maul ist schnabel- bzw. spatelartig verlängert. An der Nasenöffnung befindet sich ein gegabelter Tentakel. Die Membranen der weit hinten ansetzenden Rücken- und Afterflosse sind mit der Schwanzflosse verbunden. Die Bauchflossen liegen vor den Brustflossen (kehlständig) und bilden eine mit zahlreichen Papillen versehene Saugscheibe (Foto Mitte). Flossen: D 17–21, A 10–12, P 20–23, C 11–14. Färbung: innerhalb des Verbreitungsgebietes variabel; Oberseite braun, gelblich oder rötlich mit dunkelbraunen Punkten, Unterseite hell. Auf dem Kopf meist blaue Linien oder Punkte, dahinter 2 blaue Augenflecken, die meist rot oder schwarz gesäumt sind. Rücken-, After- und Schwanzflosse rötlich oder braun. Länge: bis 8 cm.

Verbreitung: Beim Blaufleckigen Ansauger wurden 2 Unterarten mit verschiedenen Verbreitungsgebieten beschrieben: *L. l. purpurea* (Foto oben) im Ostatlantik von den Britischen Inseln über die Biskaya bis zum Senegal; Kanarische Inseln und nordwestliches Mittelmeer. *L. l. lepadogaster* (Foto Mitte) östliches und zentrales Mittelmeer, im Westen bis Monaco.
Biologie: Ansauger besiedeln Fels- und Geröllküsten in Tiefen bis 15 m. Sie leben hauptsächlich unter großen Steinen, seltener in Gezeitentümpeln oder an Seegraswiesen. Sie haften meist mit ihrer Saugscheibe an großen Steinen. Freischwimmend kann man sie nur selten beobachten. Auf Geröllhalden kommen sie häufig in hohen Bestandsdichten vor. Sie fressen überwiegend Kleinkrebse (z. B. Amphipoden), aber auch kleine Mollusken.
Fortpflanzung: Die Laichzeit reicht vom Frühjahr bis zum Sommer. Die Männchen sind revierbildend. Der bis 250 Eier umfassende Laich wird in Klumpen unter Steinen abgelegt und bis zum Schlüpfen der Brut bewacht. Die goldfarbenen Eier (1,5–1,8 mm Ø) sind mit gegabelten Haftfilamenten ausgestattet. Die Geschlechtsreife tritt nach 2 Jahren ein. Sie können über 4 Jahre alt werden.

Rotflecken-Ansauger

Lepadogaster candollei RISSO, 1810
Familie: Gobiesocidae, Ansauger oder Schildbäuche

Merkmale: Der Rotflecken-Ansauger ist vorne horizontal und hinten seitlich abgeflacht. Sein abgeplatteter Kopf hat eine dreieckige Form mit schnabelartig verlängertem Maul. Schuppen sowie ein gegabelter Tentakel an den Nasenöffnungen fehlen. Die Rücken- und Afterflosse sind von der Schwanzflosse getrennt, die kehlständigen Bauchflossen zu einem Saugorgan umgewandelt. Flossen: D 13–16, A 9–11, P 26–29, C 10–13. Die Schwimmblase fehlt. Färbung: variabel; Oberseite braun bis olivfarben mit weißen Punkten und roten Flecken oder Bändern. An der Basis der Rückenflosse

meist mehrere rote Flecken (Name). Der Augenrand ist rot gestreift. Länge: bis 8 cm.
Verbreitung: Ostatlantik von den Britischen Inseln bis Nordafrika; Kanarische Inseln, Mittelmeer (fehlt im südöstlichen Teil) und westliches Schwarzes Meer.
Biologie: Der Rotflecken-Ansauger ist ein bodenorientierter Bewohner von Fels- oder Geröllküsten in Tiefen bis 15 m. Man findet ihn auch an Seegraswiesen. Er ist meist mit seiner Saugscheibe am Substrat festgeheftet. Die Nahrung besteht überwiegend aus Kleinkrebsen und Mollusken.
Fortpflanzung: Die Laichzeit erstreckt sich von April bis Juli. Die Eier (1,2 mm Ø) werden an die Unterseite von großen Steinen geheftet und von den Eltern bewacht. Nach dem Schlüpfen leben die Jungfische pelagisch.

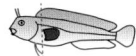 
Gelber Spitzkopf-Schleimfisch

Tripterygion delaisi CADENAT & BLACHE, 1971
Familie: Tripterygiidae, Spitzkopf-Schleimfische

Merkmale: Langgestreckter, schlanker Körper mit 3 Rückenflossen, spitzem Kopfprofil, endständigem Maul und Kammschuppen. Die fadenförmigen Bauchflossen sind kehlständig. Flossen: D1 III, D2 XVI–XVIII, D3 11–14. Färbung: Weibchen und Männchen ohne Revier sind graubraun gefärbt und haben 5 dunkle, verwaschene Querbinden, von denen die letzte, am Schwanzstiel liegende oft in Form eines schwarzen Sattelflecks ausgeprägt ist. Auf der Rückenlinie mehrere leuchtend weiße Punkte. Territoriale Männchen sind gelbbraun gefärbt, haben einen dunklen Kopf und verlängerte Strahlen im vorderen Bereich der 2. Rückenflosse. Länge: bis 9 cm.

Verbreitung: Nordostatlantik von Südengland bis zum Senegal; Kanarische Inseln und Mittelmeer.

Biologie: Der Gelbe Spitzkopf-Schleimfisch besiedelt Felsküsten in Tiefen von 3–40 m. Am häufigsten ist er in 6–12 m Tiefe. Er bevorzugt kühleres Wasser und beschattete Plätze, z. B. an überhängenden Felsen oder Höhleneingängen. Sein Orientierungsvermögen ist gut entwickelt. Gefangene und anschließend freigelassene Tiere fanden ihr Revier aus 200 m Entfernung. Er frisst hauptsächlich wirbellose Bodentiere und planktische Kleinkrebse.

Fortpflanzung: Laichzeit von Mai bis Juli. Die Männchen grenzen Reviere ab und balzen Weibchen an, indem sie 8-förmige Bahnen schwimmen. Die Eier werden innerhalb des Reviers auf verschiedenen Substraten abgelegt und vom Männchen bis zum Schlüpfen der Brut bewacht.

Wissenswertes: In der Literatur werden mehrere Namen für die Familie verwendet. So sind auch die Bezeichnungen Dreiflosser und Zwerghähnchen eingeführt. Insgesamt umfasst die Familie ca. 100 Arten.

Seeschmetterling

Blennius ocellaris LINNAEUS, 1758
Familie: Blenniidae, Schleimfische

Merkmale: Der Seeschmetterling gehört zu den Schleimfischen, die im Gegensatz zu den Spitzkopf-Schleimfischen keine Schuppen und nur 1, dafür aber sehr lange Rückenflosse haben. Beim Seeschmetterling ist der vordere Bereich der Rückenflosse verlängert und mit einem markanten, weiß gesäumten, dunkelblauen Augenfleck gezeichnet. Sein Körper ist langgestreckt, seitlich abgeflacht und schlank. Der Kopf hat ein abgerundetes Profil und weit oben liegende Augen. Das Maul ist endständig. Am oberen Rand der Augen befindet sich jeweils ein gelappter Hauttentakel. Die vom Kopf bis zur Schwanzflosse reichende Rückenflosse ist am Übergang von den Hart- zu den Gliederstrahlen deutlich eingekerbt. Die fadenförmigen Bauchflossen liegen kehlständig. Flossen: D XI/14–15, A II/16, P 12, V I/3. Färbung: Körper hellbraun oder olivfarben mit unregelmäßigen dunkelbraunen Querbinden. Länge: kann bis 20 cm Länge erreichen.

Verbreitung: Ostatlantik von den Britischen Inseln bis Portugal; weiterhin im westlichen Teil des Mittelmeeres und in der Adria.

Biologie: Der Seeschmetterling lebt bodenorientiert und ist überwiegend dämmerungs- und nachtaktiv. Er bevorzugt Schill-, Sand- oder Schlammgrund und kommt in Wassertiefen bis 100 m vor. Seine Nahrung besteht aus verschiedensten wirbellosen Bodentieren.

Fortpflanzung: In der Laichzeit von Mai bis August grenzen die Männchen Reviere ab. Die Weibchen legen ihre Eier unter Muschelschalen oder Steinen ab. Der Laich wird vom Männchen bewacht.

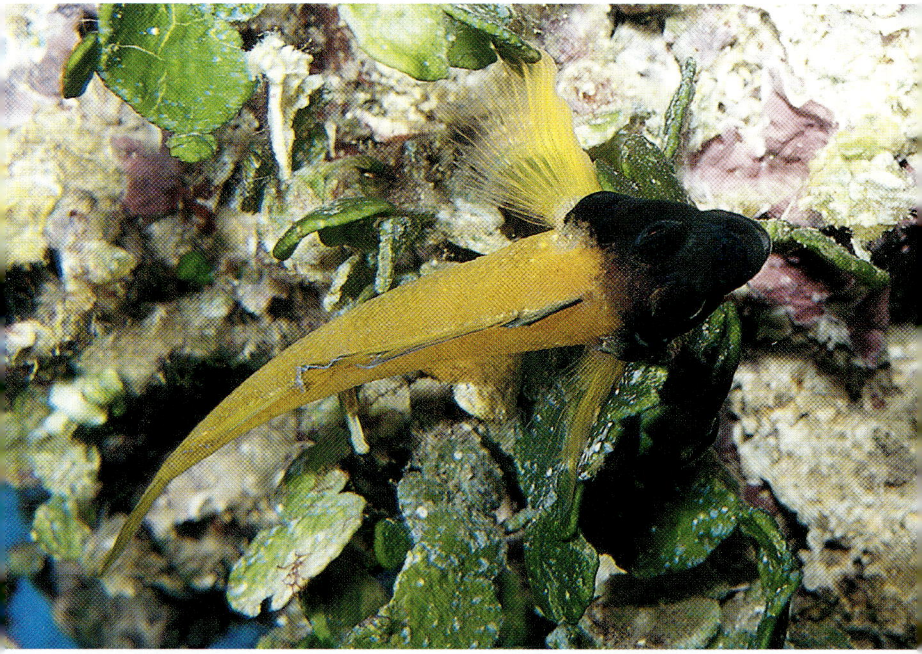

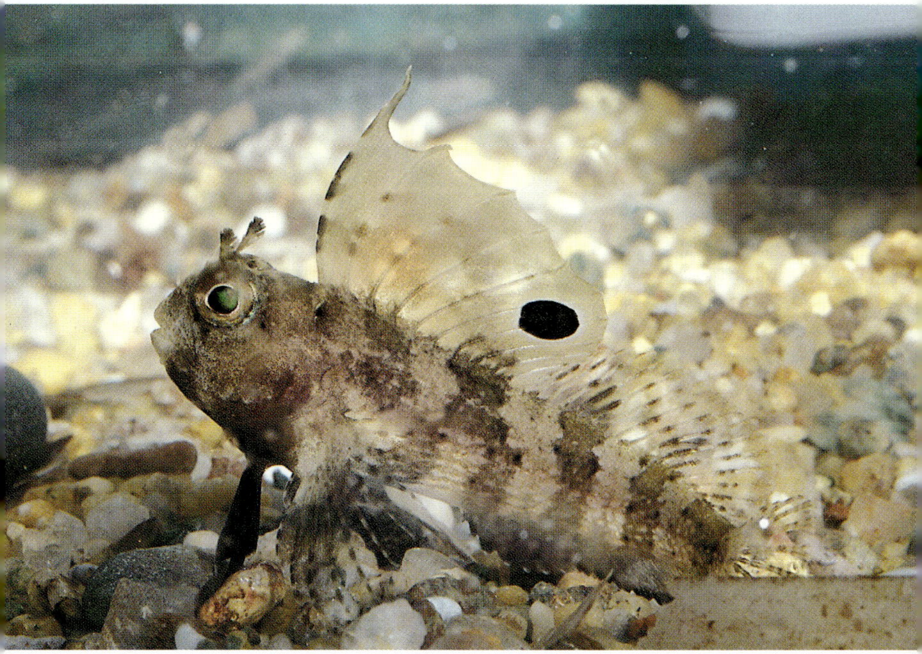

 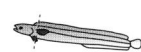

Bauchflossen kehlständig, 1 lange Rückenflosse

Fluss-Schleimfisch

Blennius fluviatilis (Asso, 1801)
Familie: Blenniidae, Schleimfische

Merkmale: Der Fluss-Schleimfisch ist langgestreckt und seitlich abgeflacht. Er hat einen großen Kopf mit steilem Profil und kleine, gegabelte Tentakel über den Augen. Die Männchen tragen in der Laichzeit einen fleischigen Längskamm auf dem Kopf (Foto oben). Die hinter dem Kopf ansetzende und bis zum Schwanz reichende Rückenflosse ist nicht eingebuchtet. Die schmalen Bauchflossen liegen kehlständig. Flossen: D XII/17–18, A II/15–20, V I/2–3. Färbung: Rücken olivbraun, Flanken braun bis gelblich, Bauch weiß oder gelblich. Auf dem Rücken und den Flanken befinden sich dunkelbraune, meist verwaschene Querbinden oder Marmorierungen. Länge: bis 12 cm, max. 15 cm.
Verbreitung: Westliches und nordöstliches Mittelmeer, Atlantikküste von Südportugal und Marokko.
Biologie: Kommt sowohl im Meer- als auch im Brackwasser und in den Mündungsbereichen von Fließgewässern vor (Name). Er bildet als einzige europäische Schleimfischart im Süßwasser auch stationäre Populationen. Sein Habitat ist das Lückensystem des Litorals bis 1 m Tiefe. Im Winter zieht er in tieferes Wasser. Man trifft ihn in der Nähe von Verstecken und freischwimmend an. Fluss-Schleimfische verhalten sich relativ neugierig und beobachten stets interessiert die Umgebung. Während Jungfische gesellig zusammen leben, werden ältere Exemplare zunehmend zu revierbildenden und aggressiven Einzelgängern. Konkurrenzkämpfe zwischen territorialen Männchen werden mit Bissen und Stößen ausgetragen. Die Nahrung setzt sich aus einem breiten Spektrum wirbelloser Bodentiere (z. B. Kleinkrebse und Insektenlarven) und kleinen Fischen zusammen.
Fortpflanzung: In der von April bis Juli reichenden Laichzeit werben die Männchen durch Nickbewegungen mit dem Kopf aus ihrem Versteck um laichreife Weibchen. Diese schwimmen mit dem Schwanz voran in geeignete Höhlungen und legen am Dach die klebrigen Eier (1–1,2 mm Ø) ab. Der Laich mehrerer Weibchen wird vom Männchen bewacht und befächelt. Bei einer Wassertemperatur von 20 °C schlüpfen die Larven nach ca. 2 Wochen.

Geweihschleimfisch

Parablennius gattorugine (Brünnich, 1768)
Familie: Blenniidae, Schleimfische

Merkmale: Der Geweihschleimfisch (Foto unten) hat einen schuppenlosen, kräftigen, langgestreckten und seitlich abgeflachten Körper mit großem Kopf und großem, endständigem Maul. Über den hoch am Kopf liegenden Augen trägt er 2 große, geweihartige Tentakel (Name). Die nicht eingekerbte Rückenflosse beginnt hinter dem Kopf und reicht fast bis zur Schwanzflosse.
Die Bauchflossen sind kehlständig. Flossen: D XIII/18–19, A II/20, P 14, V 1/3. Färbung: Rücken- und Afterflosse sowie Rücken und Flanken sind braun gefärbt und mit 6–8 dunkelbraunen, weiß gesäumten Querbinden versehen. Die Augenränder schimmern rötlich. Länge: bis 25 cm.
Verbreitung: Ostatlantik von Irland und dem Ärmelkanal bis nach Marokko; Mittelmeer. In der Nordsee nur selten.
Biologie: Der Geweihschleimfisch besiedelt algenbewachsene Felsen und Geröllhalden unterhalb der Gezeitenzone in 3–30 m Tiefe. Er versteckt sich gern in Felsspalten oder zwischen Algen, lebt bodenorientiert und überwiegend dämmerungsaktiv. Die Männchen grenzen Reviere um eine Felsspalte oder Höhle ab. Ernährt sich von diversen wirbellosen Bodentieren und Algen.
Fortpflanzung: Von März bis Mai legen mehrere Weibchen hintereinander in der Höhle eines Männchens schwarze bis purpurfarbene Eier (1,5 mm Ø). Der Laich wird vom Männchen bewacht. Die Larven schlüpfen nach 4 Wochen und leben pelagisch. Im Spätsommer gehen sie zur bodenorientierten Lebensweise über.

186

187

Schan, Schleimlerche

Lipophrys pholis (LINNAEUS, 1758)
Familie: Blenniidae, Schleimfische

Merkmale: Der Schan hat einen langgestreckten, seitlich abgeflachten, schuppenlosen Körper mit großem Kopf. Im Gegensatz zu anderen, ähnlichen Arten befinden sich auf diesem keine Tentakel. Das Maul reicht bis unter die hoch am Kopf liegenden Augen. Die vom Kopf bis fast an die Schwanzflosse reichende Rückenflosse ist am Übergang von den Hartstrahlen zu den Gliederstrahlen eingebuchtet. Die fadenförmigen Bauchflossen liegen vor den Brustflossen (kehlständig). Flossen D XI-XII/18–20, A II/19, P 13, V I/3. Färbung: innerhalb des Verbreitungsgebietes variabel; Körper braun oder olivfarben mit 6–7 dunklen Querbinden und weißen, meist reihenartig angeordneten Punkten. Länge: bis 18 cm.

Verbreitung: Nordostatlantik von Norwegen bis Marokko; Madeira, Mittelmeer (Spanien, z. B. Balearen).

Biologie: Der Schan lebt bodenorientiert und standorttreu im Brandungsbereich von Felsküsten und in Gezeitentümpeln in Tiefen bis 8 m. Im Winter zieht er in tieferes Wasser. Bei Gefahr flüchtet er in Algenbestände oder Felsspalten. Seine Nahrung besteht aus einem breiten Spektrum wirbelloser Kleintiere (z. B. Seepocken, Amphipoden oder Schnecken) und Algen.

Fortpflanzung: Die gelben, klebrigen Eier (0,8–1,2 mm Ø) werden von April bis August meist in 3 Perioden in den vom Tidenhub beeinflussten Bereich unter Steinen oder in Felsspalten abgelegt. Das Männchen bewacht und befächelt den Laich mehrerer Weibchen. Die Larven schlüpfen nach 6–8 Wochen mit einer Länge von 5 mm. Der Schan kann über 10 Jahre alt werden.

Wissenswertes: Zur Familie der Schleimfische gehören weltweit ca. 300 Arten, die ca. 60 Gattungen zugeordnet werden. Die überwiegende Mehrheit besiedelt das Meer. Ein Teil dringt auch bis ins Brackwasser vor. Schleimfische haben die Schwimmblase und die Schuppen reduziert. Ihre Bauchflossen stehen kehlständig. Die lange Rückenflosse erstreckt sich vom Kopf bis zur Schwanzwurzel.

Grauer Schleimfisch

Lipophrys trigloides (VALENCIENNES, 1836)
Familie: Blenniidae, Schleimfische

Merkmale: Der Graue Schleimfisch ist langgestreckt, schlank und schuppenlos. Er hat ein abgerundetes Kopfprofil. Vor seinen Augen befindet sich 2 kleine, gegabelte Tentakel. Seine vom Hinterkopf bis zur Schwanzwurzel reichende Rückenflosse ist in der Mitte deutlich eingekerbt. Die fadenförmigen Bauchflossen liegen vor den Brustflossen (kehlständig). Flossen: D XII/16–17, A II/18, P 13, V I/3. Färbung: je nach Untergrund variabel; Körper grau bis olivfarben, von der Basis der Rückenflosse ziehen 5–6 vertikale dunkle Binden über die Flanken. Länge: bis 13 cm.

Verbreitung: Ostatlantik von der Bretagne bis Marokko; Azoren, Madeira, Kanarische Inseln und Mittelmeer (fehlt an der afrikanischen Küste des östlichen Beckens).

Biologie: Der Graue Schleimfisch lebt an Felsküsten, im Brandungsbereich dicht unter der Wasseroberfläche bis in 0,5 m Tiefe. Er bevorzugt die reich strukturierten Lebensräume steiler Felsen (Algenpolster, Muschelbänke). Man findet ihn gelegentlich auch über der Wasserlinie, in dem vom Wellenschlag befeuchteten Bereich. Er ernährt sich tag- und nachtaktiv überwiegend von kleinen Krebsen (Decapoda und Amphipoda), Würmern (Polychaeta) und kleinen Mollusken, aber auch von Algen.

Fortpflanzung: Laichzeit von Februar bis Mai. Die Eier werden in Verstecken abgelegt und vom Männchen bewacht.

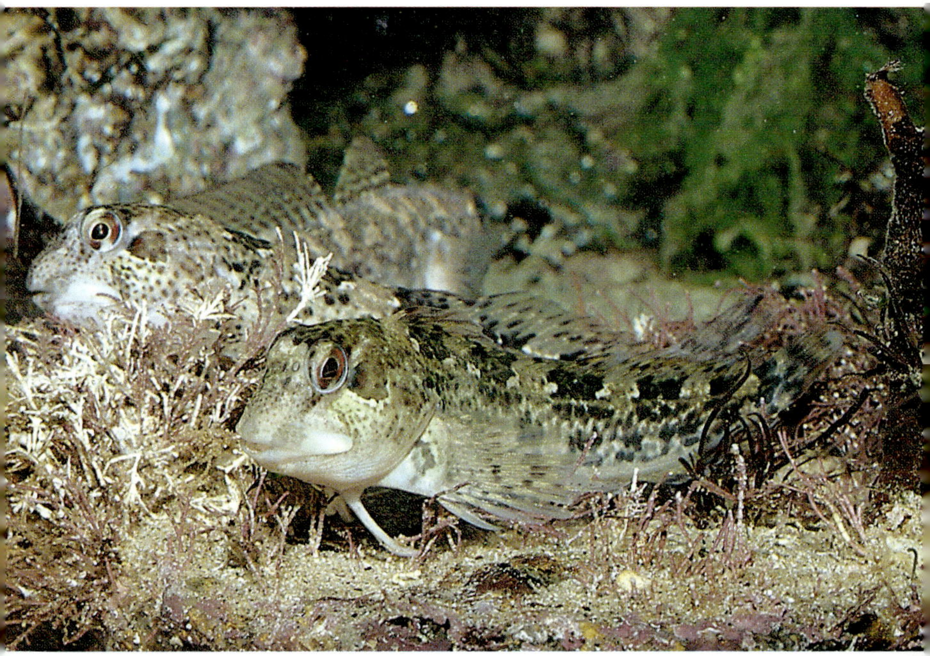

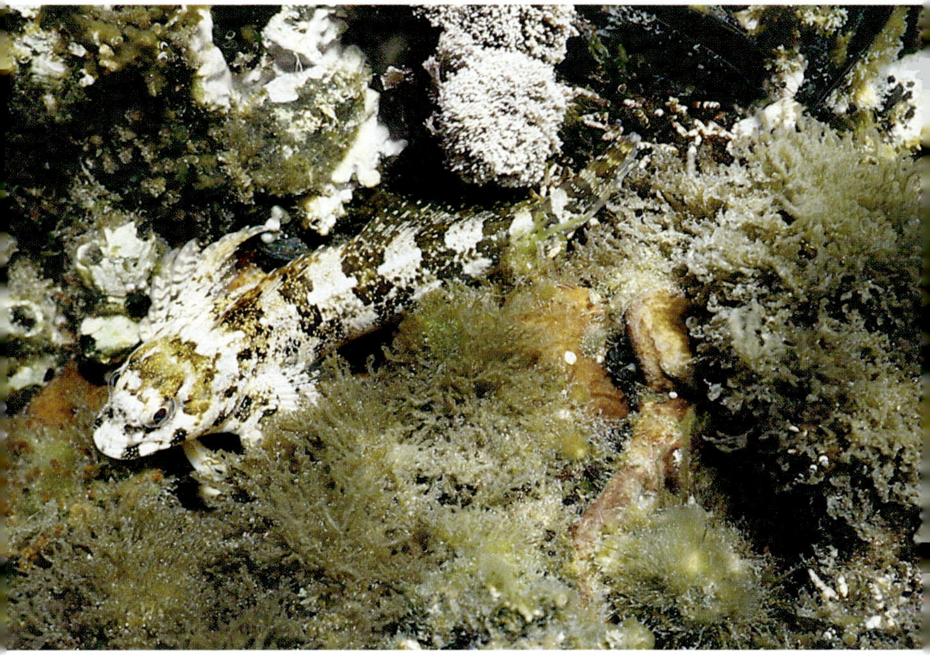

Gestreifter Leierfisch

Callionymus lyra LINNAEUS, 1758
Familie: Callionymidae, Leierfische

Merkmale: Der gefleckte Leierfisch hat einen langgestreckten, schlanken, schuppenlosen Körper und einen breiten, abgeflachten Kopf mit spitzer Schnauze. Seine Augen ragen über die Stirn. An den Kiemendeckeln befindet sich jeweils ein vierspitziger Stachel. 2 eng zusammenstehende Rückenflossen. Die ersten Strahlen der vorderen sind beim Männchen verlängert und reichen angelegt bis zur Schwanzflosse. Die Bauchflossen liegen vor den Brustflossen (kehlständig). Flossen: D1 IV, D2 9, A 9, P 18–20. Färbung: Die Geschlechter unterscheiden sich durch die Färbung und durch die Flossenform (Sexualdimorphismus). Rücken und Flanken braun oder gelb, bei den Männchen mit blauen Streifen und Punkten, bei den Weibchen mit dunklen Punkten (auf dem Foto unten). Die Männchen haben auch blaue Linien auf den Flossen (meist 3 Längslinien auf der Rückenflosse). Länge: Weibchen bis 20 cm, Männchen bis 30 cm.

Verbreitung: Nordostatlantik von Island und Norwegen bis Nordafrika; Kanarische Inseln, Nordsee, Kattegat, nördliches Mittelmeer und westliches Schwarzes Meer.

Biologie: Der Gestreifte Leierfisch lebt bodenorientiert auf Sand- oder Schlickgrund in 15 bis über 400 m Tiefe. Er hält sich meist in der Nähe von Verstecken auf. Geschlechtsreife Männchen grenzen Reviere ab. Die Nahrung besteht aus einem breiten Spektrum wirbelloser Bodentiere.

Fortpflanzung: Die Laichzeit erstreckt sich in der Nordsee von April bis August, im Mittelmeer von Februar bis August. Leierfische haben ein komplexes Fortpflanzungsverhalten. Bei der Balz spreizen die Männchen ihre fahnenartige Rückenflosse ab, reißen das Maul auf und präsentieren die Flanken (vgl. Foto oben). Danach steigen sie mit den Bauchflossen auf das Weibchen. Das eng zusammen schwimmende Paar laicht in 20–40 m Tiefe. Die Eier (0,7 bis 0,9 mm Ø) und die geschlüpften Larven treiben pelagisch mit der Strömung. Die Jungfische gehen mit einer Länge von 10 cm zur bodenorientierten Lebensweise über. Gestreifte Leierfische werden nach 2–4 Jahren fortpflanzungsfähig und können 7 Jahre alt werden.

Wissenswertes: Werden oft als Beifang angelandet und als Industriefisch verwertet.

Gefleckter Leierfisch

Callionymus maculatus RAFINESQUE-SCHMALZ, 1810
Familie: Callionymidae, Leierfische

Merkmale: Langgestreckter, schlanker, schuppenloser Körper mit breitem, abgeflachtem Kopf und leicht unterständigem Maul. Auf den Kiemendeckeln befindet sich jeweils ein vierspitziger Stachel. 2 Rückenflossen. Der verlängerte 1. Strahl der vorderen reicht angelegt nicht bis zur Schwanzflosse. Bauchflossen kehlständig. Flossen: D1 IV, D2 9, A 8–9, P 18–19. Färbung: braun, Oberseite dunkler als Unterseite; die Männchen haben auf den Flanken und der Rückenflosse dunkle und silbrig glänzende Punkte. Länge: Männchen bis 16 cm, Weibchen bis 13 cm.

Verbreitung: Nordostatlantik von Norwegen und Island bis zum Senegal; Nordsee, Kattegat und Mittelmeer.

Biologie: Der Gefleckte Leierfisch besiedelt Sandküsten in Tiefen von 40–300 m. Er hat eine bodenorientierte Lebensweise und ernährt sich von Würmern, Schnecken und Krebsen.

Fortpflanzung: Die Laichzeit reicht in der Nordsee von April bis August, im Mittelmeer von Januar bis August. Geschlechtsreife Männchen grenzen Reviere ab und balzen die Weibchen mit gespreizten Flossen an. Laichbereite Paare schwimmen zusammen nach oben und geben simultan die Geschlechtsprodukte ab. Die Eier und die geschlüpfte Brut treiben pelagisch meist nahe der Wasseroberfläche.

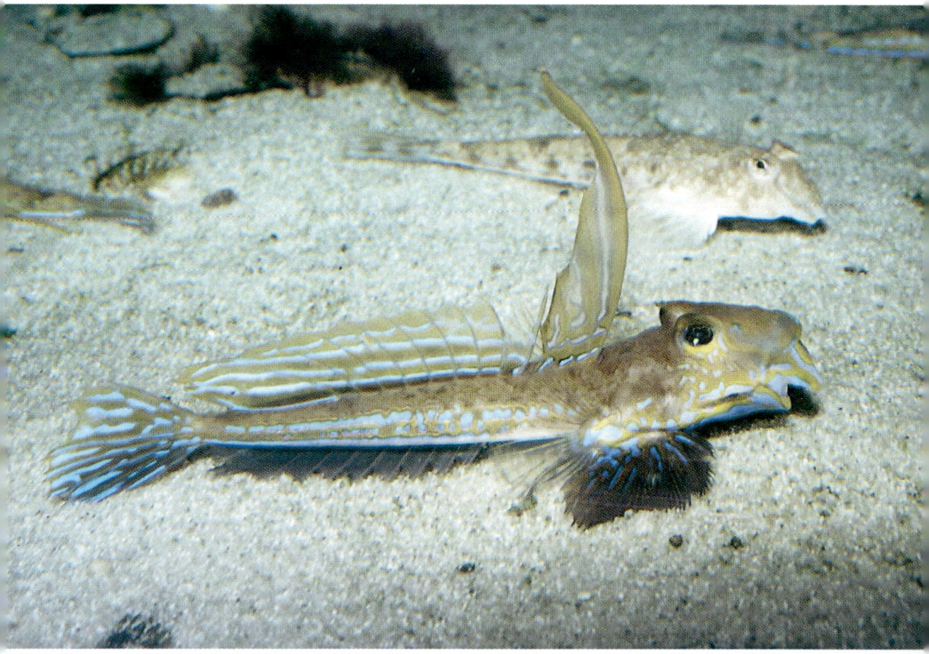

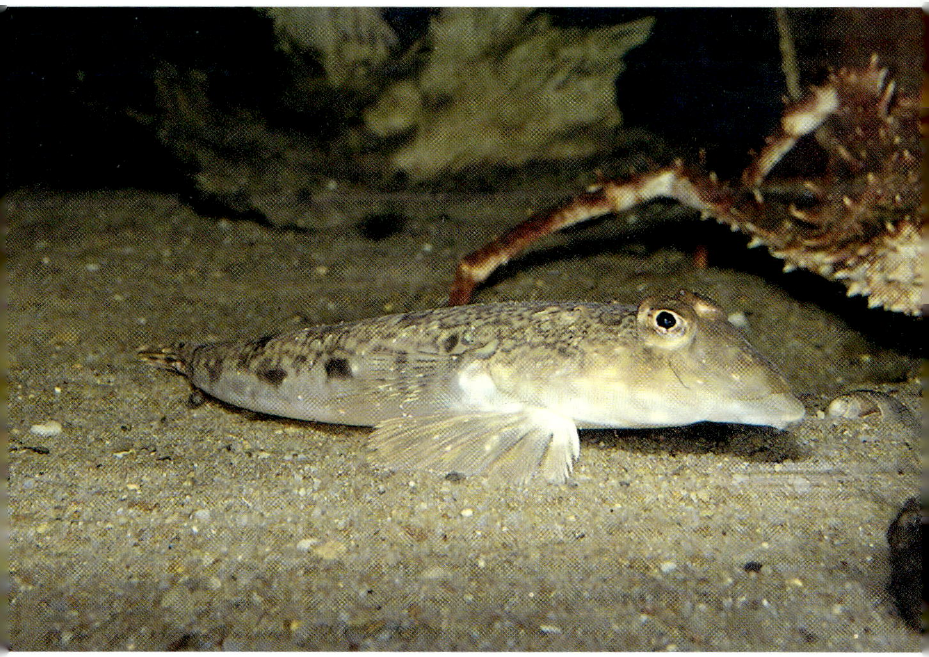

Fünfbärtelige Seequappe

Ciliata mustela (LINNAEUS, 1758)
Familie: Gadidae, Dorsche

Merkmale: Die Fünfbärtelige Seequappe hat einen langgestreckten Körper mit kehlständigen Bauchflossen. Der Name bezieht sich auf die 5 Barteln am Maul, von denen sich 4 am Oberkiefer und 1 am Unterkiefer befinden. Ihr Maul reicht bis unter die Augen. Der 1. Strahl der vorderen Rückenflosse ist fadenförmig verlängert, die restlichen sind stark verkürzt und bewegen sich meist wellenförmig (undulierend). Die verkürzten Strahlen der vorderen Rückenflosse befinden sich in einer Falte. Flossen: D1 40–46, P 14–17, V 6–8. Färbung: Der Rücken und die Flanken sind dunkel- bis rotbraun gefärbt und zeigen einen kupferfarbenen Glanz. Gelegentlich findet man fast schwarze Exemplare. Bauch und die Kehle sind weiß. Länge: kann bis 30 cm lang werden.

Verbreitung: Die Fünfbärtelige Seequappe besiedelt den Nordostatlantik von Island und Skandinavien im Norden bis Portugal im Süden. Sie kommt auch im Ärmelkanal, in der Nordsee und in der westlichen Ostsee vor.

Biologie: Die Fünfbärtelige Seequappe hat eine bodenorientierte Lebensweise und besiedelt das Eulitoral. Sie kommt sowohl auf felsigem als auch auf sandigem oder schlammigem Grund vor. Gelegentlich findet man sie auch in Gezeitentümpeln. Sie frisst überwiegend Krebse und kleine Fische (z. B. Grundeln).

Fortpflanzung: Die Laichzeit reicht vom Winter bis ins Frühjahr. Die Eier und die geschlüpfte Brut treiben pelagisch mit der Strömung. Die Jungfische haben einen blaugrünen Rücken, silbrige Flanken sowie lange Flossen und wurden als eigene Gattung beschrieben *(Couchia)*. Sie gehen mit einer Länge von 3–4 cm zur bodenorientierten Lebensweise über.

Wissenswertes: Die Fünfbärtelige Seequappe hat ein nicht besonders schmackhaftes Fleisch und keine fischereiwirtschaftliche Bedeutung. Zur Familie der Dorsche gehören ca. 60 Arten.

Dreibärtelige Seequappe

Gaidropsarus vulgaris (CLOQUET, 1824)
Familie: Gadidae, Dorsche

Merkmale: Die Dreibärtelige und die Fünfbärtelige Seequappe sind sich im Hinblick auf die Körperform ähnlich. Auffälligstes Unterscheidungsmerkmal ist die Anzahl der Barteln am Mund, was sich in der Benennung der Arten widerspiegelt. Die Dreibärtelige Seequappe hat 1 Bartel am Unterkiefer und 2 am Oberkiefer. Der 1. Strahl der vorderen Rückenflosse ist fadenförmig verlängert, jedoch ist er kürzer als der Augendurchmesser. Die 2. Rückenflosse wird von 56–64 Flossenstrahlen gestützt. Die lange Rückenflosse liegt gegenüber der langen Afterflosse, die von 46–52 Flossenstrahlen getragen wird. Die relativ kleinen Bauchflossen stehen kehlständig. Die Schwanzflosse ist am freien Rand konvex gewölbt. Der Körper ist hellbraun gefärbt und auf der Oberseite dunkelbraun gefleckt. Länge: kann bis 50 cm lang werden.

Verbreitung: Die dreibärtelige Seequappe besiedelt den Nordostatlantik von den Britischen Inseln und Norwegen im Norden bis Portugal im Süden. Weiterhin kommt sie im Ärmelkanal, in der Nordsee, im Kattegat sowie im westlichen Mittelmeer und in der Adria vor.

Biologie: Die Dreibärtelige Seequappe lebt bodenorientiert und bevorzugt Fels- und Geröllgrund. Sie ernährt sich überwiegend von Krebsen und Fischen.

Fortpflanzung: Die Laichzeit erstreckt sich im nördlichen Teil des Verbreitungsgebietes von Januar bis März, im südlichen von Dezember bis Januar.

Wissenswertes: Neben den vorgestellten Seequappen gibt es weitere, ähnliche Arten. Die Familie der Dorsche hat ihren Verbreitungsschwerpunkt in den kalten und gemäßigten Meeren der nördlichen Hemisphäre. Viele Dorsche legen zahlreiche pelagische Eier, die mit Hilfe eines inneren Öltropfens in der Schwebe gehalten werden.

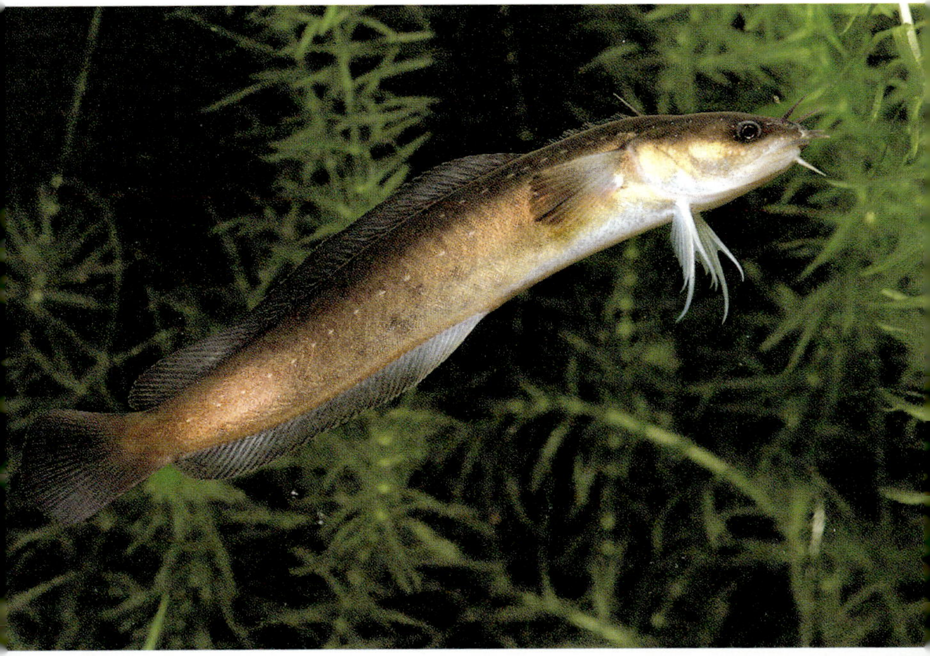

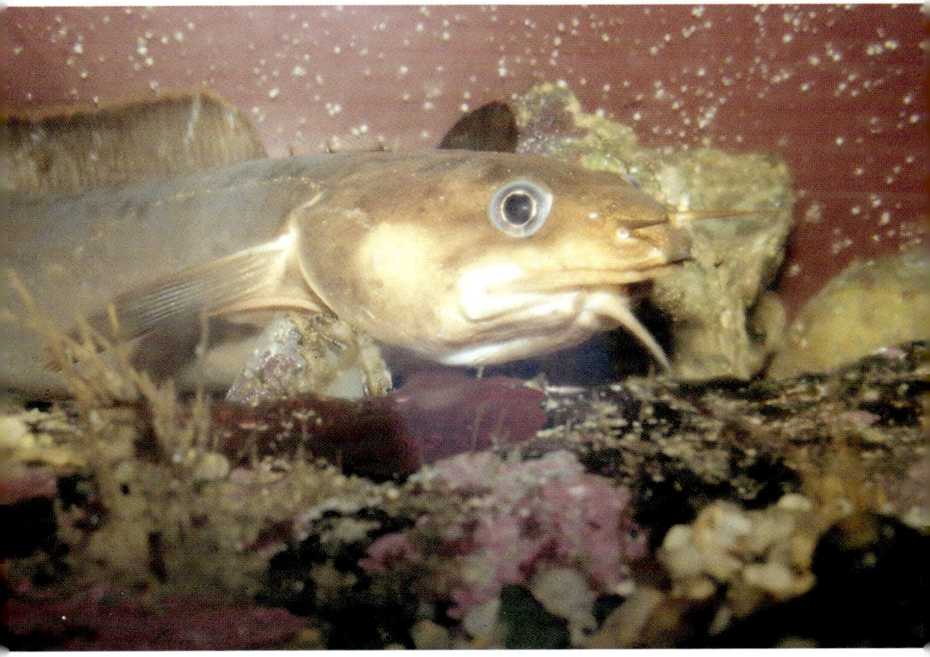

Dorsch, Kabeljau

Gadus morhua LINNAEUS, 1758
Familie: Gadidae, Dorsche

Merkmale: Der Dorsch (Fotos oben und Mitte) ist langgestreckt und stromlinienförmig gebaut mit relativ langem Kopf. Sein unterständiges Maul reicht bis unter die Augen. 3 Rücken- und 2 Afterflossen. Die Bauchflossen setzen unter den Brustflossen an. Am Unterkiefer befindet sich 1 Bartel. Flossen: D1 12–16, D2 14–24, D3 17–21, A1 17–23, A2 15–19, P 16–21, V 5–6. Färbung: variabel; je nach Gewässer sind Rücken und Flanken grau, grünlich oder rötlich gefärbt und marmoriert, Bauch und Seitenlinie weiß. Der Dorsch wird 40–70 cm, selten bis 1,5 m lang und bis 30 kg schwer.
Verbreitung: Nordatlantik, Nord- und Ostsee.
Biologie: Der Dorsch besiedelt mit bodenorientierter Lebensweise den Kontinentalschelf kühler Gewässer in Tiefen bis 200 m, selten bis 600 m. Er ist eine schwarmbildende Art, mit stationären und wandernden Formen. Die Jungfische ernähren sich von Plankton und mit zunehmender Größe von wirbellosen Benthosorganismen (z. B. Krebse, Polychäten, Stachelhäuter) bis hin zu Fischen (z. B. Hering und Sandaal).

Fortpflanzung: Die meisten Populationen laichen im Frühjahr bei einer Wassertemperatur von 4–6 °C. Die Geschlechtsprodukte werden nach lebhaften Balzspielen von den eng beieinander schwimmenden Fischen ins freie Wasser abgegeben. Der Laich umfasst pro Rogener 500 000 bis 5 Millionen Eier (1,5 mm Ø). Die glasklaren Eier steigen zur Wasseroberfläche und werden mit der Strömung verdriftet. Die 5 mm langen Larven schlüpfen nach 2–4 Wochen und gehen nach 3–5 Monaten und mit einer Länge von 3–6 cm von der planktischen zur bodenorientierten Lebensweise über. Die Geschlechtsreife tritt je nach Population nach 6–15 Jahren ein. Dorsche können über 25 Jahre alt werden.
Wissenswertes: Zur Familie der Dorsche gehören ca. 60 Arten. Dorsche sind wirtschaftlich bedeutende Speisefische. Im gesamten Atlantik werden jährlich bis 1,5 Millionen Tonnen gefangen. Von der deutschen Küsten- und Hochseefischerei wurden 1990 über 40 000 Tonnen und 1992 knapp 18 000 Tonnen angelandet. Der Name Dorsch leitet sich von Dörrfisch ab. Früher dienten die luftgetrockneten Fische (Stockfische) nordischen Völkern als wichtige Nahrungsgrundlage und Handelsware.

Schellfisch

Melanogrammus aeglefinus (LINNAEUS, 1758)
Familie: Gadidae, Dorsche

Merkmale: Der Schellfisch hat einen langgestreckten, stromlinienförmigen Körper mit langem Kopf. Sein unterständiges Maul trägt am Unterkiefer 1 Bartel. Er hat 3 Rücken- und 2 Afterflossen. Die Bauchflossen liegen vor den Brustflossen. Flossen: D1 14–16, D2 20–24, D3 19–23, A1 23–27, A2 20–25, P 19–21, V 6. Färbung: Rücken schwarz bis oliv, Flanken und Bauch silbrig, ein schwarzer Fleck unter der 1. Rückenflosse. Länge: bis 1 m; Gewicht: bis 12 kg.
Verbreitung: Nordatlantik einschließlich der Nordsee. Fehlt in Teilen der Ostsee.
Biologie: Der Schellfisch bewohnt schwarmbildend den Kontinentalschelf kühler Meere.

Dort hält er sich meist in Tiefen von 10–200 m dicht über dem Grund auf. Er ernährt sich von Krebsen, Mollusken, Stachelhäutern, Fischlaich und kleinen Fischen.
Fortpflanzung: Die Laichzeit erstreckt sich von Februar bis Juni. Bei Wassertemperaturen von 6–10 °C werden nach lebhaften Balzspielen pro Rogener 100 000 bis 1 Million glasklare Eier in 30–100 m Tiefe abgegeben. Diese steigen zur Wasseroberfläche und werden mit der Strömung verdriftet. Die 5 mm langen Larven schlüpfen nach 1–3 Wochen und ernähren sich zunächst von Plankton. Schellfische werden nach 3–4 Jahren geschlechtsreif und bis 20 Jahre alt.
Wissenswertes: Wirtschaftlich bedeutender Speisefisch. In der Nordsee und einigen anderen Gewässern sind die Bestände überfischt.

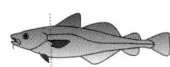

Köhler, Seelachs

Pollachius virens (LINNAEUS, 1758)
Familie: Gadidae, Dorsche

Merkmale: Langgestreckter, stromlinienförmiger Körper mit oberständigem Maul sowie 3 Rücken- und 2 Afterflossen. Die Brustflossen liegen vor den Bauchflossen (kehlständig). Flossen: D1 12–15, D2 18–24, D3 19–23, A1 23–29, A2 18–23, P 19–21, V 6. Im Gegensatz zum ähnlichen Pollack (Verwechslungsgefahr) verläuft die Seitenlinie fast gerade. Färbung: Rücken schwarz, braun oder olivfarben, Bauch silbriggrau. Länge: wird 60–90, selten bis 1,2 m lang.
Verbreitung: Nordostatlantik von Island und Skandinavien über die Britischen Inseln bis Spanien; Nordsee, Kattegat und Skagerrak.
Biologie: Pelagisch lebender Schwarmfisch, der felsige oder mit Geröll bedeckte Schelfregionen als Lebensraum bevorzugt und in Tiefen bis 200 m vorkommt. Nahrung: hauptsächlich Fische (z. B. Heringe oder Sandaale).
Fortpflanzung: Laichzeit Januar bis Mai (hauptsächlich März) in Tiefen von 100–150 m und bei Wassertemperaturen von 6–8 °C. Die Eier und die schlüpfende, später planktonfressende Brut treiben pelagisch mit der Strömung. Köhler werden nach 5–10 Jahren geschlechtsreif. Sie können ein Höchstalter von über 25 Jahren erreichen.
Wissenswertes: Wirtschaftlich bedeutender Speisefisch; u. a. als Seelachs im Handel.

Pollack

Pollachius pollachius (LINNAEUS, 1758)
Familie: Gadidae, Dorsche

Merkmale: Die Körperform ist der des Köhlers ähnlich. Wie dieser hat der Pollack ein oberständiges Maul sowie 3 Rücken- und 2 Afterflossen. Flossen: D1 11–14, D2 15–21, D3 15–20, A1 24–24, A2 16–21, P 16–20, V 6. Im Gegensatz zum Köhler verläuft die Seitenlinie in einem Bogen über die Brustflossen. Färbung: Rücken schwarz, braun oder oliv, Bauch silbriggrau. Länge: wird 30–60 cm, selten bis 1 m lang.
Verbreitung: Nordostatlantik von Skandinavien über die Britischen Inseln bis Marokko; Nordsee und westliches Mittelmeer.
Biologie: Schwarmbildender Freiwasserfisch, der pelagisch oder dicht über felsigem Grund die Schelfregionen in Tiefen bis 200 m besiedelt. Er ernährt sich erwachsen hauptsächlich von Fischen (z. B. Heringe oder Sandaale) und Garnelen.
Fortpflanzung: Der Pollack laicht von Januar bis Mai (hauptsächlich März) in Tiefen von 100–150 m und bei Wassertemperaturen von 6–8 °C. Die aus den pelagischen Eiern schlüpfende Brut frisst zunächst Plankton und geht später zur bodenorientierten Lebensweise über.

Wittling, Merlan

Merlangius merlangus (LINNAEUS, 1758)
Familie: Gadidae, Dorsche

Merkmale: Der Wittling ist langgestreckt und stromlinienförmig gebaut. Er hat einen langen Kopf, ein unterständiges Maul ohne Barteln, 3 Rücken- und 2 Afterflossen sowie kehlständige Bauchflossen. Flossen: D1 13–16, D2 18–25, D3 19–22, A1 30–38, A2 20–25, P 19–22, V 6. Färbung: Rücken grau, braun oder olivfarben mit Messingglanz, Bauch silbriggrau. Länge: bis 70 cm.
Verbreitung: Nordostatlantik von Island und Skandinavien über die Britischen Inseln bis Marokko; westliches Mittelmeer, Nord- und westliche Ostsee.
Biologie: Lebt in Schelfregionen mit Sand- oder Schlammgrund in Tiefen bis 200 m. Seine Nahrung besteht aus Krebsen und kleinen Fischen.
Fortpflanzung: Sammelt sich zur Laichzeit von Januar bis Juli in Schwärmen, um in 30–100 m Tiefe bei Wassertemperaturen von 6–8 °C zu laichen. Die Jungfische halten sich oft unter Schirmen von Quallen auf, wo sie vor Fressfeinden besser geschützt sind.

Franzosendorsch

Trisopterus luscus (LINNAEUS, 1758)
Familie: Gadidae, Dorsche

Merkmale: Langgestreckter, seitlich abgeflachter, gedrungener Körper mit langem Kopf
und endständigem Maul sowie großen Augen.
Am Unterkiefer sitzt 1 Bartel. 3 Rücken- und
2 Afterflossen. Die fadenförmig verlängerten
Bauchflossen liegen vor den Brustflossen
(kehlständig). Flossen: D1 11–14, D2 20–28,
D3 15–20, A1 25–35, A2 17–21, P 17–20, V 6.
Färbung: Rücken dunkelgrau mit Kupferglanz,
Bauch weiß, an der Basis der Brustflossen ein
dunkler Fleck. Länge: wird bis 30 cm lang.

Verbreitung: Nordostatlantik von Skandina-
vien und den Britischen Inseln bis Marokko;
Nordsee und westliches Mittelmeer.
Biologie: Geselliger, bodenorientiert lebender
Bewohner von Sand- und Felsgrund in Tiefen
von 30–100 m. Ernährt sich von wirbellosen
Bodentieren und kleinen Fischen.
Fortpflanzung: In der Laichzeit von März bis
April sammeln sich die geschlechtsreifen Fran-
zosendorsche in Tiefen von 50–70 m, um zu lai-
chen. Nach dem Schlüpfen ernähren sich die
Jungfische zunächst von Plankton. Die Ge-
schlechtsreife tritt am Ende des 1. Lebensjahres
ein.

Leng

Molva molva (LINNAEUS, 1758)
Familie: Gadidae, Dorsche

Merkmale: Der Leng hat einen langgestreckten Körper, einen langen Kopf mit endständigem Maul und 1 Bartel am Unterkiefer. Im Gegensatz zu den vorangegangenen Dorscharten
besitzt er 2 Rücken- und 1 Afterflosse. Die
Bauchflossen setzen vor den Brustflossen an
(kehlständig). Flossen: D1 14–15, D2 61–68,
A 58–61. Färbung: Rücken und Flanken braun
marmoriert, Bauch gelb bis weiß, Rücken und
Afterflosse mit weißem Saum. Kann bis 1,8 m,
selten bis 2 m lang und bis 30 kg schwer werden (größte Dorschart).

Verbreitung: Nordostatlantik von Nordskandinavien bis zur Biskaya; Nordsee und Skagerrak.
Gelegentlich auch im westlichen Mittelmeer.
Biologie: Der Leng bewohnt den Kontinentalschelf in Tiefen bis 400 m. Er frisst hauptsächlich Fische (z. B. Heringe, andere Dorscharten
und Plattfische), daneben auch Krebse, Mollusken und Stachelhäuter.
Fortpflanzung: Von April bis Juni laicht der
Leng in Tiefen von 100–200 m und bei Wassertemperaturen von ca. 7 °C. Der Laich umfasst
pro Rogener bis 60 Millionen Eier (1 mm Ø),
die pelagisch mit der Strömung treiben. Die
Jungfische leben 1–3 Jahre am Grund. Die
Milchner werden mit 80 cm, die Rogener mit
90–100 cm geschlechtsreif.

Blauleng

Molva dipterygia (PENNANT, 1784)
Familie: Gadidae, Dorsche

Merkmale: Langgestreckter, spindelförmiger
Körper mit großem Kopf. Unterscheidet sich
vom Leng durch größere Augen und eine kürzere Bartel am Unterkiefer. Die 2. Rückenflosse
und die Afterflosse sind relativ lang. Ihre An-
sätze liegen fast senkrecht übereinander. Flossen: D1 12–14, D2 72–84, A 10–12. Färbung:
Die Oberseite ist dunkelgrau, die Unterseite

kupferfarben, ohne Marmorierung; die unpaa-
ren Flossen sind am hinteren Rand dunkel ge-
färbt. Länge: bis 1,5 m.
Verbreitung: Nordostatlantik von Island und
Skandinavien im Norden bis Marokko im Süden
sowie im westlichen Mittelmeer.
Biologie: Der Blauleng lebt in Tiefen von
200–1500 m und ernährt sich überwiegend
von Krebsen und Fischen.
Fortpflanzung: Laichzeit von April bis Juni. Die
Geschlechtsreife tritt nach 5–6 Jahren bei einer
Länge von ca. 80 cm ein.

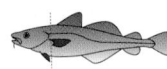

Lumb

Brosme brosme (ASCANIUS, 1772)
Familie: Gadidae, Dorsche

Merkmale: Spindelförmiger Körper mit großem Kopf, langer Rückenflosse und 1 Bartel am Unterkiefer. Kehlständige Bauchflossen. Die Rücken- und die Afterflosse reichen bis zum Ansatz der Schwanzflosse. Flossen: D 93–103, A 62–75. Tief in die Haut eingebettete Schuppen. Färbung: braun bis grau, die unpaaren Flossen sind mit einem weiß-schwarzen Saum versehen. Kann bis 1 m lang und bis 10 kg schwer werden.

Verbreitung: Im Nordostatlantik von Island und Skandinavien im Norden bis zu den Briti- schen Inseln und der Nordsee im Süden. Weiterhin im westlichen Nordatlantik.

Biologie: Einzelgänger mit bodenorientierter Lebensweise, der Steilabhänge und felsigen Grund in Tiefen von 50–1000 m besiedelt. Seine Nahrung besteht hauptsächlich aus Mollusken und Krebsen.

Fortpflanzung: Laichzeit von April bis Juli. Bis 2 Millionen pelagische Eier mit 1,3–1,5 mm ⌀ werden von einem Rogener in Tiefen von 200–500 m abgelegt. Im Alter von 8–10 Jahren bei einer Länge von 40–50 cm werden Lumbe fortpflanzungsfähig.

Wissenswertes: Speisefisch, der in nordischen Ländern als Stockfisch angeboten wird.

Hechtdorsch, Seehecht

Merluccius merluccius (LINNAEUS, 1758)
Familie: Gadidae, Dorsche

Merkmale: Langgestreckter, stromlinienförmiger Körper mit einem oberständigen, bis unter die Augen reichenden, stark bezahnten Maul. 2 Rücken- und 1 Afterflosse. Kehlständige Bauchflossen. Die Seitenlinie ist fast gerade. Flossen: D1 9–10, D2 37–40, A 36–40. Färbung: Rücken dunkelgrau, Bauch hellgrau bis weiß. Kann bis 1 m lang und bis 10 kg schwer werden.

Verbreitung: Nordostatlantik von Island und Nordskandinavien bis Nordafrika im Süden; nördlichen Nordsee und Mittelmeer.

Biologie: Lebt in Tiefen von 100–300 m. Tagsüber hält er sich meist am Meeresgrund auf. Nachts steigt er in höhere Wasserschichten, wo er seine Beutefische (z. B. Heringe) jagt.

Fortpflanzung: Im Nordostatlantik reicht die Laichzeit von Mai bis August. Die 1 mm großen Eier werden in 200 m Tiefe abgegeben und treiben pelagisch. Die Milchner werden nach 3–4, die Rogener nach 8 Jahren geschlechtsreif.

Quappe, Rutte, Trüsche, Aalquappe

Lota lota LINNAEUS, 1758
Familie: Gadidae, Dorsche

Merkmale: Langgestreckter Körper mit abgeflachtem, breitem Kopf und seitlich abgeflachtem Hinterleib. 1 markante Bartel am Unterkiefer. Die Schuppen sind klein. Färbung: Rücken und Flanken dunkelbraun, olivfarben oder gelblich mit mehr oder weniger starker, dunkler Marmorierung; Bauch weißlich. Flossen: D1 9–16, D2 68–75, A 65–70, P 18–20, V 5–6. Länge: wird 30–60 cm lang (in Sibirien selten über 1 m).

Verbreitung: Europa (nördlich der Pyrenäen und des Balkans), Sibirien und Nordamerika.

Biologie: Einzige Dorschart, die im Süßwasser vorkommt. Verhält sich nacht- und winteraktiv und lebt bodenorientiert sowohl in stehenden als auch in fließenden Gewässern (von der Forellen- bis zur Brackwasserregion). Sie bevorzugt kühles, klares und sauerstoffreiches Wasser sowie harten Grund. Jungfische fressen wirbellose Kleintiere, Erwachsene Fische und Fischlaich.

Fortpflanzung: Winterlaicher (Laichzeit von November bis März). Die Eier werden nach stromaufwärts gerichteten Wanderungen an seichten Stellen mit sandigem Grund abgelegt. Der Laich ist klebrig und umfasst pro Rogener bis 1000000 Eier (1 mm ⌀). Die nach 6–10 Wochen schlüpfenden Larven leben pelagisch und ernähren sich zunächst von Plankton.

Aalmutter

Zoarces viviparus (LINNAEUS, 1758)
Familie: Zoarcidae, Gebärfische

Merkmale: Die Aalmutter hat einen langgestreckten, hinten spitz zulaufenden Körper mit großem, unbeschupptem Kopf und endständigem Maul. Ihre kleinen Rundschuppen sind tief in die schleimige Haut eingebettet. Rücken-, Schwanz- und Afterflosse bilden einen durchgehenden Flossensaum. Dieser weist auf der Schwanzoberseite einen niedrigeren, von Stachelstrahlen getragenen Abschnitt auf. Die kleinen, fadenförmigen Bauchflossen liegen vor den Brustflossen (kehlständig). Flossen: D 72–85/V–XI/16–24, A 80–95, P 16–20, V 3. Färbung: Rücken und Flanken braun oder gelbgrün mit undeutlichen Bändern oder Flecken, Letztere oft entlang der Flankenmitte reihenartig angeordnet; Bauch weiß bis grau. Rücken- und Afterflosse mit orange gefärbtem, beim Männchen in der Laichzeit rotem Saum. Länge: bis 50 cm.

Verbreitung: Nordostatlantik vom Weißen Meer über die Barentssee bis zum östlichen Ärmelkanal; Nord- und Ostsee.

Biologie: Die Aalmutter ist ein häufig vorkommender, standorttreuer Bewohner von algenbewachsenen Flachwasserbereichen oder Seegraswiesen mit bodenorientierter Lebensweise. Sie kommt auch in Gezeitentümpeln und im Brackwasser vor. Im Sommer ist sie in Tiefen von 4–10 m am häufigsten, im Winter zieht sie in tieferes Wasser. Ihre Nahrung besteht aus einem breiten Spektrum wirbelloser Bodentiere und kleinen Fischen.

Fortpflanzung: Die Paarungszeit liegt im August und September. Die Männchen begatten die Weibchen mit Hilfe einer Analpapille. Nach einer inneren Befruchtung der Eier (3 mm ⌀) schlüpfen die Larven im Körper der Mutter. Diese gebärt nach einer Tragzeit von 4 Monaten (Dezember bis Februar) 30–400 jeweils 3,5 bis 5,5 cm lange, voll entwickelte, längliche Jungfische. Da die sich im Leib der Mutter entwickelnden Jungfische von außen sichtbar sind und an junge Aale erinnern, glaubte man früher, dass dieser Fisch die Mutter der Aale sei. Die Geschlechtsreife tritt bei der Aalmutter nach 2–3 Jahren ein. Die Fische werden nur selten über 4 Jahre alt.

Butterfisch

Pholis gunnellus (LINNAEUS, 1758)
Familie: Pholidae, Butterfische

Merkmale: Butterfische haben einen langgestreckten, schlanken, seitlich abgeflachten Körper mit kleinen, tief in die schleimige Haut eingebetteten Rundschuppen und abgerundetem Kopfprofil. Das schräg nach oben gerichtete Maul ist mit dicken Lippen versehen. Die Rückenflosse beginnt hinter dem Kopf und reicht bis zur Schwanzflosse. Die extrem kleinen Bauchflossen sind kehlständig. Flossen: D LXXV–LXXXII (75–82), A II/39–45, P 12 VI/1. Färbung: Rücken und Flanken gelb, braun oder grau mit wechselnden, dunklen Querbinden oder dunkler Marmorierung. Am Rücken befinden sich 9–13 weiß gesäumte schwarze Flecken in einer Reihe. Länge: bis 30 cm.

Verbreitung: Nordostatlantik vom Weißen Meer bis zur Biskaya; Nord- und Ostsee.

Biologie: Lebt bodenorientiert in Flachwasserbereichen (0–30 m Tiefe) auf sandigem oder mit Algen bewachsenem Grund und in Gezeitentümpeln. Im Winter ziehen sie in Tiefen bis 100 m. Ernährt sich von kleinen Krebsen, Gliederwürmern, Mollusken und Fischlaich.

Fortpflanzung: Die Laichzeit liegt je nach Gewässer im Herbst oder Winter (November bis Januar in der Nordsee). Die glasklaren, klebrigen Eier (ca. 1,4 mm ⌀) werden in Klumpen zwischen Steinen oder in leeren Muschelschalen in 1–25 m Tiefe abgelegt und von beiden Eltern bis zum Schlüpfen der 9 mm langen Brut (2 Monate) bewacht. Die Larven leben pelagisch und gehen mit einer Länge von 3 cm zur bodenorientierten Lebensweise über. Die Geschlechtsreife tritt nach 3 Jahren ein.

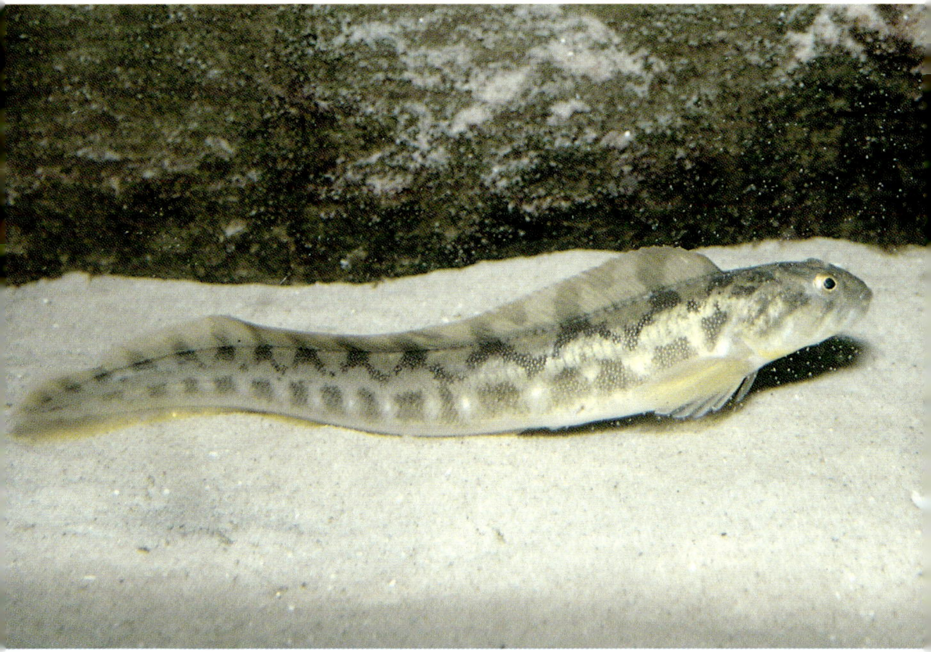

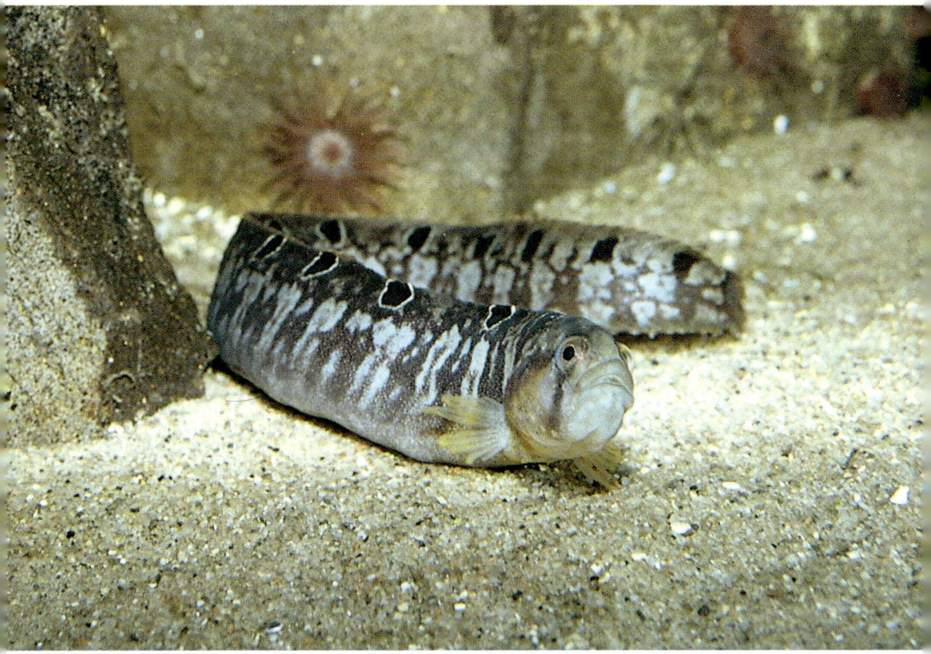

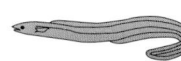

Kleiner Sandaal, Tobiasfisch

Ammodytes tobianus LINNAEUS, 1758
Familie: Ammodytidae, Sandaale

Merkmale: Langgestreckter, schlanker Körper mit langem Kopf, spitzer Schnauze, oberständigem Maul und zahnlosen Kiefern. Die Haut bildet auf den Flanken diagonale Falten. Flossen: D 49–58, A 25–32. Färbung: Rücken blaugrün, Flanken silbrig. Länge: bis 20 cm.
Verbreitung: Nordostatlantik von Nordnorwegen und Island bis Portugal; Nordsee und westliche Ostsee.

Biologie: Häufig vorkommende Schwarmfische küstennaher Gewässer mit Sandgrund, in den sie sich tagsüber oft eingraben. Sie sind überwiegend nachtaktiv und ernähren sich von Zooplankton und Fischlarven.
Fortpflanzung: Im Hinblick auf die Laichzeit gibt es Herbst- und Frühjahrslaicher. Die Rogener legen je nach Größe jeweils 4000–22 000 klebrige, ovale, orangefarbene Eier (0,7 bis 1 mm ⌀) über Sand ab. Die Larven schlüpfen nach 2–3 Wochen mit einer Länge von 4–8 mm und leben pelagisch. Sandaale können bis 4 Jahre alt werden.

Nacktsandaal

Gymnammodytes semisquamatus
(JOURDAIN, 1879)
Familie: Ammodytidae, Sandaale

Merkmale: Schlangenförmiger, langgestreckter Körper mit langem Kopf und spitzer Schnauze. Das oberständige Maul ist nicht bezahnt. Seitenlinie mit rechtwinkelig verlaufenden Querkanäle. Am Vorderkörper haben Nacktsandaale keine Schuppen (Name). Freie Rand der Rückenflosse wellenförmig, da die Weichstrahlen unterschiedlich lang sind. Flossen: D 56–59, A 28–32. Färbung: Oberseite grün oder goldfarben, Unterseite silbrig, am Kopf ein dunkelblauer Fleck. Länge: bis 28 cm.
Verbreitung: Nordostatlantik von Norwegen bis Portugal; Nordsee.
Biologie: Der Nacktsandaal ist ein schwarmbildender Bewohner der Schelfregionen. Er kommt in Tiefen von 20–200 m vor und lebt bevorzugt über Geröll- oder Muschelhalden. Seine Nahrung besteht aus Zooplankton und Fischlarven. Gräbt sich bei Gefahr im Sand ein.
Fortpflanzung: Laichzeit in der Nordsee von März bis August. Die Eier werden über Sand- und Muschelhalden abgelegt. Nacktsandaale können über 5 Jahre alt werden.

Roter Bandfisch

Cepola rubescens LINNAEUS, 1758
Familie: Cepolidae, Bandfische

Merkmale: Schlanker, bandartiger, zum Schwanz hin schmaler werdender Körper mit kleinem Kopf, großen Augen und großem, schräg nach oben gerichtetem Maul. Kleine Rundschuppen. After- und Rückenflosse sehr lang, kehlständige Bauchflossen. Die mittleren Schwanzflossenstrahlen sind fadenartig verlängert. Flossen: D 67–70, A 56–62. Färbung: Rücken rot bis rosa, Flanken und Bauch weiß oder gelb, Rückenflosse gelb mit rotem Fleck im vorderen Bereich, Brustflossen rosa. Länge: bis 40 cm, max. 70 cm.

Verbreitung: Nordostatlantik von den Britischen Inseln bis zum Senegal und im Mittelmeer. In der Nordsee selten.
Biologie: Überwiegend dämmerungs- und nachtaktiver Grundfisch, der sich tagsüber meist in Höhlen oder in den Grund gegrabenen Röhren versteckt. Kommt einzeln oder gruppenweise auf Sand- oder Schlickböden und an Seegraswiesen in Tiefen von 15–200 m vor. Wahrscheinlich jagt er nachts auch im freien Wasser. Er ernährt sich überwiegend von planktischen Krebsen und Pfeilwürmern.
Fortpflanzung: Im Ostatlantik liegt die Laichzeit im Sommer. Die Eier und die geschlüpfte Brut treiben pelagisch mit der Strömung.

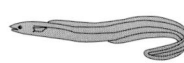
Gestreifter Seewolf

Anarhichas lupus LINNAEUS, 1758
Familie: Anarhichadidae, Seewölfe

Merkmale: Seewölfe haben einen langge-streckten, seitlich abgeflachten Körper, der sich zum Schwanz hin verjüngt. Der große, abge-rundete Kopf ist mit einem weiten, bis hinter die Augen reichendem Maul versehen. Beide Kiefer vorne mit kräftigen, nach hinten ge-krümmten Fangzähnen. Am Gaumen und am hinteren Unterkiefer befinden sich runde, ab-geflachte Mahlzähne. Die Schuppen sind sehr klein und tief in die schleimige Haut eingebet-tet. Die hinter dem Kopf ansetzende Rücken-flosse reicht bis zum Schwanzstiel. Keine Bauchflossen und keine Schwimmblase. Flos-sen: D LXIX–LXXVII (69–77), A 43–48, P 19–21. Färbung: variabel; Rücken und Flanken braun, graublau oder grünlich mit dunklen, z. T. zick-zackartigen Querbinden, die bis zur Rücken-flosse reichen. Länge: bis 1,2 m.

Verbreitung: Gesamter Nordatlantik; im Osten vom Weißen Meer bis zur Biskaya; Nordsee und westliche Ostsee.

Biologie: Seewölfe sind bodenorientierte Ein-zelgänger, die überwiegend größere Tiefen (100–300 m) besiedeln. Jungfische kommen auch in seichteren Zonen vor. Der Gestreifte Seewolf bevorzugt felsigen Grund und kühles Wasser. Er ernährt sich von hartschaligen Wir-bellosen, z. B. Schnecken, Muscheln, Stachel-häuter und Krabben, die mit dem kräftig ent-wickelten Gebiss geknackt werden. Dabei ersetzen vor der Laichzeit nachwachsende Zähne die abgenutzten oder abgebrochenen.

Fortpflanzung: Der Gestreifte Seewolf laicht von Oktober bis Januar zwischen Tang oder Steinen in Tiefen von 40–200 m. Je nach Größe des Rogeners umfasst der Laich 3000–24 000 klebrige, gelbliche Eier (5–6 mm ⌀), die in ku-geligen Klumpen abgelegt werden. Die nach 2 Monaten mit einer Länge von 18 mm schlüp-fende Brut bleibt am Boden liegen und ernährt sich über 3 Monate von ihrem Dottervorrat. Anschließend durchlaufen die Jungfische eine kurze Phase, in der sie freischwimmen und sich von Plankton ernähren. Der Gestreifte Seewolf wird nach 6–7 Jahren mit einer Länge von 50–60 cm geschlechtsreif. Er kann über 20 Jah-re alt werden.

Wissenswertes: Geschätzter Speisefisch, der gehäutet und enthauptet als Steinforelle oder Karbonadenfisch angeboten wird.

Blauer Seewolf

Anarhichas denticulatus KRØYER, 1845
Familie: Anarhichadidae, Seewölfe

Merkmale: Der Blaue Seewolf (Foto unten) hat einen langgestreckten, seitlich abgeflachten Körper mit großem Kopf und weicher, schup-penloser Haut. Seine Maul reicht bis unter die Augen und ist mit großen, kräftigen Zähnen versehen. Die Rücken- und die Afterflosse sind relativ lang und reichen bis zur Schwanzwur-zel; die Bauchflossen fehlen. Flossen: D 77–80, A 45–47, C 18–22. Färbung: blaugrau bis braun mit violettem Schimmer und dunklen Flecken oder Querbinden; Letztere sind im Vergleich zum Gestreiften Seewolf deutlich schwächer ausgeprägt und reichen nicht bis auf die Rückenflosse. Länge: bis 1,4 m.

Verbreitung: Nordatlantik von Spitzbergen, der Südküste Grönlands und Island bis Nord-skandinavien und der Barentssee. Gelegentlich in der nördlichen Nordsee und im Skagerrak.

Biologie: Der Blaue Seewolf lebt bodenorien-tiert auf weichem Grund in Tiefen von 60 bis 1000 m. Seine Nahrung setzt sich aus Medu-sen, Krebsen, Stachelhäutern sowie kleinen Fi-schen zusammen.

Fortpflanzung: Die relativ großen Eier werden von April bis Oktober in Form von Klumpen am Grund abgelegt. Die geschlüpften Jungfische leben zunächst pelagisch.

Wissenswertes: Aufgrund seines weichen und wässrigen Fleisches hat er keine fischereiwirt-schaftliche Bedeutung.

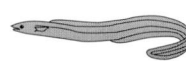

Mittelmeer-Muräne

Muraena helena LINNAEUS, 1758
Familie: Muraenidae, Muränen

Merkmale: Muränen haben einen schlangenähnlichen, langgestreckten, seitlich abgeflachten Körper mit weitem, bis hinter die Augen reichendem Maul. Beide Kiefer tragen lange, spitze, nach hinten gebogene Zähne. Die relativ kleinen, dunkel gerandeten Kiemenöffnungen werden nicht durch Kiemendeckel bedeckt und geschützt. Die hinter dem Kopf ansetzende Rückenflosse, die Schwanz- und die Afterflosse sind miteinander verwachsen und bilden einen durchgehenden Flossensaum. Brust- und Bauchflossen fehlen. Die lederartige Haut trägt keine Schuppen. Die Nasenöffnungen sind röhrenartig ausgezogen. Färbung: dunkelbraun mit heller, am Vorderkörper feinkörniger Marmorierung. Länge: wird bis 1,5 m lang.

Verbreitung: Norostatlantik von den Britischen Inseln bis zum Senegal; Kanarische Inseln, Azoren und Mittelmeer. Fehlt in der Nord- und Ostsee.

Biologie: Die Mittelmeer-Muräne ist ein standorttreuer, revierbildender, überwiegend dämmerungs- und nachtaktiver Bewohner felsiger Küsten. Tagsüber hält sie sich meist in Felsspalten und Höhlen (auch Schiffswracks) versteckt. Interessiert beobachtet sie von dort mit dem Vorderkörper herausschauend die Umgebung (siehe Foto). Sie frisst große Krebse, Tintenfische und Fische, die sie mit ihrem gut entwickelten Geruchssinn findet.

Fortpflanzung: Pflanzt sich im Flachwasser fort. Der bis 60 000 Eier umfassende Laich und die für Muränen charakteristischen, weidenblattförmigen Larven (Leptocephalie) treiben mit der Strömung.

Wissenswertes: Muränen haben keine Giftdrüsen am Maul. Wird eine angegriffen oder gereizt, verteidigt sie sich mit Bissen. Falls dabei Hautschleim in die Wunde gelangt, kann das Fremdprotein allergische Reaktionen hervorrufen.

Conger, Meeraal

Conger conger (LINNAEUS, 1758)
Familie: Congridae, Meeraale

Merkmale: Der Conger hat einen schlangenähnlichen, hinten seitlich abgeflachten Körper, ein bis unter die Augen reichendes Maul und große Augen. Auf beiden Kiefern sitzen zahlreiche lange, spitze Zähne. Die Rücken-, die After- und die Schwanzflosse bilden einen durchgehenden Flossensaum, Bauchflossen fehlen. Die Haut ist mit einer dicken Schleimschicht versehen. Färbung: Oberseite dunkelgrau, Unterseite hellgrau. Flossen: D 270–300, A 205–230, P 17–19. Länge: Milchner bis 1,5 m, Rogener bis 3 m; Gewicht: bis über 60 kg.

Verbreitung: Nordostatlantik von Skandinavien bis zu den Kanarischen Inseln; Nordsee und Mittelmeer.

Biologie: Der Conger ist ein standorttreuer, revierbildender, nacht- und dämmerungsaktiver Einzelgänger, der sich am Tag in Felsspalten und Höhlen (auch in Schiffswracks) bis 100 m Tiefe versteckt. Das Versteck wird gelegentlich mit einer Muräne geteilt. Beim Tauchen kann man ihn nur selten aus diesem locken, meistens kann man nur den neugierig hervorschauenden Vorderkörper beobachten. Er ernährt sich von Krebsen (z. B. Langusten), Tintenfischen (z. B. Kraken) und Fischen.

Fortpflanzung: Das Ablaichen erfolgt im Sommer in großer Tiefe. Bisher sind nur wenige Laichplätze bekannt. Der Laich umfasst 3–8 Millionen Eier. Wahrscheinlich sterben die Elterntiere nach dem Laichakt. Die weidenblattähnlichen Larven (Leptocephalie) treiben in 200–300 m Tiefe mit der Strömung und wandeln sich mit einer Länge von 14–16 cm in Jungaale mit bodenorientierter Lebensweise um. Diese wachsen an den Küsten relativ schnell heran und werden nach 5–15 Jahren geschlechtsreif. Im Gegensatz zum Aal lebt der Conger ausschließlich im Meer.

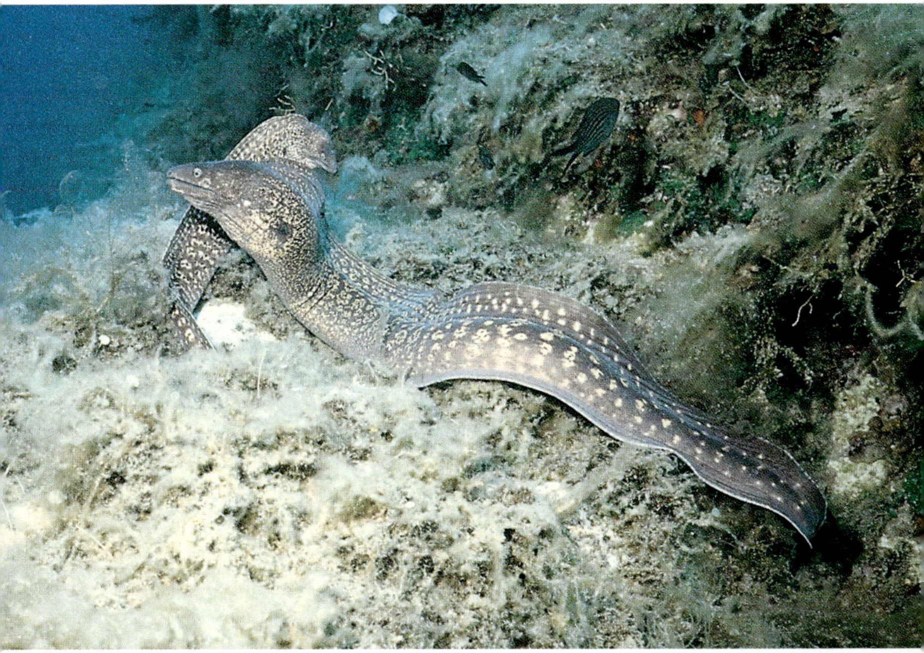

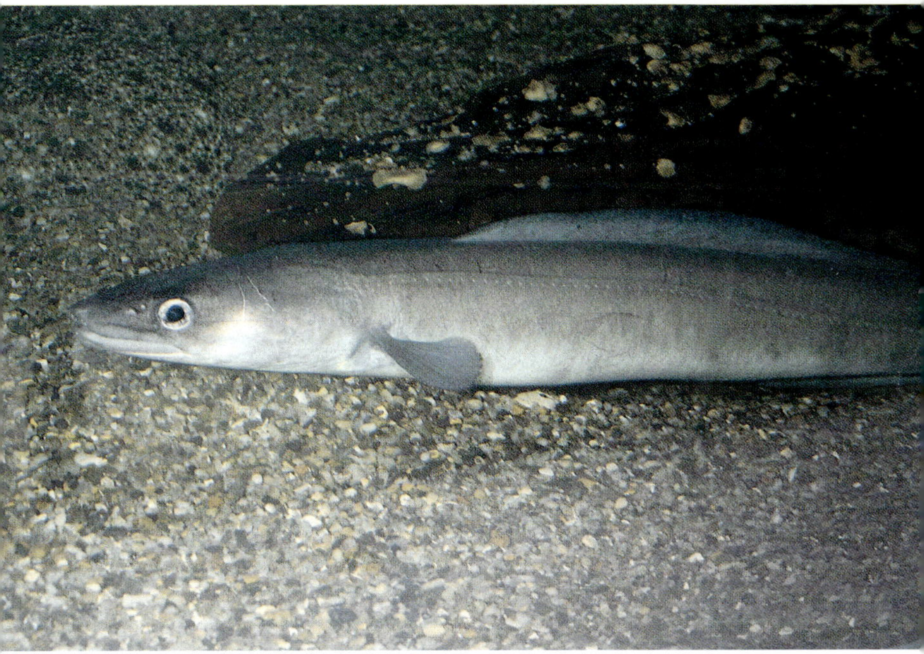

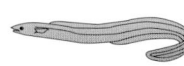

Keine Bauchflossen, aalähnlich mit langer Rücken- und Afterflosse

Aal

Anguilla anguilla (LINNAEUS, 1758),
Familie: Anguillidae, Aale

Merkmale: Der Aal hat einen schlangenförmigen Körper mit weitem, leicht unterständigem, bis unter die Augen reichendem Maul. Seine Rücken-, After- und Schwanzflosse bilden einen durchgehenden Flossensaum, der wie Brustflossen nur durch Weichstrahlen gestützt wird, die Bauchflossen fehlen. Die Schuppen sind klein und tief in die mit einer dicken Schleimschicht versehene Haut eingebettet. Färbung: Oberseite dunkelgrau bis olivgrün, Unterseite gelblich oder weiß. Flossen: D 245–280, A 205–235, P 15–20. Länge: Milchner bis 50 cm, Rogener bis 150 cm; Gewicht: bis 3 kg.

Verbreitung: Nordatlantik und dessen Nebenmeere (Mittelmeer, Nord- und Ostsee) sowie die mit diesen in Verbindung stehenden Binnengewässer.

Biologie: Der Aal ist überwiegend dämmerungs- und nachtaktiv. Am Tag hält er sich in der Ufervegetation, in Höhlen oder im weichen Grund eingegraben versteckt.

Fortpflanzung: Der Aal ist eine katadrome Wanderart, die in Binnengewässern heranwächst und zum Laichen ins Meer zieht. Das Laichgebiet liegt wahrscheinlich in großer Tiefe in der Sargassosee (Westatlantik). Dort findet man von März bis April in 100–300 m Tiefe die Aalbrut. Sie entwickelt sich zu unpigmentierten, bis 7 cm langen, Plankton fressenden Weidenblattlarven (Leptocephalie), die mit dem Golfstrom bis zu den europäischen und nordafrikanischen Küsten treiben. Die Larven haben relativ große Zähne. Am Kontinentalschelf wandeln sie sich zu unpigmentierten Glasaalen um (Foto oben). Diese nehmen keine Nahrung auf und wandern ins Brackwasser, wo sie sich an den abnehmenden Salzgehalt des Wassers anpassen. Danach fangen sie an zu fressen und ziehen als dunkel pigmentierte Steigaale die Flüsse hinauf. Dort und in den Mündungsbereichen wachsen sie heran, bis sie geschlechtsreif werden und als so genannte Blankaale zum

Laichen in den Atlantik wandern. Letztere erkennt man an den vergrößerten Augen und der weißen Unterseite (Foto unten). Die Elterntiere sterben wahrscheinlich nach dem Laichakt (monozyklische Art).

Der Aal ist im Hinblick auf das Nahrungsspektrum sehr anpassungsfähig. Neben verschiedenen Benthosorganismen kann er sich auch von Fischlaich oder Fischen ernähren. Die Maulbreite ist variabel; das Maul kann schmal oder breit sein. Die Extremformen werden als Spitzkopf- bzw. Breitkopfaale bezeichnet. Spitzkopfaale ernähren sich bevorzugt von wirbellosen Bodentieren (Insektenlarven, Gliederwürmer, Schnecken und Krebse), während Breitkopfaale in stärkerem Umfang Fische fressen.

Wissenswertes: Obwohl der Aal ein geschätzter und bekannter Angel- und Speisefisch ist, gehört er zu den geheimnisvollsten heimischen Fischarten. Wie sich Blankaale im Meer orientieren und die Laichgewässer in der Sargassosee finden, wie der Laichakt abläuft und wovon sich die mit dem Golfstrom treibenden Weidenblattlarven ernähren, ist noch unbekannt. Die natürliche Besiedlung der Binnengewässer durch Steigaale wird durch Wanderhindernisse (z. B. Staustufen und Wehre) eingeschränkt. Da der Aal bisher nicht künstlich vermehrt werden kann und die Mengen an Glasaalen, die jährlich an die europäischen Küsten kommen, geringer werden, ist ein Aussterben dieser Art auszuschließen. In Frankreich werden Glasaale in großem Umfang gefangen und vermarktet. Aufgrund seiner fischereiwirtschaftlichen Bedeutung werden an der Küste gefangene Glasaale in zahlreichen Binnengewässern ausgesetzt. Als »Brotfisch« für Fischer und als begehrtes Angelobjekt gelangen Aale auch in geschlossene natürliche Gewässer. Dort eingesetzte Aale können jedoch nicht abwandern und sich an der natürlichen Reproduktion beteiligen. Ein zu hoher Besatz mit Aalen kann sich negativ auf die heimische Fischfauna auswirken. Der Aal kann einerseits als Nahrungskonkurrent anderer Fische (z. B. Quappe) in Erscheinung treten oder einen Fraßdruck auf bedrohte Kleinfische ausüben.

Keine Bauchflossen, röhrenförmiges Maul

Große Seenadel

Syngnathus acus LINNAEUS, 1758
Familie: Syngnathidae, Seenadeln

Merkmale: Extrem lang gestreckter, schlanker Körper mit pipettenförmiger Schnauze und einem kleinen, oberständigen Maul. Flossen: D 34–45, A 3, P 11–15. Färbung: Rücken und Flanken braun oder dunkelgrün, oft mit dunklen Querbändern, Bauch hellbraun. Länge: bis 45 cm (Männchen werden größer als die Weibchen).
Verbreitung: Nordostatlantik von Südnorwegen und den Britischen Inseln bis zur Biskaya.

Biologie: Besiedelt sandige oder schlammige Küstenregionen in Tiefen bis 20 m, selten bis 90 m. Hält sich bevorzugt in Seegras- oder Tangwiesen auf, wo sie durch ihre Körperform und -färbung gut getarnt ist. Ernährt sich von wirbellosen Kleintieren und kleinen Fischen.
Fortpflanzung: Laichzeit Mai bis August. Die Weibchen übertragen nach lebhaften Balzspielen portionsweise 200–400 gelbe Eier (2–3 mm ⌀) mit einer verlängerten Genitalpapille in eine am Schwanz befindliche, aus 2 Hautlappen gebildete Bruttasche des Männchens, wo sie befruchtet werden. Aus dieser schlüpfen die 24–35 mm langen Larven nach ca. 5 Wochen.

Grasnadel

Syngnathus typhle LINNAEUS, 1758
Familie: Syngnathidae, Seenadeln

Merkmale: Körperform ähnlich wie bei der Seenadel. Das Maul ist seitlich abgeflacht und oberständig. Flossen: D 28–42, A 2–4, P 13–17. Färbung: Rücken und Flanken grün oder braun. Länge: wird bis 30 cm lang.
Verbreitung: Nordostatlantik von Nordskandinavien bis Marokko; Nordsee, Ostsee, Mittelmeer und Schwarzes Meer. Häufige Art.
Biologie: Lebt bevorzugt in Seegras- oder Tangwiesen an seichten Küsten in Tiefen von

4–20 m. Grasnadeln halten sich meist gut getarnt in senkrechter Stellung zwischen den Pflanzen auf. Die Nahrung besteht aus wirbellosen Kleintieren, Fischlaich und -brut.
Fortpflanzung: Laichzeit von März bis Oktober (in Nord- und Ostsee Juni bis August). Die Weibchen übertragen 100–250 Eier (1,7 mm ⌀) mit der verlängerten Genitalpapille in die Bruttasche an der Schwanzunterseite des Männchens. In dieser werden die Eier befruchtet und von der umgebenden Schleimhaut mit Nährstoffen versorgt. Die 25 mm langen Jungfische schlüpfen nach 4 Wochen. Grasnadeln werden bis 3 Jahre alt.

Große Schlangennadel

Entelurus aequoreus (LINNAEUS, 1758)
Familie: Syngnathidae, Seenadeln

Merkmale: Extrem lang gestreckter, schlanker, im Querschnitt fast runder Körper mit einer langen, röhrenförmig ausgezogenen Schnauze und einem dünnen Wickelschwanz. Die paarigen Flossen und die Afterflosse fehlen. Flossen: D 37–47, C 4–9. Färbung: Körper olivfarben bis grau, mit eng beieinander liegenden, silbrigen, dunkel gesäumten Querlinien. Von der Schnauze bis zum Kiemendeckelrand reicht ein rotes Band. Länge: Männchen bis 40 cm, Weibchen bis 60 cm.

Verbreitung: Nordostatlantik von Nordnorwegen und Island bis Portugal; Nordsee, westliche Ostsee und Azoren.
Biologie: Besiedelt mit Algen oder Tang bewachsene Küsten in Tiefen von 5–100 m. Lebt überwiegend bodenorientiert und ernährt sich vor allem von Kleinkrebsen und Fischbrut.
Fortpflanzung: Laichzeit von Juni bis Juli. Die Weibchen heften jeweils 400–1000 Eier (1,2 mm ⌀) an die Bauchseite der Männchen. Diese tragen die Eier bis zum Schlüpfen der Brut. Die mit einer Länge von 11–12 mm schlüpfenden Larven leben vorübergehend pelagisch und haben Brustflossen, die sie im Verlauf ihrer Entwicklung rückbilden.

Keine Bauchflossen, röhrenförmiges Maul

Kurzschnauziges Seepferdchen

Hippocampus hippocampus (LINNAEUS, 1758)
Familie: Syngnathidae, Seenadeln

Merkmale: Markanter, von der üblichen Fischgestalt abweichender Körper. Der Kopf ist abgewinkelt, der flossenlose Schwanz zu einem spiralig aufwindbaren Greiforgan umgewandelt, die Schnauze röhrenförmig ausgezogen, das Maul klein und oberständig. Seepferdchen schwimmen aufrecht, d.h. die Körperachse steht senkrecht. Die Schnauze ist kürzer als der Kopf und auf der Körperoberfläche ohne fadenartig ausgezogene Hauttentakel. Flossen: D 16–18, A 4, P 13–15. Färbung: dunkelbraun bis schwarz (Foto oben links). Länge: bis 15 cm.

Verbreitung: Nordostatlantik vom Wattenmeer der Nordsee bis Nordafrika, Mittelmeer und Schwarzes Meer.

Biologie: Besiedelt seichte Küstenregionen mit Seegras- oder Tangwiesen. Die Nahrung besteht aus kleinen Planktonorganismen.

Fortpflanzung: In der von April bis Oktober reichenden Laichzeit übertragen die Weibchen innerhalb eines komplexen Balzspiels die Eier in eine am Bauch befindliche Bruttasche des Männchens, wo sie durch eine innere Schleimhaut mit Nährstoffen versorgt werden. Die Bruttasche des Männchens ist bis auf eine kleine Öffnung für die schlüpfende Brut geschlossen.

Langschnauziges Seepferdchen

Hippocampus ramulosus LEACH, 1814
Familie: Syngnathidae, Seenadeln

Merkmale: Körper langgestreckt und mit einem aufwindbaren, flossenlosen Greifschwanz versehen. Der Kopf ist stark vom Körper abgewinkelt (pferdeartig), die Schnauze röhrenartig verlängert. Schnauze mehr als doppelt so lang wie der Abstand der Hauthöcker über und vor dem Auge; Haut mit fadenartigen Fortsätzen versehen. Flossen: D 18–21, A 3–5, P 15–18. Färbung: variabel; grün bis braun, gelegentlich mit weißen Flecken. Länge: bis 16 cm.

Verbreitung: Nordostatlantik von den Briti-schen Inseln bis Marokko; Mittelmeer und Schwarzes Meer.

Biologie: Lebt substratorientiert an seichten Küsten mit Seegras- oder Tangwiesen. Klammert sich mit dem Greifschwanz an Pflanzen und ernährt sich von Plankton und Fischbrut.

Fortpflanzung: Laichzeit Mai bis Juli. Interessantes Balzverhalten. Die Weibchen übertragen die Eier mit der Genitalpapille in die Bruttasche des Männchens. Das An- und Abschwellen der Bruttasche (Balzpumpen) stimuliert das Weibchen beim Balzritual. Die befruchteten Eier entwickeln sich 4–5 Wochen in der Bauchtasche des Männchens und werden von der umgebenden Schleimhaut versorgt.

Schnepfenfisch

Macroramphosus scolopax (LINNAEUS, 1758)
Familie: Macroramphosidae, Schnepfenfische

Merkmale: Hoher, seitlich abgeflachter Körper mit lang ausgezogener, röhrenförmiger Schnauze. 2 weit hinten am Körper ansetzende Rückenflossen. Die vordere wird durch Stachelstrahlen getragen, von denen der 2. verlängert und am Hinterrand gesägt ist. Die Bauchkante und der Bereich zwischen Brust- und Rückenflosse sind mit Knochenplatten gepan-zert. Flossen: D IV-VIII/10–14, A 18–20. Färbung: Jungfische silbrig, Adulte rosa bis rot gefärbt. Kann bis 15 cm Länge erreichen.

Verbreitung: Pazifik, Indischer Ozean, Atlantik, Nordsee und Mittelmeer.

Biologie: Kommt an Sand- und Felsküsten in Tiefen von 25–600 m vor. Nachts schwimmt er meist in höhere Wasserschichten. Frisst kleine pelagische und benthische Wirbellose, die er mit seinem pipettenartigen Maul einsaugt.

Fortpflanzung: Die Laichzeit liegt im Nordostatlantik in den Monaten Oktober bis März.

215

Steinbutt

Psetta maxima (LINNAEUS, 1758)
Familie: Scophthalmidae, Butte

Merkmale: Der Steinbutt ist asymmetrisch seitlich abgeflacht. Seine Augen liegen auf der linken Körperseite. Der Körper ist fast kreisrund, die Schnauze spitz. Auf der Augenseite befinden sich unregelmäßig verteilte flache Knochenhöcker. Die Rückenflosse beginnt vor dem oberen Auge. Bauch- und Afterflosse sind getrennt. Flossen: D 57–80, A 42–58, P 11–12. Färbung: Augenseite variabel, grau bis braun mit hellen und dunklen Punkten (gesprenkelt); Blindseite weiß bis hellgrau. Kann 50–70 cm Länge erreichen, in seltenen Fällen sogar bis 1 m lang und bis über 20 kg schwer werden.
Verbreitung: Nordostatlantik von Norwegen bis Marokko; Nord- und Ostsee. Im Schwarzen Meer kommt die Unterart *P. m. maeotica* vor.
Biologie: Die pelagisch lebenden Larven haben einen symmetrischen Körper und schwimmen in der für Fische normalen Körperhaltung. Im Alter von 4–6 Monaten und mit einer Länge von 1,5–2,5 cm wandeln sie sich in asymmetrische Plattfische um. Diese leben bodenorientiert auf Sand- oder Geröllgrund in Tiefen von 20–70 m und ernähren sich überwiegend von bodenlebenden Fischen, daneben auch von Krebsen und Mollusken.
Fortpflanzung: Die pelagischen Eier werden vom Frühjahr bis zum Sommer abgegeben. Der Laich umfasst je nach Größe des Rogeners 10–15 Millionen Eier (1 mm ⌀). Die Larven schlüpfen nach 7–9 Tagen mit einer Länge von 2,2–2,8 mm und leben von Plankton. Der Steinbutt wird nach 5 Jahren fortpflanzungsfähig und kann bis 15 Jahre alt werden.
Wissenswertes: Die Familie der Butte umfasst ca. 20 Arten. Der Steinbutt ist ein geschätzter Speisefisch, der als wertvoller Beifang angelandet wird (in Europa jährlich bis 10 000 t).

Glattbutt, Kleist

Scophthalmus rhombus (LINNAEUS, 1758)
Familie: Scophthalmidae, Butte

Merkmale: Der Glattbutt ist asymmetrisch gebaut und seitlich stark abgeflacht. Seine Augen liegen auf der linken Körperseite. Im Vergleich zum Steinbutt ist er oval, dünner und hat keine Knochenhöcker auf der Augenseite, sondern glatte Schuppen. Die Schnauze ist spitz, das Maul oberständig. Seitenlinie s-förmig geschwungen. Die Rückenflosse setzt vor dem oberen Auge an. Bauch- und Afterflosse sind getrennt. Flossen: D 63–85, A 42–56, P 10–12. Färbung: variabel; Augenseite sandfarben olivgrün oder dunkelbraun mit unregelmäßig verteilten hellen und dunklen Flecken und Punkten; Blindseite weiß, oft mit dunklen Flecken. Kann seine Färbung der Augenseite dem jeweiligen Untergrund anpassen. Länge: bis 70 cm; Gewicht: bis 7 kg.
Verbreitung: Nordostatlantik von Norwegen bis Marokko; Nordsee, westliche Ostsee (bis Rügen), Mittelmeer und Schwarzes Meer.
Biologie: Der Glattbutt besiedelt bodenorientiert Schlick-, Sand- und Geröllgrund in Tiefen von 5–70 m. Seine Nahrung besteht aus bodenlebenden Krebsen und Fischen.
Fortpflanzung: Der Glattbutt laicht vom Frühjahr bis zum Sommer. Die Eier (1,2–1,5 mm ⌀) haben im Inneren einen Öltropfen für den Auftrieb und treiben pelagisch mit der Strömung. Die symmetrisch gebauten Larven schlüpfen nach 2 Wochen mit einer Länge von 4 mm und ernähren sich von planktischen Kleinkrebsen. Mit einer Länge von 2–3,5 cm wandeln sie sich in Plattfische um (Metamorphose). Die Männchen werden mit einer Länge von 25 cm, die Weibchen mit 30–40 cm geschlechtsreif.
Wissenswertes: Der Glattbutt ist ein wertvoller Speisefisch, der meist als Beifang angelandet wird. Bis 3000 Tonnen werden jährlich an europäischen Küsten gefangen.

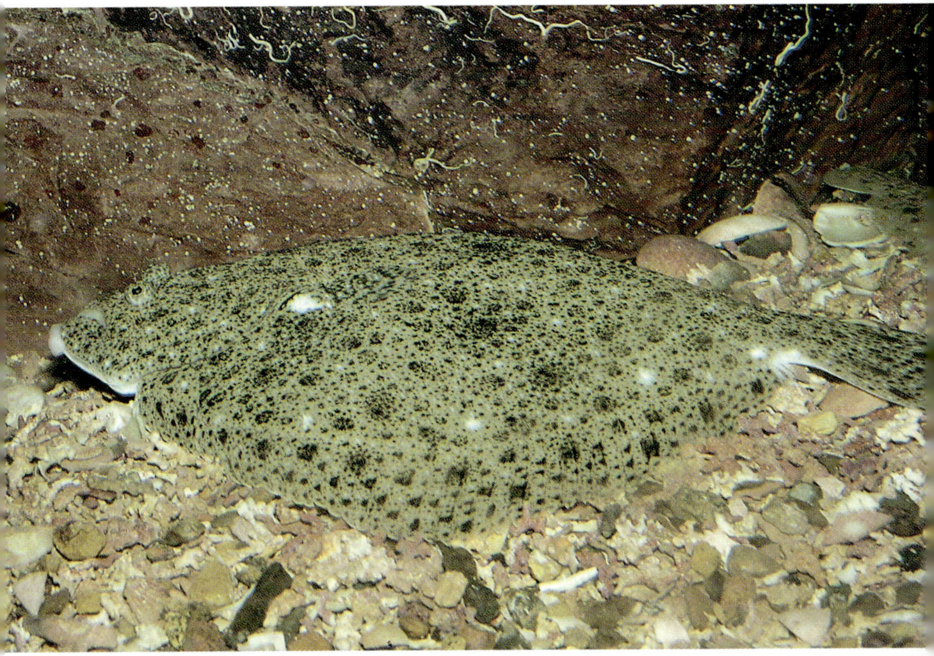

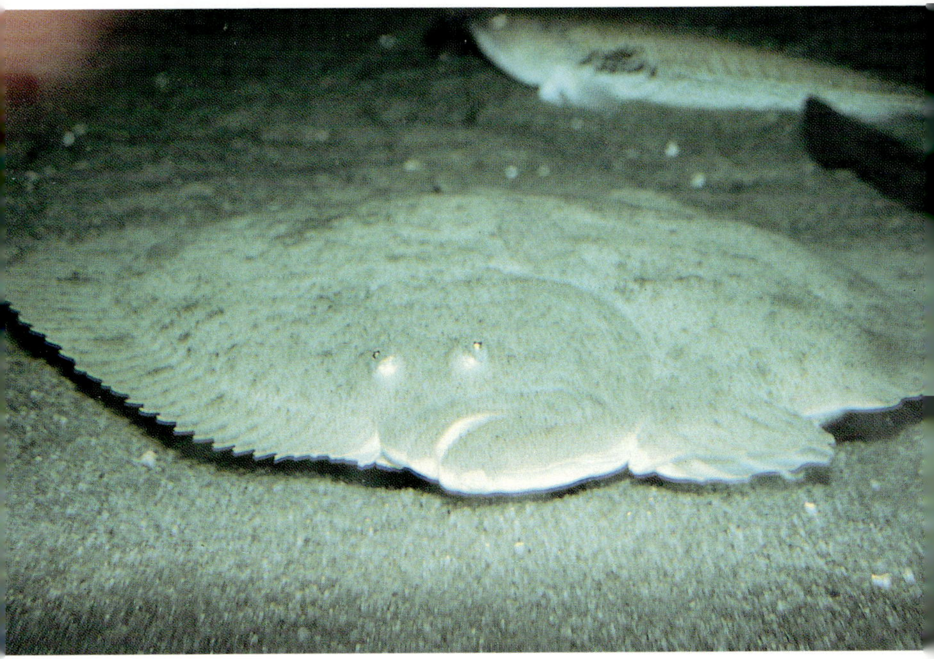

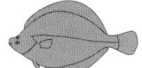

Haarbutt

Zeugopterus punctatus (BLOCH, 1787)
Familie: Scophthalmidae, Butte

Merkmale: Der Haarbutt hat einen asymmetrischen, seitlich stark abgeflachten, längsovalen Körper mit oberständigem Maul. Die Augen liegen auf der linken Körperseite. Auf der Augenseite haben die Schuppen borstenförmige Anhänge, sodass sie sich rau anfühlt. Die Rückenflosse beginnt vor dem oberen Auge. Diese und die Afterflosse laufen am hinteren Ende, unter dem Schwanzstiel in Lappen aus. Die Bauch- und die Afterflosse sind über eine Flossenhaut miteinander verbunden. Flossen: D 85–102, A 67–80, P 11–12. Färbung: Augenseite gelbbraun mit dunklen Punkten und Flecken, meist eine dunkle Binde über den Augen; Blindseite grau. Länge: bis 25 cm.
Verbreitung: Nordostatlantik von Norwegen bis zur Biskaya; Nordsee und westliche Ostsee.

Biologie: Der Haarbutt lebt bodenorientiert an algen- oder tangbewachsenen Fels- und Geröllküsten in Tiefen bis 40 m. Er ist in der Lage, sich an den Grund zu schmiegen und die Körpermitte so anzuheben, dass er sich festsaugen kann. Er ernährt sich überwiegend von Krebsen und Fischen.
Fortpflanzung: Der Haarbutt laicht von Februar bis Juni. Die symmetrisch gebauten Jungfische leben pelagisch und ernähren sich von Zooplankton (Copepoden). Mit einer Länge von 3–4 cm wandeln sie sich in asymmetrische Plattfische um (Metamorphose).
Wissenswertes: Zur Familie der Butte gehören etwa 20 Arten, die alle im Nordatlantik beheimatet sind. Der Haarbutt ist als Speisefisch fischereiwirtschaftlich unbedeutend.

Heilbutt

Hippoglossus hippoglossus (LINNAEUS, 1758)
Familie: Pleuronectidae, Schollen

Merkmale: Länglich-ovaler, schlanker, seitlich abgeflachter, asymmetrischer Körper. Die Augen liegen auf der rechten Seite. Sein endständiges Maul reicht bis unter die Mitte des unteren Auges. Der vordere Ansatz der Rückenflosse liegt über dem oberen Auge. Flossen: D 98–110, A 73–85. Etwa 160 Schuppen entlang der Seitenlinie. Färbung: Augenseite grau oder olivfarben, Blindseite weiß. Länge: bis über 3 m; Gewicht bis 300 kg (größte Plattfischart).
Verbreitung: Nordostatlantik von dem Weißen Meer und der Barentssee über Island, Ostgrönland und die Nordsee bis zur Biskaya.
Biologie: Der Heilbutt ist ein Wanderfisch mit bodenorientierter Lebensweise, der aber auch im freien Wasser angetroffen wird. Er kommt an Sand-, Geröll- und Felsküsten in Tiefen von 50–2000 m vor, bevorzugt Wassertemperaturen von 3–9 °C und hohe Salzkonzentrationen.

Ältere Tiere fressen überwiegend Fische (z. B. Heringe, Dorsche und Sandaale).
Fortpflanzung: Der Heilbutt laicht von Dezember bis April an steilen Felsen bei Temperaturen von 5–7 °C in 300–1000 m Tiefe. Im Vorfeld finden oft ausgedehnte Wanderungen statt. Die Rogener geben je nach Größe 2–3,5 Millionen Eier (3–4 mm ∅) ab, die in tieferem Wasser treiben und aus denen nach 1–2 Wochen 6–7 mm lange Larven schlüpfen. Mit einer Länge von 3–4 cm wandeln sie sich in Plattfische um und werden bodenlebend. Der Heilbutt wird erst spät fortpflanzungsfähig (nach 7–18 Jahren) und kann bis 50 Jahre alt werden.
Wissenswertes: Die Arten aus der Familie der Pleuronectidae gehören zu den rechtsäugigen Plattfischen. Der Heilbutt ist ein besonders wohlschmeckender Speisefisch, dessen Bestände durch Überfischung lokal abgenommen haben. In Europa werden jährlich etwa 5000 Tonnen angelandet.

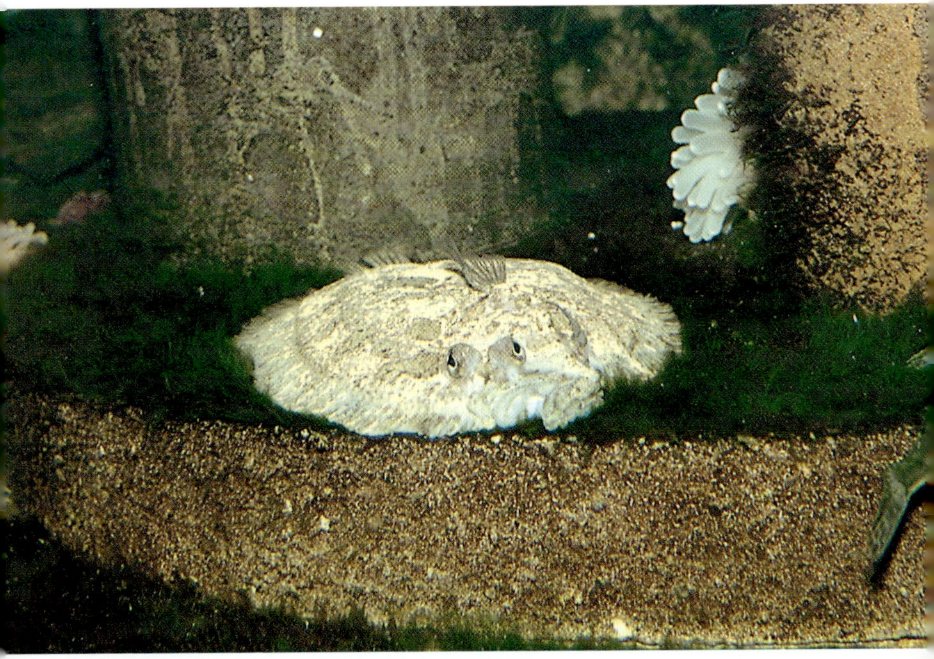

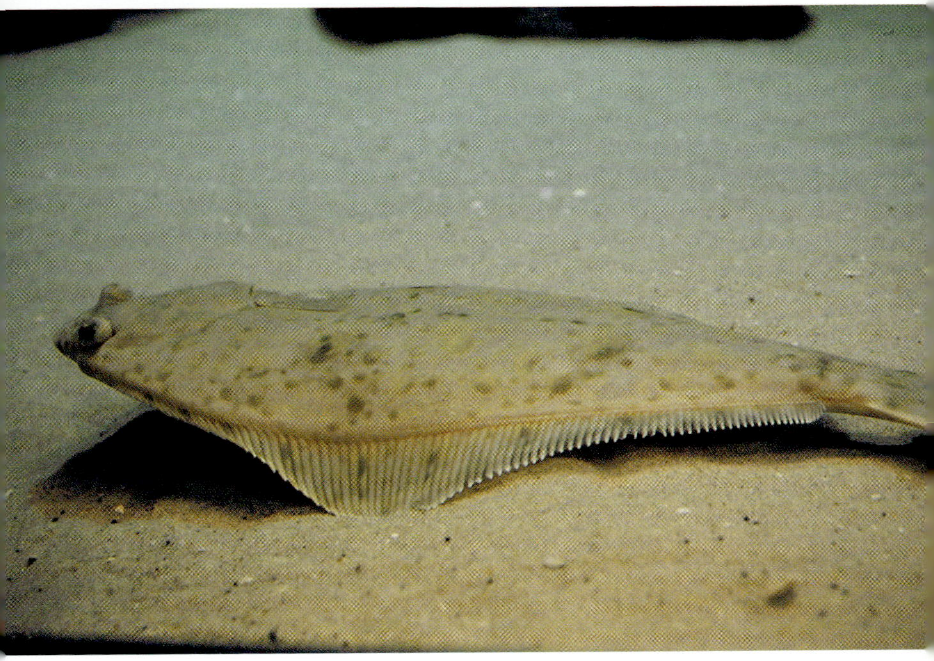

 **Plattfische**

Rotzunge, Limande

Microstomus kitt (WALBAUM, 1792)
Familie: Pleuronectidae, Schollen

Merkmale: Die Rotzunge hat einen ovalen, asymmetrischen, seitlich stark abgeflachten Körper mit kleinem Kopf und kleinem Maul. Ihre Augen liegen auf der rechten Körperseite. Die Seitenlinie verläuft fast gerade und ist nur über der Brustflosse schwach gebogen (im Unterschied zur ähnlichen Kliesche, bei der die Seitenlinie halbkreisförmig über der Brustflosse gebogen ist). Die Schuppen sind glatt und in die schleimige Haut eingebettet, die sich weich anfühlt. Kein Analdorn. Der vordere Ansatz der Rückenflosse liegt über dem oberen Auge. Flossen: D 85–97, A 69–76. 110–125 Schuppen entlang der Seitenlinie. Färbung: Augenseite dunkelbraun bis rötlich mit hell oder dunkel umrandeten Flecken; Blindseite weiß. Länge: bis 30 cm, max. 45 cm.

Verbreitung: Nordostatlantik vom Weißen Meer über Island bis zur Biskaya; Nordsee und Ärmelkanal.

Biologie: Die Rotzunge besiedelt als stationärer Bodenfisch bevorzugt Geröll- und Felsgrund in Tiefen von 20–200 m. Sie ernährt sich überwiegend von wirbellosen Bodentieren. Dabei hat sie eine Präferenz für Borstenwürmer und Mollusken, die sie aus ihren Röhren bzw. Gehäusen zieht.

Fortpflanzung: Rotzungen laichen von März bis September (je südlicher, desto früher). Die pelagischen Eier (1,1–1,5 mm ⌀) werden in Tiefen bis 40 m abgelegt. Die 4,7–5,5 mm langen Larven schlüpfen nach 8 Tagen. Mit einer Länge von 1,5–2 cm wandeln sie sich in asymmetrische Plattfische um (Metamorphose) und gehen mit einer Länge von 3 cm zur bodenorientierten Lebensweise über.

Wissenswertes: Die Rotzunge ist ein geschätzter Speisefisch, der meist als Beifang angelandet wird. In Europa werden jährlich bis 10 000 Tonne gefangen.

Kliesche

Limanda limanda (LINNAEUS, 1758)
Familie: Pleuronectidae, Schollen

Merkmale: Die Kliesche hat einen ovalen, seitlich stark abgeflachten Körper. Die Augen liegen meistens auf der rechten Seite des asymmetrischen Körpers. Ihr endständiges Maul reicht bis zum vorderen Augendrittel. Die Seitenlinie ist über der Brustflosse halbkreisförmig gebogen. In der Haut befinden sich Kammschuppen, sodass sie sich rau anfühlt. Flossen: D 65–81, A 50–64, P 9–12. 73–90 Schuppen entlang der Seitenlinie. Färbung: Augenseite braun mit kleinen dunklen Punkten, meist auch mit orangefarbenen Punkten; Blindseite weiß. Länge: bis 20 cm, max. 40 cm.

Verbreitung: Nordostatlantik vom Weißen Meer bis zur Biskaya; Nord- und westliche Ostsee.

Biologie: Die Kliesche ist in der Nordsee einer der häufigsten Plattfische und lebt schwarmbildend sowie bodenorientiert auf Sand- und Schlickgrund in Tiefen bis 100 m. Sie ist stationär und frisst Borstenwürmer, Krebse, Stachelhäuter und kleine Fische.

Fortpflanzung: In der von Januar bis August (je südlicher, desto früher, in der Nordsee April bis Juni) reichenden Laichzeit geben die Rogener je nach Größe 80 000–130 000 pelagische Eier (0,6–1 mm ⌀) in Küstennähe ab. Die Larven schlüpfen nach 1–2 Wochen mit einer Länge von 2–3 mm. Sie gehen mit einer Länge von 1,5 cm zur bodenorientierten Lebensweise über, obwohl die Metamorphose zum Plattfisch in dieser Phase noch nicht abgeschlossen ist. Die Kliesche wird mit einer Länge von 15 bis 20 cm fortpflanzungsfähig.

Wissenswertes: Klieschen werden oft als Beifang vermarktet. Jährlich werden in Europa über 10 000 Tonnen angelandet.

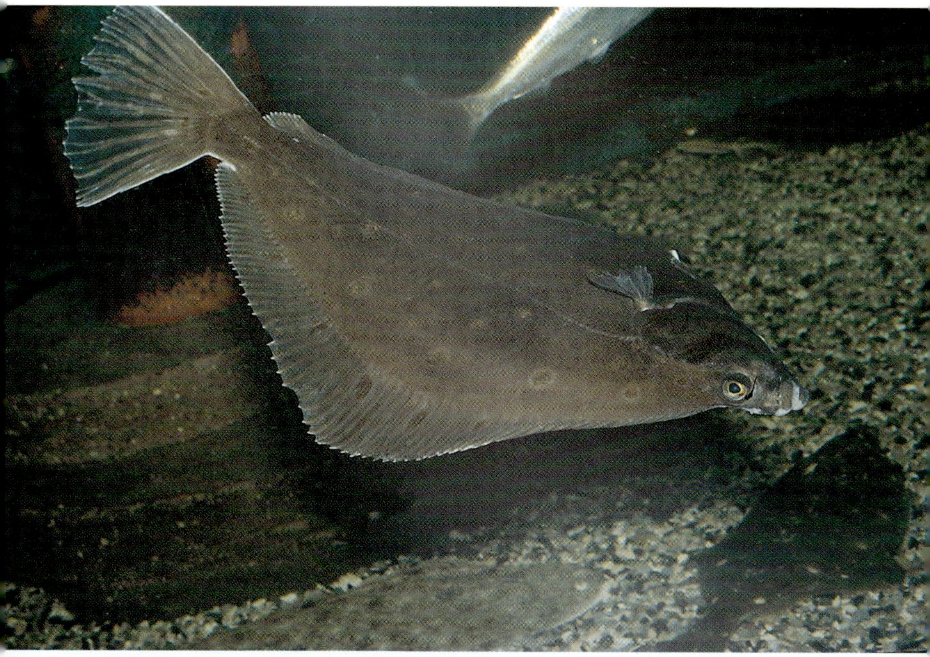

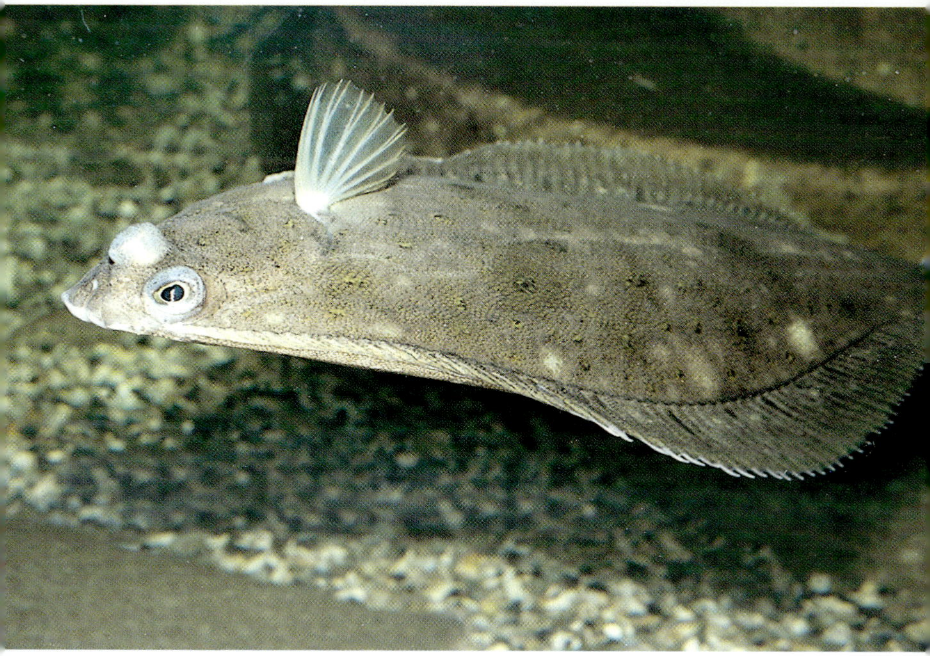

Scholle, Goldbutt

Pleuronectes platessa LINNAEUS, 1758
Familie: Pleuronectidae, Schollen

Merkmale: Die Scholle hat einen asymmetrischen, seitlich stark abgeflachten, ovalen Körper mit oberständigem Maul. Bei den meisten Exemplaren liegen die Augen auf der rechten Körperseite. Zwischen diesen und über den Kopf erstreckt sich ein Kamm mit 4–9 Knochenhöckern. Der vordere Rückenflossenansatz liegt über dem oberen Auge. Flossen: D 57–82, A 42–61, P 8–14. 88–115 Schuppen entlang der Seitenlinie. Färbung: Augenseite grau, braun oder sandfarben mit kreisförmigen rötlichen Flecken; Blindseite weiß. Länge: bis 40 cm, max. 90 cm; Gewicht bis 7 kg.

Verbreitung: Europäische Küsten vom Weißen Meer bis Portugal, einschließlich Nord- und Ostsee, sowie im westlichen Mittelmeer.

Biologie: Schollen sind schwarmbildende Küstenfische mit bodenorientierter Lebensweise, die ausgedehnte Wanderungen unternehmen. Sie leben über Sand- und Schlickgrund in Tiefen von 1–200 m (im Mittelmeer bis 400 m). Auf ihren Nahrungswanderungen dringen sie auch in Lagunen und in den Brackwasserbereich von Flussmündungen ein. Ihr Nahrungsspektrum setzt sich aus Borstenwürmern, Kleinkrebsen, dünnschaligen Muscheln und Schnecken zusammen.

Fortpflanzung: Schollen laichen bei einer Wassertemperatur von 6 °C in der Nordsee von Januar bis Juni in Tiefen von 20–40 m und in der Ostsee von November bis Juni in Tiefen von 60–90 m. Die Rogener geben je nach Größe 50 000–500 000 pelagische Eier (1,6–2,1 mm Ø) ab, aus denen nach 10–20 Tagen 6 mm lange, symmetrische Larven schlüpfen. Die Geschlechtsreife tritt bei den Männchen nach 3–4 Jahren mit einer Länge von 18–26 cm, bei den Weibchen nach 6–9 Jahren mit einer Länge von 30–40 cm ein. Schollen können bis 50 Jahre alt werden.

Wissenswertes: Die Scholle ist einer der wirtschaftlich wichtigsten Speisefische. 1992 wurden im Inland von der deutschen Seefischerei 1200 Tonnen angelandet.

Flunder, Raubutt, Graubutt

Platichthys flesus (LINNAEUS, 1758)
Familie: Pleuronectidae, Schollen

Merkmale: Die Flunder hat einen ovalen, asymmetrischen, seitlich stark abgeflachten Körper. Die Augen wandern bei ca. 70 % der Individuen auf die rechte Körperseite. Ihr relativ kleines Maul reicht nicht bis unter das Auge. Auf der Augenseite befinden sich dornige Hautwarzen entlang der Seitenlinie, sodass sich die Oberfläche rau anfühlt (Raubutt). Flossen: D 49–71, A 33–48, P 7–13. 80 Schuppen entlang der Seitenlinie. Färbung: je nach Stimmung und Untergrund variabel; Augenseite meist grau, braun oder olivfarben mit dunklen oder manchmal rötlichen Flecken. Länge: bis 30 cm, selten bis 50 cm.

Verbreitung: Nordostatlantik vom Weißen Meer bis Marokko; Nord- und Ostsee, Mittelmeer und Schwarzes Meer.

Biologie: Flundern leben gesellig und bodenorientiert an Sand- und Schlickküsten in Tiefen bis 30 m. Tagsüber graben sie sich oft in den Sand ein. In der Dämmerung oder nachts jagen sie Mollusken, Insektenlarven, Krebse und Fische. Sie sind hinsichtlich der Salzkonzentration des Wasser sehr anpassungsfähig, kommen häufig im Brackwasser von Flussmündungen vor und ziehen im Sommer bis in den Mittellauf von Flüssen.

Fortpflanzung: Flundern laichen von Januar bis April im Meer in Tiefen von 20–100 m. Die Rogener legen je nach Größe 400 000 bis 2 000 000 Eier (1 mm Ø), aus denen nach 5–10 Tagen die Larven schlüpfen. Diese sind symmetrisch gebaut und leben pelagisch. Mit einer Länge von 1 cm wandeln sie sich in Plattfische um und gehen zur bodenorientierten Lebensweise über. Die Männchen werden nach 3, die Weibchen nach 4 Jahren geschlechtsreif.

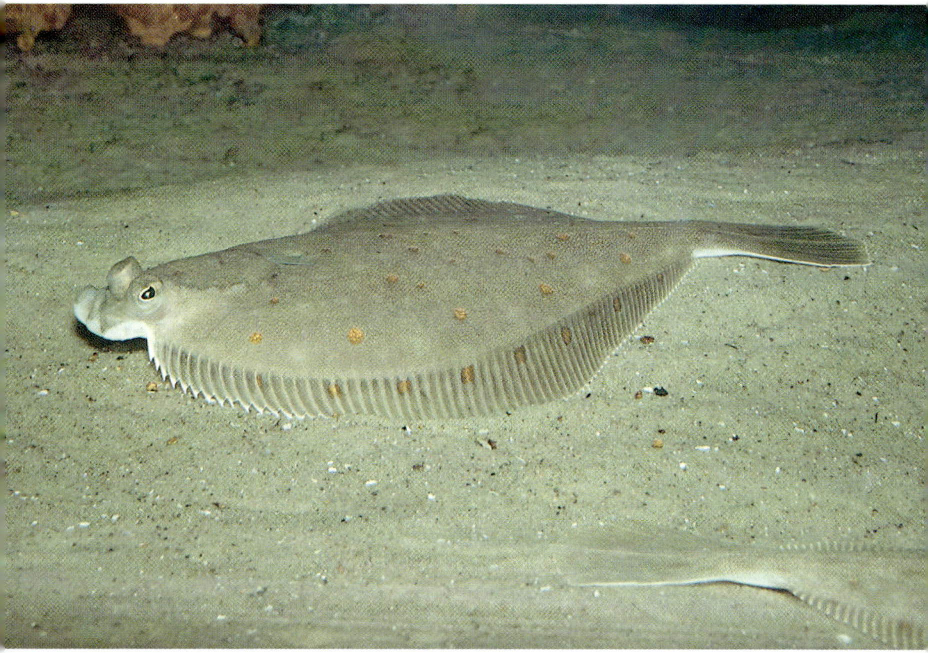

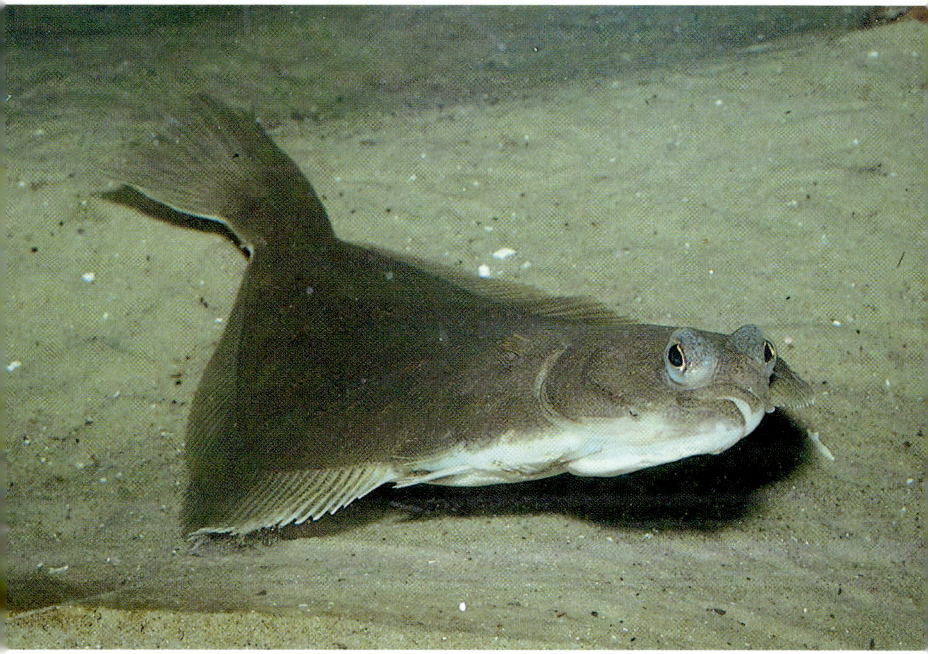

Lammzunge

Arnoglossus laterna (WALBAUM, 1792)
Bothidae, Lammzungen

Merkmale: Asymmetrischer, seitlich stark abgeflachter, länglich-ovaler Körper. Die Augen liegen auf der linken Körperseite. Die Schuppen fallen bei Berührung leicht aus. Lange, vor den Augen ansetzende Rückenflosse, deren vordere Strahlen teilweise frei stehen. Flossen: D 82–98, A 59–75. 50–56 Schuppen entlang der Seitenlinie. Färbung: Augenseite grau oder braun mit unregelmäßig angeordneten dunklen Punkten. Länge: bis 20 cm.

Verbreitung: Nordostatlantik von Skandinavien bis Mauretanien sowie im Mittelmeer.

Biologie: Die Lammzunge kommt in küstennahen Gewässern mit Schlamm-, Sand- oder Felsgrund bis 200 m Tiefe vor. Sie hat eine bodenorientierte Lebensweise und ernährt sich von wirbellosen Bodentieren und kleinen Fischen.

Fortpflanzung: Die Laichzeit erstreckt sich von April bis August.

Seezunge

Solea vulgaris QUENSEL, 1806
Familie: Soleidae, Seezungen

Merkmale: Länglich-ovaler, seitlich stark abgeflachter, asymmetrischer Körper mit abgerundetem Kopfprofil und halbkreisförmig gebogenem Maul. Die Augen liegen auf der rechten Körperseite. Flossen: D 70–87, A 54–74, P 6–10. 116–165 Schuppen entlang der Seitenlinie. Färbung: Augenseite grau bis braunrot mit unregelmäßigen dunklen Flecken und Punkten, Blindseite weiß. Länge: bis 60 cm; Gewicht bis 3 kg.

Verbreitung: Nordostatlantik von Norwegen bis zum Senegal; Nordsee, Ostsee und Mittelmeer.

Biologie: Lebt bodenorientiert sowie dämmerungs- und nachtaktiv über Sand- oder Schlammgrund, am häufigsten in Tiefen von 10–60 m. Im Sommer auch im Brackwasser von Flussmündungen. Nahrung: Borstenwürmer, Schnecken, Krebse und kleine Fische.

Fortpflanzung: Die Laichzeit reicht in der Nordsee von April bis Juni und im Mittelmeer von Februar bis April. Die Rogener legen je nach Größe 100 000–150 000 pelagische Eier (1,3–1,5 mm ∅) in seichtem Wasser bei Temperaturen von 6–12 °C ab. Nach ca. 10 Tagen schlüpfen die 3,6 mm langen Larven. Sie gehen nach 2 Monaten mit einer Länge von 1,2 bis 1,5 cm zum Bodenleben über. Die Geschlechtsreife tritt nach 2–3 Jahren ein. Seezungen können über 20 Jahre alt werden.

Zwergzunge

Buglossidium luteum (RISSO, 1810)
Familie: Soleidae, Seezungen

Merkmale: Körper länglich-oval, asymmetrisch und seitlich abgeflacht. Die Augen liegen auf der rechten Körperseite. Maul halbkreisförmig gebogen. Die Brustflosse ist auf der Augenseite klein und auf der Blindseite rückgebildet. Flossen: D 63–77, A 50–64, P 3–5. 55–70 Schuppen entlang der geraden Seitenlinie. Färbung: Augenseite sandfarben mit unregelmäßig verteilten dunklen Punkten. Jeder 6. oder 7. Strahl der Rücken- und Afterflosse ist dunkel gefärbt. Blindseite hellgrau. Länge: bis 13 cm.

Verbreitung: Nordostatlantik von Island über die Britischen Inseln bis Gibraltar; Nordsee, westliche Ostsee und Mittelmeer.

Biologie: Lebt bodenorientiert an Sandküsten in Tiefen von 1–250 m. Die Nahrung besteht aus kleinen Krebsen (z. B. Copepoden, Amphipoden), Muscheln und Borstenwürmern.

Fortpflanzung: Laicht in der Nordsee von Juli bis August. Die pelagischen Eier (1 mm ∅) werden im seichten Wasser abgegeben. Die symmetrisch gebauten Larven schlüpfen nach 5–6 Tagen mit einer Länge von 2–2,4 mm.

Seeteufel, Angler

Lophius piscatorius LINNAEUS, 1758
Familie: Lophiidae, Seeteufel

Merkmale: Stark abgeflachter, hinten seitlich zusammengedrückter Körper mit breitem Kopf und weitem, oberständigem Maul. Die Haut ist mit zahlreichen, mehrfach gelappten Hauttentakeln versehen. 2 Rückenflossen, wobei die ersten 3 Hartstrahlen der vorderen vereinzelt stehen. Der 1. Rückenflossenstrahl liegt vor den Augen und ist verlängert. An seiner Spitze befindet sich ein fleischiger Hautlappen (dient als Köder). Die Basis der Brustflossen ist armartig verlängert, sodass sich der Seeteufel kriechend mit ihnen bewegen kann. Die relativ kleinen Bauchflossen liegen auf der Kopfunterseite (kehlständig). Flossen: D1 III+III, D2 11–13, A 9–11, P 23–26. Färbung: Oberseite braun, graugrün oder rötlich mit feiner, dunkler Marmorierung, Unterseite weiß. Länge: bis 1,8 m; Gewicht bis 40 kg.

Verbreitung: Atlantik von Norwegen bis Südafrika; Nordsee, Ostsee und Mittelmeer.

Biologie: Lebt bodenorientiert auf Sand- oder Schlammgrund sowie zwischen Algen und Felsen in Tiefen von 20–600 m. Lauert auf dem Grund liegend Fischen auf. Mit dem an einen Röhrenwurm erinnernden 1. Rückenflossenstrahl locken Seeteufel diese in ihre Nähe und schnappen sie, indem sie plötzlich ihr weites Maul aufreißen und die Beute mit dem entstehenden Sog verschlingen. Durch seine Tarnfärbung und die Hauttentakel (Somatolyse) ist der Seeteufel kaum am Grund zu erkennen.

Fortpflanzung: Laicht von Februar bis Juli in 400–2000 m Tiefe. Der Laich umfasst pro Rogener bis 1 Million Eier (2,3 mm ⌀) und wird in Form von 8–10 m langen und 15–50 cm breiten, violetten Gallertbändern abgegeben, die pelagisch mit der Strömung verdriftet werden. Die Larven schlüpfen mit einer Länge von 4,5 mm. Mit einer Länge von 5–8 cm bilden sie die Körperform der Erwachsenen aus und gehen in flachen Gewässern zum Bodenleben über. Seeteufel werden mit einer Länge von 70–80 cm fortpflanzungsfähig.

Wissenswertes: Der Seeteufel ist ein geschätzter Speisefisch, der als wertvoller Beifang angelandet und als Forellenstör vermarktet wird.

Seehase

Cyclopterus lumpus LINNAEUS, 1758
Familie: Cyclopteridae, Scheibenbäuche

Merkmale: Körper schuppenlos, gedrungen, hochrückig und seitlich abgeflacht (Foto unten). Das Maul ist endständig. 2 Rückenflossen, wobei die vordere nicht sichtbar ist, da sie von einem dicken Hautkamm umwachsen wird. Dieser ist bei den Weibchen höher als bei den Männchen. Letztere haben größere Brustflossen. Die Bauchflossen sind zu einer Saugscheibe umgewandelt. Flossen: D1 VI–VII, D2 10–11, A I/10, P 20–21, V I/4. Färbung: Jungfische grün bis blau, erwachsene Exemplare grau bis bläulich. Die Männchen haben in der Laichzeit einen rötlichen Bauch. Länge: Männchen bis 50 cm, Weibchen bis 60 cm. Die Weibchen können über 9 kg schwer werden.

Verbreitung: Nordatlantik, im Osten von Weißem Meer und Island bis zur Biskaya; Nord- und Ostsee.

Biologie: Bodenlebender Bewohner von Geröll- und Felsküsten in Tiefen von 20–200 m, gelegentlich bis 400 m. Saugt sich gern an Steinen oder Felsen fest. Nahrung: verschiedenste Wirbellose und kleine Fischen.

Fortpflanzung: Laichzeit von Februar bis Mai. Je nach Größe legen die Rogener bis 300 000 gelbliche Eier (2,2–2,7 mm ⌀) in Form von mehreren, über 20 cm großen Klumpen an Felsen oder Steinen in der Gezeitenzone. Der Laich wird bis zum Schlüpfen der 7 mm langen Larven (6–7 Wochen) vom Männchen bewacht und mit Frischwasser versorgt.

Wissenswertes: Der Seehase wird als Speisefisch und als Lieferant für Kaviarersatz gefangen. Sein Rogen wird mit Salz und Geschmacksstoffen gemischt und kommt als Deutscher Kaviar auf den Markt.

Drückerfisch

Balistes carolinensis GMELIN, 1789
Familie: Balistidae, Drückerfische

Merkmale: Ovaler, seitlich abgeflachter, hochrückigen Körper mit großem Kopf und kleinem, endständigem Maul. Letzteres ist mit kräftigen Zähnen versehen. Die relativ kleinen Kiemenöffnungen liegen über dem Ansatz der Brustflossen. 2 Rückenflossen, von denen die 3 Hartstrahlen der vorderen einen Sperrmechanismus bilden, welcher den 1. Strahl aufgerichtet arretieren kann (Drücker). Die Verriegelung kann gelöst werden, indem der 2. Strahl nach hinten umgelegt wird. Dies erfolgt über ein Sehnenband, das mit dem 3. Hartstrahl verbunden ist. Die 2. Rückenflosse liegt weit hinten am Körper, gegenüber der Afterflosse. Flossen: D1 III, D2 22–28, A 25–27. Färbung: variabel; Körper grau oder braun mit grünlich oder bläulich glänzenden Punkten, die sich auch auf der Rücken-, After- und Schwanzflosse befinden. Länge: bis 45 cm.

Verbreitung: Nordostatlantik von der Südküste der Britischen Inseln und dem Ärmelkanal bis Angola; Mittelmeer und Schwarzes Meer (dort selten). Weiterhin im Westatlantik von Nova Scotia bis Argentinien.

Biologie: Der Drückerfisch kommt in küstennahen Gewässern mit Felsgrund in Tiefen von 10–100 m vor. Man trifft ihn einzeln oder in kleinen Trupps an. Er hat eine charakteristischer Schwimmweise. Die 2. Rücken- und die Afterflosse schlagen wellenförmig gegeneinander, die Schwanzflosse fungiert als Seitenruder. Er frisst Würmer, Mollusken, Krebse und Stachelhäuter. Mit seinen kräftigen Zähnen kann er hartschalige Beutetiere knacken.

Fortpflanzung: Der Drückerfisch laicht im Mittelmeer von Juni bis Juli bei Wassertemperaturen über 20° C. Die klebrigen Eier werden in Form von Klumpen in flachen Sandmulden abgelegt und vom Männchen bis zum Schlüpfen der Brut bewacht. Die Jungfische haben keine fadenartig verlängerten Schwanzflossenstrahlen.

Mondfisch

Mola mola LINNAEUS, 1758
Familie: Molidae, Mondfische

Kennzeichen: Charakteristischer, von der üblichen Fischgestalt abweichender Körper: seitlich stark abgeflacht, fast scheibenförmig; wirkt plump. Ein Schwanzstiel fehlt. Die Schwanzflosse bildet einen welligen, fast geraden Saum, der in die langen, einander gegenüberliegenden Rücken- und Afterflosse übergeht. Letztere sitzen weit hinten am Körper, sodass dieser wie gestutzt aussieht. Bauchflossen fehlen. Der Körper ist mit einer ledrigen Haut bedeckt, die keine Schuppen trägt. Das Maul ist relativ klein. Die Zähne bilden Kauplatten. Färbung: Oberseite braun oder dunkelgrau, manchmal mit unregelmäßigen Flecken. Der Mondfisch kann bis 3 m lang und über 1 t schwer werden.

Vorkommen: Zirkumglobal in tropischen und gemäßigten Meeren.

Lebensweise: Mondfische bewohnen die Freiwasserregion in Tiefen bis 1000 m. Beim Schwimmen schlagen die Rücken- und die Afterflosse alternierend seitwärts. Mehrfach wurden Mondfische dabei beobachtet, wie sie auf der Seite liegend an der Meeresoberfläche trieben. Es sah aus, als würden sie sich sonnen. Ihre Nahrung besteht aus Quallen, Krebsen, Tintenfischen und kleinen Fischen. Mit Hilfe ihres Maules können sie knirschende Geräusche erzeugen. Mondfische werden wahrscheinlich bis 120 Jahre alt. Die Weibchen können bei einem Laichakt bis 300 Millionen Eier ablegen.

Fortpflanzung: Mondfische sind Freilaicher. Im Atlantik laichen sie in der so genannten Sargassosee. Die Larven schlüpfen mit einer Länge von 3 mm aus den Eiern. Die seltsam aussehenden Larven wurden früher als eigene Fischart beschrieben. Sie haben zum Schutz vor Fressfeinden 5 lange Stacheln und einen normalen Schwanz.

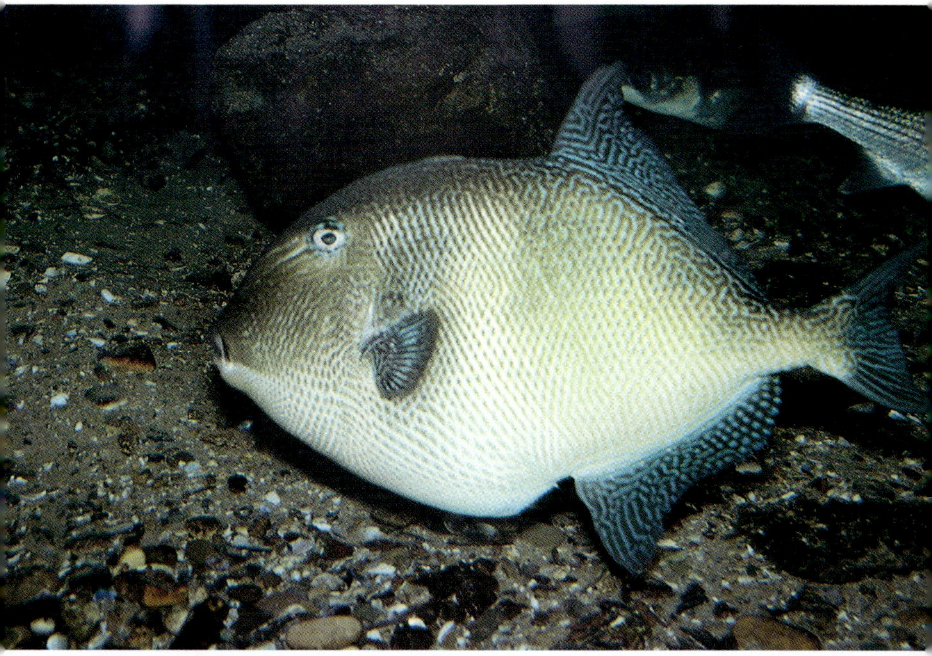

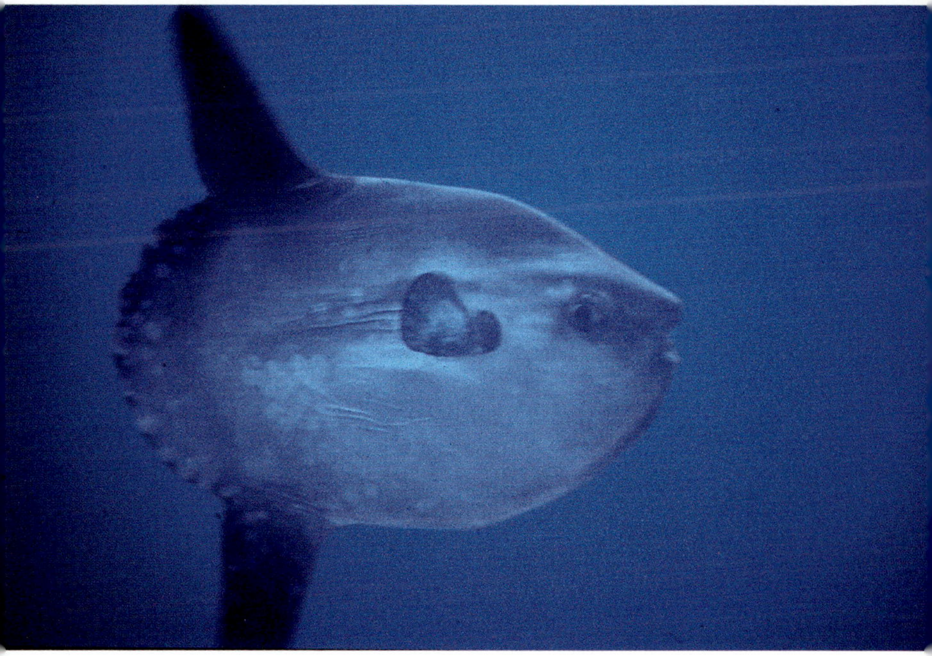

Literatur

DIBELIUS, H. (1998): Fischführer Mittelmeer und Atlantik. Jahr Verlag, Hamburg, 306 S.

GEBHARDT H. & A. NESS (2000): Fische. BLV Verlagsgesellschaft, München, 127 S.

GERSTMEIER R. & T. ROMIG (1998): Die Süßwasserfische Europas. Kosmos Verlag, Stuttgart, 368 S.

KÖLBING, A. (1999): Fischerprüfung leicht gemacht: Prüfungsfragen und Antworten. BLV Verlagsgesellschaft, München, 264 S.

KOTTELAT, M. (1997): European freshwater fishes. Biologia, Bratislava, Band 52 (Suppl. 5): 271 S.

MUUS, J. & P. DAHLSTRÖM (1998): Süßwasserfische Europas. BLV Verlagsgesellschaft, München, 223 S.

MUUS, S. & G. NIELSEN (1999): Die Meeresfische Europas. Kosmos Verlag, Stuttgart, 336 S.

VILCINSKAS, A. (1993): Einheimische Süßwasserfische. Naturbuch Verlag, Augsburg, 207 S. – (1998) 2. Aufl., Bechtermünz Verlag, Augsburg.

VILCINSKAS, A. (1996): Meeresfische Europas. Naturbuch Verlag, Augsburg, 320 S.

VILCINSKAS, A. (2000): Heimische Aquarienfische. BeDe Verlag, Rumannsfelden, 80 S.

WHITEHEAD ET AL. HRSG. (1986): Fishes of the North-Eastern Atlantic and the Mediterranean. UNESCO, Band 1–3.

Register

Bildnachweis

Alle Fotos stammen vom Autor, außer:

Angermayer/Reinhard: 45M, 65o, 83u, 113o

Beck: 101o, 153M

Cramm: 47u

Kögel: 73

Konig: 173o, 213u

Marthaler/Adam: 69Ml

Pott: 33 u

Reinhard: 45o, 69o, 91o, 193o

Sauer: 55o

Zacharda: 43o, 43u, 77o, 97M

Zeininger: 71o, 71u, 83o, 95u, 99u, 113u, 149o, 149u, 151u, 153o

Die Deutsche Bibliothek - CIP-Einheitsaufnahme

Ein Titeldatensatz für diese Publikation ist bei Der Deutschen Bibliothek erhältlich

BLV Verlagsgesellschaft mbH
München Wien Zürich
80797 München

BLV Bestimmungsbuch

Umschlaggestaltung: Studio Schübel, München
Titelfotos: Andreas Vilcinskas
Grafiken: dtp design typo print, Ismaning

Lektorat: Dr. Friedrich Kögel
Layoutkonzept: Parzhuber und Partner, München
Herstellung: Hermann Maxant

Satz: dtp design typo print, Ismaning
Druck: Appl, Wemding
Bindung: Großbuchbinderei Monheim; Monheim

Gedruckt auf chlorfrei gebleichtem Papier

Printed in Germany · ISBN 3-405-15848-6

Für die Angelpraxis

John Bailey
**Das neue
Praxis-Handbuch Angeln**
Das große Handbuch für die Angelpraxis mit über 700 farbigen Abbildungen: der Fang von Raub- und Friedfischen, das Angeln mit Kunst- und Naturködern, Porträts der einzelnen Fischarten: mit Angelmethoden, Ausrüstung und Zubehör.

Ekkehard Wiederholz
**Die 150 besten
Anglertricks**
Aus der Trickkiste erfolgreicher Angler: bewährte Praxistipps für Geräte und Zubehör, Köder, Fangtechniken und Verhalten am Wasser.

BLV Naturführer
Harald Gebhardt /
Andreas Ness
Fische
Merkmale, Lebensraum, Biologie, Verbreitung, Gefährdung und zusätzliche Grafiken, z.B. zu Bestimmungsmerkmalen, Eiern, Larven.

Alexander Kölbing
**Fischerprüfung
leicht gemacht**
Der bewährte Ratgeber für die Prüfungsvorbereitung – komplett aktualisiert: Fischkunde, Fischgewässer, Angeltechnik, Tier- und Naturschutz, Rechtsvorschriften für alle Bundesländer, Prüfungsfragen und Antworten.

Francis Ray Hoff
Fische räuchern
Das Basiswissen für die Räucherpraxis zu Hause: Geräte und Zubehör, Räuchermethoden, Vorbereitung der Fische, geeignete Fischarten und rund 50 Rezepte: vielfach erprobt und leicht nachvollziehbar.

Erna Horn /
Hedwig Maria Stuber
Fisch in der Küche
Hochgenuss auf leichte Art: das Standardwerk der modernen Fischküche mit vielen erprobten, leicht nachvollziehbaren Rezepten, umfassenden Anleitungen zur Küchenpraxis und informativem Fischarten-Lexikon.